河出文庫

思想をつむぐ人たち

鶴見俊輔コレクション1

鶴見俊輔
黒川創 編

河出書房新社

思想をつむぐ人たち

鶴見俊輔コレクション1

目次

Ⅰ　自分の足で立って歩く

Ⅱ　方法としての伝記

Ⅲ 家のなかの夢

Ⅳ　名残のおもかげ

I

自分の足で立って歩く

イシが伝えてくれたこと

西洋哲学史は、その全部をプラトンに対する注として読むことができるという。その傾向は中国にもあって、あらゆる著作は『論語』に対する注として読めるというふうに、新しい発見は全部新しい注として発表される。

これはおもしろいかたちなのだが、哲学史の書き方は、必ずしもそうでなくてもいい。自分がすでに採用している生き方に対するコメンタリーとして、哲学を書くこともできる。どちらかといえば、私はそちらのほうを採りたい。哲学というものを、個人が自分で考えて動くときの根元の枠組みとして考えたい。

哲学とは、当事者として考える、その考え方のスタイルを自分で判定するものだ。ある当事者の前に開かれている一つの視野がある。独特の遠近法、パースペクティブというようなものがある。その遠近法の中に他人の視野が入ってきて、他人の視野もその中に配列する。それが、私の定義するところの哲学だ。自分の視野の中に置かれる他人もいるということから、人類の視野というものまで考えることができるかもしれない。

アイザヤ・バーリンが、なぜ哲学論文は難しくなるかという問題を出している。哲学の根本の考え方は、単純だという。ところが、同業の哲学者が読んで反論を加えるだろうことを考慮にいれて、反論に対して守ろうとしていくから難しくなっていく。これはだれが既に言ったとか、それをこういうふうに発展させたということを、引用していくことによって難しくなっていく。その上、哲学者の駆使する言語を用いないと、「あんなやつは哲学者じゃない」というふうになっていく。

私は、専門哲学の外にいる哲学者が人類の中にいると考え、むしろそこから、その哲学を考えてみたい。

たった一人の「国家」のメンバー

そのもとになるのは、イシというヤヒ族最後の人だ。ヤヒ族は、カリフォルニア北部のミル川・ディア川流域に棲んでいた原住アメリカ人の小部族である。彼らは、白人が侵入してくる直前には、三、四百人いたといわれる。たび重なる大殺戮の結果、イシ一人を残して一族は全滅していった。

イシと親しくつきあった文化人類学者アルフレッド・L・クローバーは、ヤヒ族のことを、「類のない忍耐力と強固な性格によって、有名なジェロニモの率いるアパッチ族より二十五年も長く文明の流れに抗し続けた世界で最小の自由国家」と表現している。

イシは、一八六〇年から一八六二年の間に生まれた。亡くなったのは、一九一六年三月二十五日。シオドーラ・クローバー著『イシ――北米最後の野生インディアン』（行方昭夫訳、岩波書店・同時代ライブラリー。のちに岩波現代文庫）という伝記が出ている。

シオドーラ・クローバーは、死んだ亭主だったアルフレッド・クローバーの考え方を受け継いで、「イシは、彼のその国家の最後の人」……「国家」（ネーション）という言葉を使っている。

私は、カナダにいたとき、モーホーク・インディアンの居留地に行ったことがある。その時、ロオレンスという名の酋長が、参謀二人を連れて現れた。彼も、「自分たちの『国家』とカナダ政府と対等に話し合いたい」と言っていた。その力というのは、なかなか日本人にはわからない。

国家と言うと、現代の最新のテクノロジーを使いこなすものでなければいけないとか、核兵器を持っていないものは国家ではないというふうに、現代日本人の多くは、技術への信頼で国家というものを決めているのではないか。これに対してクローバーは、国家というものを言葉と主権から考えていく。言葉が違うし、最高の政治決定をその部族として行うのだから、国家なのだという考え方だ。そういう考え方でいくと、ヤヒ族はもちろん一つの国家だった。十五万人ないし二十五万人いたといわれる原住アメリカ人は、総計二百五十以上に及ぶ部族や小部族に細分化していた。だから、北米の中に、非常に多くの国家があったと考えるのだ。

イシは、仲間たちを白人に殺されて、最後に残った四人の仲間と何年も何年も生きていた。五人の中にはイシの母親と、イシの女きょうだいもいた。その仲間の最期を看取って、たった一人になって三年暮らして、一九一一年八月二十九日早朝、意を決して文明の前に姿をあらわす。それは、オロヴィルという町の外にある畜殺場だった。この時、イシは石器時代文化の人として、たった一人の国家のメンバーとして、現代文明と初めて正面からあいまみえた。

シオドーラ夫人は、孤独の三年間の暮らしを、大変なものだと評価する。

「長い潜伏」は種族の生命を保持するという目的においては失敗したが、その心理や生活技術においてはすばらしい成功を収めたように思える。(『イシ』)

先に行っても勝つ見込みはない、悪化する展望の中で生きるというのは、心理的には大変な労力だ。女と男の分業を越え、老人と若者との立場を逆転させて、五人で暮らしていたのだろう。そして、平然と五人のうち四人の死を見送った。

三年間潜伏していたわけだから、重大だと思うあらゆる生活技術を、彼は一人で見つけた。袋を繕うとか、食べ物を取ってきて料理するとか。母親と女きょうだいが生きていたときはおそらく分担していたのだろうが、その後はあらゆることを一人でやる。そういう人間に、最後の三年間で自分を鍛え上げた。

潜伏の間には、心理的、内面的な葛藤があるが、それは自分でおさめる。生活技術があったから、自分を無限にいのち永らえさせていくことができた。その点では成功をおさめたように思えるというのは、シオドーラ夫人の哲学的評価だ。彼の伝記を書く人において、イシは大変に恵まれていた。

イシは潜伏と孤独の暗い人生を通ったにもかかわらず、快活だったという。写真を見ると、魅力のあるいい顔をしている。

もう一つの文明をもつ者

偶然、オロヴィルというところは、ゴールドラッシュの町だった。フォーティーナイナーズという言葉があるが、一八四九年に金が出て、たくさんの人たちがこの町にきた。その思想、哲学というのは、金がたくさんとれれば人を殺したって構わないという、全く金本位のものだった。そして、どんどんインディアンを殺していって、自分たちの場所を確保する。

そのフォーティーナイナーズとイシとを比べてみると、同じ時代に生きていて、ゴールドラッシュで呼び寄せられた人びとは、精神が荒廃している。イシはそうではなかった。一人になっても卑屈ではなく、今、自分の考えていることを表現する。

たとえば、イシは、白人たちは自然の理解に欠けていると評価した。そういう意味で、イシには文明批評があった。

イシは自分からすすんで白人の生き方を批評したりしなかった。……彼は白人を幸運で、創造性に富み、とても頭がよいと考えた。しかし、望ましい謙虚さと、自然の真の理解――自然の神秘的な顔、恐ろしさと慈悲の入り混じった力の把握において幼稚で欠けるところがあると見ていた。（『イシ』）

このように、イシには生産本位、金本位でない見方があった。この道徳というものの保ち方、それは人類の最後のときへの一つのパラダイム、手本になると思う。市井三郎は、自分にいわれなく与えられた苦痛を少なくするのが文明の進歩だと考えていた。（『歴史の進歩とはなにか』岩波新書）その進歩の定義を尺度にすると、ゴールドラッシュで集まってきた白人とイシとでは、明らかにイシのほうが進歩している。

それを進歩と見る尺度が、クローバーにはあった。ところが、それを進歩と見ない人もたくさんいる。その中でイシと直接に会ったのは、ヤナ族とマイドゥ族との混血のバトウィという人。ヤナ族といっても、ヤナ族が四つにわかれて、その一つがヤヒ族だしバトウィは別の部族だから、違う国家だ。

バトウィは、自分がイシよりも早く、先輩として白人の生活様式を見慣れていたから、それをイシに教えるために自分は雇われたという自負心を持っている。「こういうふうにしろ」「こうやれ、ああやれ」と命令した。だから、イシはバトウィと気が合わなかった。似たような言語を使っていたのに、それで価値観が通じるということがなかった。

バトウィは、自然科学、技術本位に考えるから、アメリカは高度の文明を持っていると信じていた。イシはそういう意味の進歩を信じなかった。

文明社会に現れてから、その後五年間、博物館の一室に住み、主任小使の助手としてイシは生きた。自分で働かないと金をもらうわけにいかないと考え、イシは喜んで働いた。居留地に置いてもらいアメリカ政府から補償金をもらうのではなく、それを拒絶して、自分で給料を稼ぎ出した。そのようにして、イシは、アメリカ文明の内部にあって、対等のもう一つの文明を持つ者として生きて、揺らぐところがなかった。そういう対等性を貫くのは難しいことだ。

「現場」で見るということ

バトウィは別のところに移っていく。後で引き受けるのは、ウォーターマンという、まだ博士号を取っていない若い人類学者と、もう一人は博物館の館長だったアルフレッド・クローバー。イシはこの二人と対等につき合ったという記憶がある。同時に、アメリカ人の側もイシと対等につき合ったと考えている。

どうして、ウォーターマンとクローバーは、自分のほうから対等性を築き上げることができたかというと、これは「現場」という考え方があったからだ。現場で見なければ、その人の働きはわからない。二人は、イシに連れていってもらって、ヤヒ地方のミル川・ディア川流域に行った。そして、イシが生きていた現場でどういうふうに暮らしていたかを見た。

自分のつくった弓、自分のつくった矢、つまりイシは全部自分でつくる。森の中や川の中に入っていって、食べられるものを取ってきて、自分で料理する。それからカヌーもこぐ。また、イシの計測術というのは、指で測る、掌で測る、身長で測る。それで目算を出して、弓で獲物を取ったりする。動く場合には、自分の歩数で測る。それらにおいて、驚くべき熟練と美しさを持っていることを、クローバーは現場で見て知る。それからは、そのような人間としてイシに対して脱帽する。そこから対等性が現れる。

よく見ると、イシの卓越した能力は、博物館での仕事にも現れている。たとえば、掃除ひとつとってもきちんとしていた。


展示期間中は日に数時間、参観者の残したごみ、とくに学童が見物した後のごみを清掃した。数日練習した後で、ベテランの掃除夫のようにほうき、はたき、モップなどを手にして、陳列箱や標本に非常に注意しながら、朝早く忙しく働いていた。手先が器用である上に、他の作業と同じく、クローバーが「進んでやろうとする温順さ」と評した態度が見られた。（『イシ』）

また、博物館では物の修理などで、物をつくっている人がいろいろいる。それらの人たちとイシが隣り合わせて物をつくることによって、その人たちもまた学ぶところがある。言葉を越える交流がそこにうまれた。

文明人にとっての知識と知恵

イシは石器時代から鋼鉄時代へといっぺんに飛んだ。そこには、ものすごい不安があったはずだが、それをなし遂げた。そして、文明によって与えられた位置に適応して、しかも文明に振り回されなかった。

たとえば、オロヴィルからサンフランシスコの博物館に移る時のエピソードにも、それがよくあらわれている。

サンフランシスコに移るときに着て行く服は篤志家の寄付したものであり、また様々のサイズの靴が何足も送られて来た。イシは感謝して下着、Yシャツ、ズボン、上着は着たけれど、靴をはくことには首をふった。……靴をはくとつまずいてしまう。彼にはいつも地面に直接触れている必要があり、それによって体のバランスを保ち、足の下や前方にあるものを知ることができるのであった。その上、足の親指は何かにしがみついたり、物を摑んだりするために、自由にしておかねばならない。

（『イシ』）

イシは、白人のものをたくみに使うことを覚えた。ハンマー、鋸、斧、ナイフ。だが、覚える必要のないものは覚えなかった。彼が白人の発明の中で一番評価したのはマッチだった。ウォーターマンは、イシから火をつける道具をもらって実演をやるときに、よく失敗した。道具が完全に乾いていなければできない。また、穴が小さいので、そこに突っ立てて、瞬発的にものすごい速さでやらないと火はつかない。だから、雨のときに火をつけるのは、大変な技術なのだ。マッチだとそういう失敗がないから、これはいいところがあると、イシは思ったわけだ。

ただ、イシは全体として、文明人は知識はあるが、知恵のない人たちだと見ていた。彼は文明社会の病気である結核で死ぬのだが、最期の言葉は、「あなたは居なさい、ぼくは行く」。死に対する感じ方においても、平然とした態度を崩さない。これは文明人にはまれなことだ。

イシの死を悲しんだ博物館の人たちは、イシの死者に対する見解を思い出しあった。彼は死者の話をするのは危険だと言っていた。

生者と死者とは別の世界を持っているのだから、死者は放っておけばよいので、あまり考えたりするのもよくない……。悲しみはもちろんあるだろうが、すべての感情と同じく、程々にしてそれに溺れてはならない。(『イシ』)

哲学者としてのイシの影響力

哲学者としてのイシの影響力を受けとめることができた三人の人がいて、一家をなしていた。すなわち、それはクローバーからシオドーラ夫人に、さらには娘へと伝わった。アルフレッド・L・クローバーは、一八七六年に生まれて一九六〇年に八十四歳で死んだ。ニューヨークに住んでいたドイツ系の移民である両親は極めて裕福だった。両親は、息子を学校にやらず、三年ほど家庭教師をつけて教育した。それから、彼はコロンビア大学に行く。学風としてはフランツ・ボアズの系統、ルース・ベネディクト、マーガレット・ミードに近い。

夫人のシオドーラ・クローバーは、一八九七年に生まれて一九八〇年に八十三歳で死んでいる。彼女は、六十歳になってからタイプライターを覚えて、『アルフレッド・クローバー伝』など五冊ほど本を書いた。なかでも『イシ』は名著だ。書こうと思う動機は、彼女が会ったこともない、イシとの遭遇にあった。伝記を書くのには会わないほうがいいということもある。

アルフレッド・クローバーは、家に帰ると、食卓の話題に決してイシを登場させることはなかった。だが、ものすごく悩んでいた。イシとつき合ってから悩むということが多かった。その自責の念が家の空気の中でも、バイ菌のように、カビのようにたまってくる。

イシが死んだとき、クローバーは、ヨーロッパに行って博物館にはいなかったので、「解剖はさせるな」という手紙を出した。ところが、その手紙が着くのが遅れたために、実際は解剖されてしまう。そのときクローバーには、「これだけ苦労した人間を、なぜ死んでから解剖するんだ」という爆発的な怒りが起こる。そして「科学なんて犬に食われてしまえ」という言葉を発している。つまり、自然科学という名前でイシを解剖するということは、クローバーにとっては耐え難かった。

クローバーは、イシと話をし、イシの体験を追体験するという仕方で、白人が原住アメリカ人に対してやった凄惨なことを自分で背負ってしまった。そのことをクローバーは、大変に悩んでいた。その悩みが細君に伝わり、彼女はイシの伝記を書くのだが、それはさらに娘にも伝わっていく。

娘は一九二九年生まれで、フランス人と結婚した。アーシュラ・K・ル＝グウィンという名前で、『ゲド戦記』その他、SFを三十冊も出している。クローバーの悩みがこれらの作品を書く上で力になっている。そのことを、ル＝グウィンは、『イシ』の序文にきちんと書き込んでいる。

母はイシにじかに会ったことがないので、父の味わった激しい感情を直接感じなくて済んだのだ。執筆中、母は父の助力を仰いでいたが、本の出版を見ずに父は他界した。カリフォルニア征服の身の毛のよだつ物語を語り、人間が「文明、進歩、明

白な天命」の美名のもとに行う悪事を再確認するというのは、母にとって困難で時間を要する仕事であった。（『イシ』序文）

その一家の中にたちこめている空気が、ＳＦ作家を育てているのだ。

ハビットとハビット・チェンジ

アルフレッド・クローバーは思想を習慣としてとらえる。クローバーの著作には、個人が出てこない。クローバーの遺著の序文を書いたレッドフィールドは、大きな人類学の会議の中で、「ソーシャル・アントロポロジー（社会人類学）の方法が、クローバーの考え方に全然入ってこないのはどういうわけか」と言う。そうすると、クローバーは「社会人類学というのは、今このときに結びつけられすぎている。自分は、顕微鏡ではなくて、望遠鏡で見たい」とこたえた。

習慣というのは、ものすごく長い時間をかけて伝わってくるもので、原住アメリカ人だったら、アジア大陸からずっとベーリング海峡を通ってアメリカに達し、終わりはアルゼンチンまでいく。その間を通じて保たれている習慣もある。そのように伝わっていくものを、望遠鏡で見るのがクローバーの方法だ。だから、一人の生涯というものについて、クローバーは書いたことがない。

ところが、シオドーラ夫人は、一人の生というものをクローバーの伝記において書き、またイシの伝記において書いた。クローバーにとっては習慣＝ハビットが重要だという、ハビットの思想なのだが、シオドーラ夫人の場合には、ハビット・チェンジが重要なのだ。習慣をどういうふうにして変えるか。思想というのは無意識の層につめこまれている習慣ではなく、習慣をどういうふうに変えていくかだというのが、パースの定義だ。イシにとっての習慣の変革は、大変なドラマだった。それを現場で見て、現代社会の一人としてイシがどう生きているかを書くわけだから、どういうふうに習慣の変革がなしとげられたかをシオドーラ夫人は、アメリカ原住民の生活と現代アメリカ人の生活と、両方から調べることができた。

太古の言葉、子供の言葉

娘のアーシュラ・K・ル＝グウィンになると、父親と同じように文明を再び望遠鏡で見る。生物、動物、そして人間が、どういう文明をつくったかを遠くから見て、現代人の生き方そのものを想像することができる位置に自分を置いて、『所有せざる人々』や『闇の左手』といったSFを書いていった。

ル＝グウィンは「太古の言葉を掘り出したい」と『ゲド戦記』を書いた。結局「太古の言葉とは、今も竜が話している言葉である」と言う。太古の言葉というのは、我々の暮らしの中で言えば、生まれたばかりの子供がしゃべっているものなのだ。

文明社会の中で生きていると、だんだんにその文明が入っていってしまうが、それ以前に子供は、非常に強い問題を、太古の言葉で、哲学的な質問として投げかけてくる。これに対して、「子供は黙っていなさい」とか、「大人になりゃわかる」なんて言い返すのは間違っている。子供の質問は、極めて哲学的なものなのだ。それを子供の言葉で答えようとすれば、これはル＝グウィンの作中人物である魔法使いと竜の対話みたいになる。その状況は私たちの毎日の生活のなかで繰り返し起こっている。

私が体験したことで、そのことの意味を考えてみたい。一九三八年の秋に、私は、アメリカの寄宿学校に行った。あるとき、夜、寝る前に歯を磨いていたら、そこに生徒が二人来た。彼らは、なぜか興奮していた。私は「何だ？」と聞いた。私は英語をしゃべる能力は持っていなかったが、聞く能力はある程度あった。すると、「こいつに話したってわからないよ、むだだ」と一人が言う。その相手は「ゆっくり話せば必ずわかる」と言って、二人で論争している。そのとき、言葉のしゃべれない者は知恵のない者だという、そういう信仰を片っ方が持っていることがわかった。知恵とは、そんなものではないのだ。

私の子供が、幾つの時だったか、遊びをやめてやって来て、「お父さん、お母さんが死んだら、僕はどうなるんだ」と、ものすごい恐怖をこめて言う。私は、「いや、死んだら、この頭の後ろの熱い感じになって残っているから、いつでもいるから心配ないんだ」と言った。それはうそじゃない。私が、今もっている感覚だ。

権力者に支配された空間

私に最も影響力があった人間は、母親以外にはいない。だから、あらゆる著作は、私にとっては、母親に対する答えなのだ。母親は、三階建ての家を上から下まで突き通すような意志の力を持っていて、一種の磁場だった。私は、子供のとき、自分の呼吸をはかられているという生理的な恐怖感におちいって、地下室まで布団を持っていって、ボイラーの隣に寝たことがある。また、私は電車の中でパニックに襲われた。おふくろが私の引出しを出して検査しているのではないかと、ものすごく胸を締めつけられるようなおそろしさだった。父兄会のときに、私の机の中を見たら、紙飛行機がいっぱい入っていたというので、家へ帰ってものすごく怒られた。声涙ともに下って、「あなたが悪いのは私の責任だから、あなたを殺して私も死にます」と言うのだから、すさまじい人物だ。

どんなに大きな空間でも、私にとっては、おふくろによって支配されている空間だった。だから、私にはスターリンがすぐわかる。つまり、プラグマティズムの言葉で言えば、筋肉と内分泌の反応で、私はスターリンがわかるのだ。その恐怖から、私はマルクス主義者になったことはない。

また、私は女をばかにしたことがない、おそろしいという感じがある。私は、年がいってから結婚して、四畳半と六畳の部屋に細君と一緒に住んだのだが、私の細君というのは、手帳があったってそれを開いて見ることはしないし、私あてに来た手紙を開けて見ることもしない。おふくろと全く違うタイプの人間なのだ。おふくろと違う女の人に出会ったことによって、三階建ての家よりはるかに小さくても、ここに自由はありうるとわかった。

しかし、ずっと考えてみて、おふくろは、それが人間というもので、私はそこから派生したものなのだから、おふくろの大きさと重さというものは、ほかの人びとの影響を超えている。

問題は、私がおふくろを愛していたことにある。愛していなければ突き放せるのだから、たいした問題にはならないが。だから、愛の試練だ。これは、おそろしい。

自分を失わずに生きる条件

とにかく、母親の私に対する影響が私の哲学の原型になっている。私はおふくろのこうしろということについて、常にノーと言ってきた。つまり、子供のときは、決定的に弱い立場に立たされて、弱者の抵抗をしていた。犯罪的になることによって、辛うじて抵抗を保っていた。犯罪者として生きれば自殺に追い込まれないのではないかと思った。それは、自分の中にある知恵ではないかと思う。

個別的な命題については、常にノーと言って反発しているのだが、それらの束として見るメタ言語レヴェルでは、おふくろの正義の基準を受け入れていた。それはダブル・

バインドということなのだ。だから、ベイトソンを読んだときに、「あっ、これは、精神が引き裂かれる、まさにその瞬間だったんだ、今で言う統合失調症を培うところにいたのだ」とわかった。自殺するか、精神が引き裂かれるかのすれすれのところを通ってきた。今でも危ないところを通ったなと思って、生きていることを祝福している。

私が置かれていた状況は、居留地に閉じ込められたアメリカ・インディアンと、基本的に似ている。白人の文明を全部押しつけられたんだから。クローバーのような人間がいて、イシと対等につき合うことによって、アメリカ社会の中で、イシが自分を失わずに生きる条件をつくった。

イシとル゠グウィンがともに言っていることなのだが、自分の名前は自分だけが知っていればいい、ということがある。『ゲド戦記』の主人公ゲドはかなり高い魔法を身につけたけれども、彼の名前を知っているのは六人しかいなかった。それで十分なのだ。イシは、自分の名をクローバーにさえ言ったことがない。自分の名を明かすことなしに、つまり自分を失うことなしに終わりまでいって、死んだ。クローバーは、踏み込んでイシのほんとうの名前を聞こうとはしない。イシという名前はクローバーがつけた。イシというのは「人間」ということだから、イシが人間なのだ。そういうものとしてクローバーは見た。だから、クローバーのこの名づけの中には深い哲学的な知恵がある。

物を見て形を見ることができる力

娘のル＝グウィンの『ゲド戦記』は、ある意味では欧米文明への批評になっている。それを子供の言葉で語ろうとした。そこがおもしろい。欧米の文明というのは、少なくとも現代文明は、死んだ者を呼び戻す力を忘れた文明だ。だから、「未開人から何かを学ばなければいけない」とか、「サルから人間への道」とか、いろいろなことを考えるのだが、そういう抽象語で死者を呼び戻せるものか、それが問題だ。

たとえば、物に対する扱いがある。イシの場合には、弓も矢もほんとうに手にくっついたように動かせるのだが、そういう関係を我々は物に対して持っているだろうか。物調査をやると、アメリカ人に比べても、イギリス人に比べても、日本人のほうが家の中にある物が多種類にわたっている。でも、物と自分とは、たとえば、使いこなされたグラブのように、ほんとうに混合物、アマルガムになっているだろうか。イシにとっては、そうなっていた。

亡くなった高取正男が、「形見」という言葉を分析している。物を見て形を見ることができる、そうすると呼び戻せるという。ある物を形見にするというのは、その形を見る力を持っていなければ、母親の遺品も形見にはならない。そういう力がおとろえていけば、形見は意味がなくなって、何の形見もない暮らしになっていく。その点では、イシの持っている世界に比べて、我々は明らかに貧しい。そのことは現代文明に対するイシの批評であり、イシを受け継いでいるル＝グウィンの批評なのだ。

クローバーは、死ぬ前の講演で、ピカソを非常に高く買っている。ピカソは違う種類のスタイルを、次から次へ試みた人の一人であり、全部自分から出たもので、模倣ではないという。日本文化はそれに当たるのではないかと、クローバーは考えた。そうかなと、私は思う。イシは、欧米の文明に対して、自己選択の態度を保って対した。日本文化はそう対しえたか。それは疑わしい。

柳宗悦が「日本の眼」という文章を書き、世界のさまざまな民芸品を日本の目で見て、陳列、配列を考える。これは偉大なことなのだが、科学技術に対しても同じように日本の頭は自分の必要にあわせて対することができるだろうか。それは、イシが日本に対して出している問題だ。私は、クローバーのように楽観的ではありえない。

人間と魔法と宇宙の均衡

『ゲド戦記』のゲドが魔法学校に行くと、その達人が教えてくれる。

長《おさ》は、また、この術が多くの危険をはらんでいることを語り、なかでも、魔法使いが自分の姿を変える時には自らの呪文から逃れられなくなる危険を覚悟しなければならないと注意した。(『ゲド戦記』)

これは、現代の自然科学技術がほとんど惰性でどんどん進歩していく、そのことを望遠鏡で見ている。

魔法学校を出て、大変な秀才で魔法使いになったゲドはふるさとに戻って、かつて魔法の手引きをしてくれた人に会うと、もとの先生は大変に喜ぶ。「やあ、来たか」。ゲドの答えは、「はい、出ていったときと同じ愚か者のままで」。これはすばらしい。

これを読んで、日本の知識人の場合のどんどん上がりっぱなしになっていくという進歩の階梯について考えてしまった。精神科医の中井久夫の、成熟の定義がある。「退行の泉に湯浴みして、もとのところに帰ってこられるもの」、それが成熟なのだ。自分が愚か者であるところまで繰り返し行く。それができない者は成熟していない。大変に未熟な状態で、原爆をつくって投げたりするようなことになるわけだ。これが、ル＝グウィンがイシからくみ取った知恵だ。

魔法使いの自戒は、あることを変えたら、宇宙の均衡をそれで破ることがあるということだ。宇宙の均衡をもと通りにできないようなことをすることができるのは、人間だけなのだ、ということを一生懸命魔法学校で教えている。だが、現在の日本では、そういうことを教えない。

ゲドは、ある時、何とか自分を救い出そうとしてある魔術をかけた、そのことについて先生である魔術師はこう言う。

今度のは、どう見ても均衡を正そうというのではなくて、それを狂わそうという動きだ。そんなことができる生物は、地球上には一種類しかない。（『ゲド戦記』）

それは人間なんだと。また、こういうふうに教わる。

魔法というのは、その土地土地と密接にかかわりあっているという意味なんだ。

（『ゲド戦記』）

土法、その土地その土地の法だ。それはクローバーがイシについて、イシが最後の年月を送った現場でイシの動きをみるのととても似ている。

そのもとの場を越えて、天下どういうところでもやってはいけない。つまり、「ロードス島でとべ」というのは考えてみると、マルクスにはその予感はなかったことは確かだ。ロードス島ではとてもうまくとべた。だから、「ここがロードス島だ、ここでとべ」と今いるところで言う。でも、そこはロードス島ではないのだからそういうふうにはいかない。

西田幾多郎の無の哲学というのは、大変おもしろいものだと私は思っている。だが、西田は、大東亜戦争の真っただ中に、矢次一夫の呼び出しに負けて、大東亜戦争を擁護するような声明を書いた。西田哲学は、自分のつくった魔法をどういうふうにかけるのか、その土地の状況とどういうふうに絡んでいくのかということを考えていなかった。魔術師としては、まだちょっと不足という感じはある。

結局、現代社会の魔術といえば、科学がある。そのほかには、名声と権力と金だ。科学、名声、権力、金、そのどれにもイシは乗せられなかった。これは、ものすごい知恵だ。名声を得ると、自分が偉くなったような気がして、それに乗っかって、次々ものを書いたり演説したりする。それがおそろしい。

文明は何に囲まれているか？

ル＝グウィンには『夜の言葉』というエッセイ集がある。『世界の合言葉は森』という一九七六年の本もある。イシは森にいて気配を読む。狩りのときにはそうする。気配を読む力は文明にも必要ではないか、文明はそのテクニックを失ったというのがル＝グウィンの考え方だ。

『夜の言葉』でル＝グウィンは、サイエンス・フィクション（SF）はアメリカで起こったにもかかわらず、アメリカで量産されるSFには、今、自分たちの住んでいる文明、その外に対する気配への感覚がないと言っている。むしろアメリカでないところ、H・G・ウエルズ、オルダス・ハックスリー、オーウェル、以上はイギリス人。それからザミアチン、これはロシア人だけど、これらにはあると言う。

その考え方は、イシの影響なのだ、黙っていても。黙っていることは非常に重大だ。ル＝グウィンには、SFを書くときに使う文鎮が一つある。それは、イシの石斧で、ル＝グウィンに対するイシの遺産なのだ。これを見て書くということは、つまり、現代の文明が何に囲まれているのか、ということに対するル゠グウィンのセンスなのだ。

クローバーはトマス・ハックスリー賞を受けた。トマス・ハックスリーは、動物からの進化をずっと考えて、その中に人間を位置づけるのだが、人間の持っている倫理観を、動物と同じようなものにする必要はないと言っている。これまで人間の編みだしてきた倫理に沿うて、自分の今日と未来を律すればいいという。

日本では加藤弘之がはやらした国家本位の弱肉強食を説く社会ダーウィニズム、これは国家間の関係を動物社会の弱肉強食の側面になぞらえて考えた。トマス・ハックスリーはそれにくみしなかった。社会ダーウィニズムはイギリスではやらなかったからそこで止まって、ドイツに渡り、ドイツから日本に来た。「宇宙における人間の位置」、それが、トマス・ハックスリーのエッセイの題なのだが、クローバーはその考え方を受け継いでいる。

日本で考えると、今西学は、その規模を受けついだ。今西錦司は中国から引き揚げてきて、戦争が終わってから、オルダス・ハックスリー（トマス・ハックスリーの孫で、祖父の考え方を受けついでいる）の『すばらしい新世界』を読んで、見事な書評を書く。今西さんは昆虫の研究から始めて人類学までいく。そのコースはトマス・ハックスリーや、その孫のオルダス・ハックスリーと形は似ている。文明は何に囲まれているか。未来はどこかという気配の感覚がここにあるという意味だ。


（一九九四年六月八日談に加筆）

イシャウッド——小さな政治に光をあてたひと

1

どの戦争も、平和を目的としてたたかわれた。「戦争をなくすための戦争」（第一次世界大戦の時の米国政府のかけごえ）、「東洋平和のための戦争」（中日戦争の時の日本の流行歌の言葉）は、その戦争がすぎた今となって見れば、あわれである。

しかし、すぎた戦争についてはそう思うものの、今も私たちは、平和のための戦争にふみこみかねない。今の日本政府の指導者の言うことをきいていると、そう思えるし、指導者でない私たちもまた、そういう指導者のかけごえと説明とをうけいれかねない。平和のための戦争でなくとも、平和のための闘争であっても、政治党派ごとに一列にならぶことを要求し、その列からはなれているものを口をきわめて悪く言う、その流儀は、この人たちが万がいち国家権力をとることがあれば、ふたたび平和のための戦争へと人をかりたてそうな予感を私にあたえる。

大正時代に、日本が「戦争をなくすための戦争」という理想をわが身にひきよせて、青島攻略などわずかの出費で大きなもうけを得た時代に、反戦の理想をかかげる知識人の集会があった。青島攻略のおこぼれにあずかるなどという日本政府のやりかたをけがらわしいと感じる善意の知識人のあつまりである。その会に出てきて、テーブルの上にあがってごちそうをけちらしたという辻潤（一八八四—一九四四）の話をきいたことがある。まわりにいる人たちは、辻潤がなぜそういうことをしているのかわからなかったそうだ。その席にいた秋山清は、平和のためにせよ政治に人間をくわれてしまうのはくだらないという気分をつたえるためだっただろうという。そのメッセージがつたわったかどうかわからない。その席にいた平和主義者のうちながいきしたものは、中日戦争——大東亜戦争のあいだに軍国万歳をとなえる人となった。辻潤は、大正時代にかちえた有名人の座を使って戦争中もあちこちまわって旧友にめしをめぐんでもらうことができたはずだが、東京のアパートにひとり住んで、戦争下の一九四四年にうえ死した。

辻潤の生き方にはすじがとおっており、感動する。うえ死は平和を守るひとつの確実な道だと思うが、それだけではないような気がする。

大学教授が採点するような仕方で、思想史を見るのは好きではない。平和思想史に対しても、おなじだ。辻潤におけるような小さな思想と小さな行動に、心をひかれる。

そういう小さい人の小さい行動として、クリストファー・イシャウッド（一九〇四—八六）が、私には大切だ。

フランシス・キング著『クリストファー・イシャウッド』（一九七六年）という小さい本によると、一九三〇年代のイギリスで、イシャウッドはやがては大作家の列にくわわる人と見なされていたそうだが、今日では、そう見られていないという。

私は三〇年代からイシャウッドの詩と小説とを読んでいた。しかし、名高いこれらの初期作品よりも、五〇年代からの彼の著作がつよい印象をのこした。二千五百年前のインドの叙事詩『バガヴァド・ギタ』のイシャウッドによる英語訳（インド人スワミ・プラバヴァナンダの助力を得ている）を読んだ時からである。

2

クリストファー・イシャウッドは、一九〇四年八月二十六日、英国チェシャのワイバーズレー館でうまれた。上層中産階級に属し、祖先はチャールズ一世に死刑を宣告したジョン・ブラッドショーにさかのぼることができる。チャールズ王の亡霊が今もさまようという言いつたえのあるマープル館は、このブラッドショーのうまれた家であり、イシャウッドの父の育った家でもあった。イシャウッドのもともとの苗字はブラッドショー＝イシャウッドという二重の形だったのを、彼が米国市民になる時に片方おとしてイシャウッドとしたものである。

自分の祖先は、さかのぼってかぞえてゆくと途方もない数になり、誰でも自分に似あう祖先をどこかで見つけることができるはずだ。自分の家系を嫌ったクリストファー・

イシャウッドは、やがて王殺しの共和主義者ジョン・ブラッドショーについて知るようになってから、王党派の勝利の後にも王殺しの呼び名にたえて生きつづけた自分の家系についていくらかのすわりのよさを感じた。

もうひとつ、おなじようなことが、父についておこった。一九一五年五月八日ベルギーのイープルで、父フランク・イシャウッド中佐が戦死した。満十歳のクリストファーは、寄宿生の間で、英雄の息子のあつかいをうけることになった。そのすわりの悪さは、ながく彼につきまとう。

イギリス小説の歴史、というよりもヨーロッパ—アメリカの小説の歴史の中で、イシャウッドをきわだたせているのは、彼が数知れぬ私小説を書いたことにある。それは初期の、母親の圧制にたいする息子・娘の世代の反抗を書いた第一次大戦戦後小説にも、中期の、ナチ台頭の時代の風俗をドイツの内部から描いた政治風俗小説にも、後期の、自分の生いたちと家系を書いた記録小説にも、通じる。どういうところから、この方法があらわれたのか。日本の私小説の影響でなかったことはたしかである。彼がうまれた時、彼の顔は日本人の赤ん坊のようにおかしげな切れ長な眼をしていたと母親は日記に書いているのだが。彼の小説は日本でひろく読まれたとは思われない。わずかに花田清輝は、早くからイシャウッドに注目して、とくにそのベルリンものと、それにもとづいてつくられた二つの映画「私はカメラ」、「キャバレー」についてくりかえし書いている。花田にとって、記録芸術の方法にめざめる一つのきっかけとなった。

イシャウッドの方法は、「私」を一つのカメラの位置として使いこなす。「私」は、自分の感情を表出する手段ではない。世界をえがく一つの方法である。さらに、「私」は、世界の中の一つの小さい場所として、「私」の認識の拡大するにつれてよりしっかりと小さく限定されてゆく。それが自己の卑小さを確かめる手段としてでなく、そのように自分があるということを時間をかけて見なおす方法として用いられる。日本人が、日記文学の制作以来編みだしてきた私小説の伝統とどのように交錯するかは、これから考えてみたいことだ。

イシャウッドとW・H・オーデンとは、皆寄宿制の学校ともだちであり、寝室をともにする同性愛の仲間でもあった。オーデンはしばしばイシャウッドの批評をうけいれて自分の詩の中からイシャウッドの賞めた行だけのこしたので、そのためにオーデンの初期の詩は、わかりにくいものになったという。

この時代にすでにイシャウッドはオーデンを現存する最大の詩人と認めていた（イシャウッド＝バカルディ共著『十月』トゥエルヴ・トリー・プレス、一九八一年）。やがてオーデンはイギリスで指おりの詩人となり、スティーヴン・スペンダーとともにスペイン戦争当時のイギリス左翼文学者の代表となる。このグループの一人としてイシャウッドは、ナチスをえがき抗戦中国をえがく一連の作品を出して、注目をあびたのだが、読者の期待どおりの小説家に成長することはなかった。彼が、ジェラルド・ハードをとおして、インド哲学にふれたことが、本格小説の道からはずれるもととなった。

作品『十月』に、ハードは、死後十年たってもなおイシャウッドにつよい印象をのこす人として描かれている。ハードは、かたみとして、イシャウッドに書きもの板をのこした。それはなだらかな勾配をもつ板で、ハードは机の上にそれをおいて書いたという。この板のように大切な目的のためにくりかえし使われたモノには、つよい精神力がやどると、ハードは信じていた。イシャウッドはハードのようにこの板の上であらゆる原稿を手書きにするというわけではなかった。タイプライターで仕事にかかる前に、くつろいだ姿勢ですわって、ひざの上にのせたこの板の上で、思いつきを書いてゆき、何も思いつかない時には、そのまま、板をひざの上におくというのがイシャウッドの習慣になった。ゆずられたこの板をイシャウッドはビジネスのためには使わず、自分にとって大切な仕事についてだけ使うことにしているという。

ハードはイシャウッドに、無神論者である必要はないことを教えた。神は自分の内部に自分以外のものがないかどうかをさぐる瞑想のいとぐちをあたえる作業仮説だ。もしハードがいなかったら、自分はスワミ・プラバヴァナンダのような行者に会っても、この人は自己欺瞞《ぎまん》の行にふけっているとしか考えなかっただろうとイシャウッドはいう。

イシャウッドには、自分の母親と父親のことを書いた『キャスリーンとフランク』(一九七一年)という本がある。母が少女のころからつけていた日記をもとに、ヴィクトリア時代の娘だった彼女の生涯をあとづけ、父には日記がないので、母あての父の手紙をとおして、ヴィクトリア朝の紳士だった父の生涯をあとづけている。誰にとっても、自分がつよく愛する人を理解することはむずかしい。自分の愛情がさまたげになって、自分の期待はずれのものを発見することをさけようとするからである。ハードをとおしてインド教にふれたイシャウッドは、青年期にもっていたひたむきな旧世代否定の情熱からはなれて、前よりも自由に、父母の像をさがすことができた。こうして、彼は、職業軍人として英雄的な戦死をとげた父の手紙の中に、ヴィクトリア朝の英国紳士とも英雄ともほどとおい別の人間を見出す。陸軍中佐である父は、やがて死ぬことになる前線の塹壕の中で編物をして平静を保っていた。

前線から妻にあてて書いた手紙の中で、この陸軍中佐は、「クリストファー（息子）が自分自身であるかぎり、自分の個性をたもって、自分の思うとおりの道をえらんで生きてゆくかぎり、何をまなぼうと、たいして問題はないと思う」と言っている。この人は、実は戦時のイギリスがクリストファーにおしつけた軍国の父ではなかった。半世紀をこえて、この手紙を読みかえしたクリストファーは、父が自分に向って呼びかけている声をきいた。

「私のように生きようとするな。私がなれなかったすべてのものになってほしい。私がしたくても決してできなかったこと、私がおそろしくてできなかったことをふくめて、そのすべてをしてみなさい。もしきみが、それがどういうことかさがしあてられるなら。世間が君に父にふさわしい息子であれという、そういう息子だけには決してならないようにしなさい。そういう息子はうんざりだ。私の求めるのは息子の道からはずれた息子だ。世間をおどろかせて、みなの見ている前で私の名をはずかしめるような息子になってほしい。それを私は見ていて、拍手をおくるだろう」

母のキャスリーンは九十一歳まで生きた。彼女にとって、長男のイシャウッドが同性愛であることをうけいれるのはむずかしかった。彼女は名誉の戦死をとげた軍人の未亡人として、人びとにうやまわれて長い生涯を生きた。クリストファーは、この母と対立しつつ、彼女が再婚するか、そうでなければクリストファーの側に身をよせて友人としてともにくらしてゆくかどちらかを望んだが、母子ともに老いた今ふりかえってみて、もしクリストファーの望んだように母がくらしたとするならば、その損失はクリストファーのほうにかかってきたであろうと考えるようになった。彼は、彼のたちむかう敵を失ったであろうし、この強力な敵こそ彼に力をあたえるもとだったからだ。

3

少し前に朝日ジャーナルで、流行歌詞作家阿久悠氏が、男の化粧は徴兵忌避だとはなした記事を読んで、この人は、時代に対してたしかなアンテナをもっている人だと感じた。日本の侵略を米軍の武力によってとめられた（中国の抵抗によってという部分はみないで）と感じている日本は、戦争をおこした勢力を自分の力で排除しなかったので、軍国主義は今も日本にのこっている。かわっている部分は、女性のくらしかた、それに反応してくらす男のくらしかたにある。戦前とちがうのは、今のこどもは、女らしい女か、男らしい男かのどちらかになることを強制されないことだ。女らしい女、男らしい男、男らしい女、女らしい男のどれをえらぶことも自由で、それらの理想の間をゆれうごくという風俗がある。女らしい男が、平和を支えるものと私は思っている。そういうくらしかたの中にある小さい政治は、天下をまるごととらえてこれが世界史の法則だ、これが普遍の正義だという仕方でさしだされる大きな政治とはちがうもので、そういう小さい政治の役割と結びつかない大政治は、すわりがわるい。イシャウッドは、このような小さい政治に光をあてつづけた人だ。彼が反ナチの運動、ヴェトナム戦争反対の運動に努力したことは、このような小さい政治とのかかわりとむすびついて意味をもつ。

自分が自分自身とそして親しい人たちともつ小さい政治を他にして大きい政治はなりたちにくい。イシャウッドの著作と生涯におけるように、その小さい政治は、家を大切にし国家の命令にしたがうという道とちがう形を指すこともあり得る。

4

ジョナサン・フライヤーの書いた『イシャウッド』（一九七七年）という伝記を見ると、彼は、同性愛について派手な宣伝をするということはしなかったが、求められれば公開の席で、この主題について話すことをさけなかった。同性愛がこの社会にあるということを擁護し、あわせて、自由な同性の関係をもつことの自由なしではながつづきのする同性関係をためすことができないという意味で、自由な関係をも擁護するという立場をとった。

フライヤー著のイシャウッド伝には、彼がローマに行って突然に宴会にまねかれた席上で、この日が、彼と同行者ドン・バカルディとのつきあいの二十周年記念にあたっていることに気づいて、それを公表したことが書いてある。生前最後の著書に近い『十月』は、ドン・バカルディとの共著となっていて、このように自分の位置をはっきりさせてゆくことが、彼の社会行動の一部だった。

同性愛の部族について、彼は『十月』の中で、自分がその仲間であることに誇りをもつと述べている。未来への見とおしについては、経済恐慌がおこり失業者がふえると、家族もちの人たちの憎しみが同性愛にむけられ、旧約聖書がもちだされて迫害がはじまることも考えられるという。しかし、この部族が絶滅される時には、殉教が最高の目標と感じられる時だろう。そういう時が来ないならば、同性愛のものはこれまでとおなじく偽装と地下活動をつづけてゆくだろうという。

同性愛の部族のひとりであることは、イシャウッドに、さまざまの少数者への共感をそだてた。ナチスへの反対、死刑廃止、ヴェトナム戦争反対に彼が努力したことは、当然と感じられる。それらの政治活動は、世界の政治はこうあるべきだという体系から出ているのではなく、自分は毎日をこういうふうにすごしてゆきたいという彼個人の日常の感覚に支えられている。

イシャウッドは、晩年のオルダス・ハクスリーと親しく、ハクスリーを見舞いに行った。

ハクスリーは、灰色がかった顔色で、眼にも力がなく、しなびた老人のように見えた。しかし、はなしているうちに、その判断力がしっかりたもたれていることがわかった。アフリカのことをとりあげると、ハクスリーはアフリカの新興諸国は全部、それぞれの国の軍隊に支配されるようになるだろうと見とおしを口にした。それが望ましいというのではない。ハクスリーはつねに事実を直視することを求めた。イシャウッドが、近ごろ読んだV・V・ロザノフの『ソリタリア』のことを話すと、ハクスリーは、たちどころにこの本から引用して、「私生活がすべてにまして大切だ。それがただ家にすわって、鼻をほじりながら夕焼を見ているだけのことであっても」と言った。その後数日して十一月二十二日にハクスリーは死ぬことになるのだが、この日二人はほとんど元気にわかれた。（ジュリアン・ハクスリー編『オルダス・ハクスリー　一八九四――一九六三　追悼文集』一九六五年）

私の時間を大切にすることが、国家批判の立場にたつものにとって必要だ、という見解に、ハクスリーとともに、イシャウッドは立っている。この立場は、国家に自分がとりこまれないための一つの確実なよりどころとなる。現在の国家と対抗するための運動が、やがて自分たちの運動の内部から国家への服従を強要する権力にかわってゆく兆候をもつ時、そのような運動の内部にあっても、それは、批判をうしなわないためのひとつのよりどころとなる。

二十世紀の歴史の中で、マルクス主義によって国家権力をとった政権は、これまでのところ、そのいずれもが、国家に対する不服従の権利を重んじる気風をそだてなかった。あらゆる権力は腐敗する、絶対的権力は絶対的に腐敗するという判断を自分たちの共有の思想とすることができなかった。原水爆と原子力産業が登場した今、そのような反権力運動の質が問いなおされる必要があろう。日本の仏教は、近代史の中で、つねに現存の国家権力に従うようにという教えに徹底し、国家のおこした戦争については先にたってそれをおしすすめることに集中してきたので、仏教の内部に、別の仕方での平和運動の芽ばえを期待しにくいが、仏教の思想の中には、別の可能性があって、それは、オルダス・ハクスリーやクリストファー・イシャウッドをとおして見える。

原子力が発見された今、私の内部の平和にもどるだけでは、地上の平和の実現に背をむけるだけになろう。世界政府が原子力を管理するか、超国家の協定によってその管理をゆだねられる超国家機構が必要だということはうたがい得ない。同時に、そのような超国家機構あるいは世界国家が、地上の人間すべてを、その生活までふくめて管理するところまですすめば、それは、平和をその根もとでこわすことになろう。

内面の平和から国家権力の制限までを構想する動きは、イシャウッドの先達と言うべきE・M・フォースター、さらにその師だったG・L・ディッキンソンにあらわれている。

G・L・ディッキンソン（一八六二—一九三二）は、一九〇一年に、ジョン・チャイナマンと署名して、キリスト教文明国の批判をはじめた。自国のおこしたボーア戦争を不当と感じていた英国人の一部に、この「中国人の手紙」は、うったえるところがあった。英国人だけでなく、英語国民である米国の読者にも読まれたらしく、米国の大統領候補・元国務長官のブライアンが、この中国人はキリスト教家庭の内部をよく知らないからと言って反論を書いたりした。もっともその反論を単行本にした時には、『ジョン・チャイナマンの手紙』が英国人の手によるものだということがわかっていたのだが。中国人の立場からする英国流儀への批判は、『インドへの道』を書いたE・M・フォースター、『ビルマの日々』を書いたジョージ・オーウェルにつらなり、これらの作品に熱意ある読者が英国にいたということが、やがてイギリスの帝国主義からの撤退を用意する。この道すじの上に、G・L・ディッキンソンは、「国際連盟」という言葉を発明し、英国人としてはその最初の構想を、第一次世界大戦開始の二週間後に書いて小グループを組織した。やがて実現した組織は、大戦で勝利をしめた大国権力者のとりひきの道具となって、ディッキンソンの意図からは程とおいものとなったが、原子力の脅威から人間を守るために、ディッキンソンの考えた流儀での国際連盟を私たちは必要とする。死ぬ直前に彼ののこした手紙で、E・M・フォースター『ゴールズワージー・ロウエス・ディッキンソン』(一九三四年)によると、老年となると、見る人としての役割がつよくなって、考えている自分を見ている体験が深まり、この不思議な世界になぜ自分がいるかがわかるところに近づいているように感じると言ったそうである。そのような内省と世界政府の構想とがともにはたらく場を私たちは必要としている。

鯨の腹のなかのオーウェル

1

はさみうちにされるというのが、オーウェルが早くからむきあった政治状況である。英国支配下のビルマではたらく英国人警察官として、彼は、自活の第一歩をふみだした。その経験は、「象を撃つ」（一九三六年、平凡社ライブラリー『象を撃つ――オーウェル評論集1』所収）に描かれている。

さかりのついた象が、くさりをきってあばれ、牝牛を一頭ころし、インド人クーリーをひとりふみつぶし、果物売りの店をおそって商品をむさぼり食った。労役用の象一頭は大きな財産であり、そのさかりのしずまるのを待つか、それとも射殺するか。二千人ものビルマ人群衆がただひとりライフルをもっていた白人警察官をかこんで見守っていた。オーウェルは、象を殺したくなかった。しかし、彼はビルマ人の群衆に見られている英国人としての威信をかけてこの象を撃った。

ばかに見られたくないというだけの理由で、私が象を撃ったのだと見抜いた者がだれか一人でもいたかどうか……。（前掲書、三三頁）

おなじはさみうちの状況に、彼はみずから志願して参加したスペイン市民戦争で直面する。今度は、味方の一部であるスターリン派ロシア共産党系の軍隊とヒトラー指揮下のフランコ派スペイン・ファシスト軍隊との間に立つ。ソ連の実態について眼をひらかれたのは、この時である。

そして三度目。今度は、英国放送BBCのインドむけ放送の編成をたのまれて、スバス・チャンドラ・ボース[1]がヒトラー支配下のドイツではじめた自由インド放送をむこうにまわして、第二次大戦下の世界についての状況をインド人にしらせる役割である。オーウェルは、自分の国が植民地をもつことを不当と思い、完全独立を求めるインド人の願いに共感をもつ。同時に、この戦争下にヒトラー指揮下のナチス・ドイツの政策に屈してはならないと考え、ナチス・ドイツ（後には日本）の援護を受けてその政策を受けいれつつインドの独立を求めるスバス・チャンドラ・ボースの政策に反対する。

二度にわたってはさみうちをくぐりぬけてきたオーウェルは、中年になってからのこの三度目のはさみうちに際して、一度目、二度目から得た経験をいかした。

オーウェルがBBCのために書いたニュース台本は、半世紀後の今日読んでみても、すぐれた散文である。ここでオーウェルは、彼の著作としてはめずらしく、目前の一点ととりくんで、それについての自分の感想を表現して、同時代の世界についての自分の立場を示唆するという、「象を撃つ」や「絞首刑」のような方法をとらず、同時代の世界情勢全体を一週ごとに要約して、自分の判断を述べる。それはしばしばオーウェルの偏見によって色づけられてはいるが、半世紀後の解説者ウェストは、その後にたしかめられた情報によってオーウェルの報道の行きすぎを正している。この故に、W・J・ウェスト編『オーウェル――戦時論評』（ダックワース、BBC、一九八五年）は、読みでのある書物となっている。

第二次世界大戦において、軍事大国としてのイギリスは、アメリカ合衆国、ドイツ、日本の三国にくらべて、主役をつとめたとは言いがたいが、軍事的劣勢の中で、軍事をとおしてだけでなく、外交をとおして、国を守りとおした。一世紀のはばによって見るならば、英国は、やぶれたと言えないこともないが、戦後に次々に植民地を手ばなしてより小さな国になるという、そういうやぶれかたによって、虚勢をはることのない新しい国への道をあゆむ事業をなしとげた。その戦争のくぐりぬけかたを助けたのは、英国政府のもっていたすぐれた情報組織であり、それに助けられて、為政者は、みずからをあざむく誘惑から、ドイツ、日本、フランス、そしてアメリカにくらべて、よりよく自分を自由に保つことができた。

その情報組織の一角に、ワシントンにあって週刊報道を（主としてイーデン外相とチャーチル首相あてに）おくりつづけた哲学者アイザヤ・バーリンがおり、また、戦争の相手方と味方側アジア諸国民に世界情勢を放送しつづけたジョージ・オーウェルがいた。日本側の報道を今日読む時、日本には、同様の仕事がなかったこと、たとえあったとしても、当時の日本政府内にはこれを読んでいかす人のいなかったことが、対照として、心に残る。

オーウェルの散文は、ＢＢＣ放送局がその週にあつめた情報に目をとおして、しかも放送局内部の検閲（これがおおごとだった）をとおすだけの時間のゆとりをもって、みじかい時間のうちに書きあげられた。その散文が、時間をかけて書かれたオーウェルの他の作品と地つづきになる文体を保っているのは、この仕事をオーウェルが粗略にしなかったことのあらわれである。

だがもうひとつ、この散文が立派であることは、オーウェルが相手として認めた、ドイツを拠点とする自由インド放送の指導者スバス・チャンドラ・ボースが、偉大な指導者であったことにも由来する。オーウェルは、スバス・チャンドラ・ボースがインド民衆に対するつよい説得力のある状況放送をくりひろげるのに対抗し、ボースのようにナチス・ドイツとの協力を求めず、あいかわらずの英国政府の支配のもとに苦しみつつ独立への道を求めるネルーとガンジーへの共感をもとにして（それは英国政府のインド政策への批判をふくむ）、状況放送をつづけた。

オーウェルは、原理から出発する著述家ではない。彼は、彼をとりまく英国の同時代の意見をその偏見をふくめてまるごと受けとり、その中で、自分がおかしいと思うものととりくんでかえていった。彼は、自分の受けとった意見の全体の中に、自分が生きてゆくささえとなるまっとうな部分があると信じつづけた。自分の経験上したたかに思いしらされるまちがいの自覚があるときにも、自分の意見の全体を、別の意見におきかえるという瞬間は彼におとずれたことがない。このことは、彼に、終生にわたって、大衆詩人としてのキプリング、ユーモア作家P・G・ウッドハウス、漫画家ドナルド・マッギル、少年読物作家フランク・リチャーズへの讃美をすてさせることがなかったし、スペイン戦争において反対派にまわったイーヴリン・ウォー、スペイン戦争に無関心だったヘンリー・ミラー、英国正統派の側にたつT・S・エリオットの作品に対して感心するゆとりをあたえた。

ガンジーについての讃美は、オーウェルにはじめからあったものではない。ガンジーを讃美する人が、ビルマ在勤インド警察に就職することはないだろう。その後もガンジーの真理を、自分にとっても不動の真理と認めることはオーウェルにはついになかった。しかし、ビルマ警察官としてのどうしようもない不正義への転落、スペイン戦争の中でのスターリン指揮下の国際共産党による真実のゆがめを現場から見た体験は、ゆっくりと彼を、イギリスの帝国主義に対しては、ガンジーの非暴力直接行動が有効な政治運動となり得ることとの認識へと導いた。この時にもオーウェルは、あらゆる圧制に対して非暴力直接行動が正しいと考えるようになったわけではなく、ナチス・ドイツに対してはこれは無効であっただろうと考え、だからこそナチスに対しては、現在チャーチル指導下の英国政府のとっている戦争が正しいと考えていた。その故に彼は、ナチスと手をくむスバス・チャンドラ・ボースを敵にまわさざるを得ないし、かつては偽善者と考えており、今はその考えをあらためて共感をもつにいたったガンジーに対してさえも、この戦争での英国の立場を支援するという一点で対立することになる。

2

BBC放送とオーウェルのかかわりは、オーウェル自身が時として考えたように便宜的なものではなく、彼が同胞とインド人そして世界社会につくす戦時にゆるされたひとつの道であり、また結果として言えば、オーウェル個人の創作に新しい領域をひらく仕事ともなった。

こどものころに詩を書きはじめたオーウェルは、英語の言いまわしに対して敏感な耳をもっていた。イートン校だけで学校をやめて、大学にゆかなかったことが、彼に、同時代の知識人、文学者とはちがう、耳ざとさを保たせた。

ビルマ人、インド人の間にあってきく英語、パリとロンドンの浮浪者の間にあってきく英語は、図書館にこもって文字をひとりで眼で追うのとはちがう。そこに放送。そのころのラジオは、耳できく英語についてのもっともひろい層を相手としての実験だった。政治家としてのヒトラーとルーズヴェルトは、それぞれ、ラジオをたくみに使いこなした。オーウェルは、政治からは逃れられないと考えて、自分の生活の場で政治に背をむけずに生きた人である。この人に、ラジオのプログラムをつくり台本を書く仕事が、戦争をいとぐちとしてまわってきた。このことは、同時代の世界政治について語る機会を彼にあたえた。それだけでなく、読まれる文字という形にとじこめられてきた英国の文学を、きかれる形でとらえなおすという新しい仕事が、彼にまわってきた。

W・J・ウェスト編『オーウェル——戦時放送』（ダックワース、BBC、一九八五年）の第二部には、おびただしい数の手紙がおさめられており、それらは、同時代の作家と英文学者への出演依頼である。

父親の属していた上流中産階級下層の文化への反発がまずあり、奨学金の給付をうけての聖シプリアン校とイートン校の空気にもなじめず、自己にとじこもる偏狭な青年となったオーウェルが、同時に、彼の内面の想像力によって、さまざまの文学作品、芸術、趣味としぐさに対してひろくひらかれた態度をもっていたことは、初期からの彼の小品と書評によってうかがうことができる。

イギリスの浜辺で売られている漫画入り絵葉書の中に、オーウェルは、イギリス労働者階級の生活の中にあるまともさを見る。そのまともさの感覚をもってラジオのきき手にうったえるならば、どういう放送ができるか。戦時下の英国（帝国主義）政府にひじをおさえられているとはいえ、この志は、どういう結果をもたらしたか。オーウェルの戦時放送台本とニュース解説と番組編成のための手紙をあつめた二冊の本（『オーウェル――戦時論評』『オーウェル――戦時放送』。日本では、一冊におさめられている。ジョージ・オーウェル著『戦争とラジオ――BBC時代』甲斐弦、三澤佳子、奥山康治訳、晶文社、一九九四年）は、その成果を今日につたえる。同じ時代に、オーウェルの番組をきくめぐりあわせとなった私には、この仕事は、同時代のドイツ、日本、中国、アメリカ、イギリス、オーストラリアの海外放送のとびかう中で、とりわけすぐれた仕事であったと思われた。

私は一九四三年二月から日本陸軍の占領地区ジャワ島の一角にあったバタビア在勤海軍武官府で、深夜、自分ひとり短波放送をきいていた。放送をきいて敵側の新聞とおなじものをつくってほしいというのが、武官の指令だった。それは主として軍事上の必要からで、大本営発表で撃沈されたと発表されている敵側の軍艦が洋上にあらわれて日本艦隊と対面することがあっては困るからだったが、軍事上の必要だけであったとは思われない。というのは武官の前田精海軍少将は、敗戦を予期して、スカルノ、ハッタ、シャフリル、スジョノらインドネシア独立運動の指導者と連絡をとり、それらとは別に共産主義者タンマラッカとも連絡をとっており、敗戦にさいしてはその地区の陸軍の指令を受けずに、官邸の地下室を提供してインドネシア独立宣言起草の場としたからである。その時よりかなり以前から敗戦後の情勢把握を試みていたものと考えられる。

インド放送は、他の放送にくらべて、平明であり、単純に世界の情勢をつたえた。このプログラム編成にジョージ・オーウェルがくわわっていたことを私は知らなかった。

ある夜、ラジオのスイッチをいれると、T・S・エリオットの特別講演がありますということで、やがてうまれてはじめて、T・S・エリオットの肉声をジャワできく経験をもった。その時、エリオットはジェイムズ・ジョイスについて語ったのだが、ジョイスの『ユリシーズ』にくらべて、近作の『フィネガンズ・ウェイク』は名作ではあるがむずかしいと思ったが、再読して、今度は声を出して読んでみると、すらすらとよくわかる。これは傑作である、ということだった。

朗読してみて、というところが、このオーウェルのプログラムの特色でもあった。

ハーバート・リードも、このプログラムに何度も出てくるのだが、敗戦後に読んだ彼の自伝『無垢のまなざし』によると、戦時にソヴィエト・ロシアの詩人とイギリスの詩人たちの交流の会があり、両方の何人かがおなじ車にのって移動するさいに、ロシア人がロシア語の詩を見事に朗読し、今度はあなたがたの番だと言った時、イギリスの詩人はなかなか応じないでいて、ひとりがシェリーの詩を朗読しはじめたが途中でつづけられなくなり、自分たちのイギリスの詩の伝統をはずかしめたというみじめさをあじわったと書いていた。たしかに、リードの詩は、絵画的であまり朗誦に適しないが、一九三〇年代のイギリスの現代詩はそういう時期にあった。とくにロシアにくらべてそうだった。アイザヤ・バーリンの『個人的印象記』にロシア訪問にさいして監視下におかれているアフマートヴァを訪ねるくだりがあり、彼女のロシア語自作の見事な朗誦を深夜にきく前に、アフマートヴァが、彼女をささえてきたイギリスの詩だと言って、バイロンの「ドン・ジュアン」を朗誦しはじめたが、彼女の発音がくずれていてどこを朗誦しているのかさえわからず、バーリンとしては困惑したと述べている。しかし、たとえ英語でそだったものにとってききわけられないような形であっても、閉鎖された状況の中でロシアの詩人の間ではイギリス詩の朗誦はつづけられていたのである。

リードはともかくとして、E・M・フォースターはもっともしばしばオーウェルのためのみをひきうけて番組に出演した。スペイン戦争当時オーウェルにするどく攻撃されたスティーヴン・スペンダーにもたのんで協力を受けている（攻撃されたもうひとりオーデンは、アメリカに移っていた）。さらにアイルランドの作家で朗誦の達人だったジェイムズ・スティーヴンズ（『小人たちの黄金』の著者）もたのまれてラジオに出演して、他の人びとの作品にふれて語っている。これは大へんな成功で、アナウンサーが感動してあとをつづけられなかったという。文学としてだけ考えてみても、オーウェルの編成は壮大なプログラムだった。

私の興味をひくのは、もうひとつの問題である。オーウェルは、C・K・オグデンに丁重な手紙を書いて、ベイシック英語について教えをこい、その理論家であり『単語経済』（ワード・エコノミー）の著者ロックハートに出演してもらったりしている。オーウェルにベイシック英語のことを教えたのは、詩人であり意味論研究者（『あいまいの七つの型』の著者）ウィリアム・エンプソンである。この人も、オーウェルのプログラムに協力している。

オーウェルはイートン校で学歴を終えたので大学に行ってC・K・オグデン、I・A・リチャーズ、ウィリアム・エンプソンにまじって意味論研究になじんだわけではない。彼は自分の英語の使い方から会得したかんをとおして、英語の力づよさが、単純な日常語の使用からはなれないことにあると感じ、その力のもとは、動詞の使い方にあると知っていた。そこに彼が、ベイシック英語に共感をもつ理由があった。

オックスフォードやケンブリッジに進んだ著述家の文章には、さけがたく学術語が入り、その学術語の多くはラテン語に由来するものが多く（実はラテン語はイートン校などパブリック・スクールで少年に植えつけられるのだが）、そのような教養ある紳士の文章は、その言いまわしによって、読者をせまい仲間うちのものにする。きびしい読みによって知られる批評家、そしてケンブリッジ大学教授のF・R・リーヴィスは、英語の小説として読むにたえる作家としてジェイン・オースティン、ジョージ・エリオット、ヘンリー・ジェイムズ、ジョゼフ・コンラッド、D・H・ロレンスをあげた。これに半分読むにたえるとしてあげたチャールズ・ディケンズをくわえるとしても、その六人のうちにオックスフォードとケンブリッジの出身者はいない。

ラテン語で書きつたえられていた聖書の中心部分をなす四福音書を、日常つかわれている英語に書きなおしたのがジョン・ウィクリフであり、ウィクリフの文体の流れをオーウェルはくんでいる。また、ウィクリフがこれにくみした農民一揆の指導者として処刑されたラテン語の読めない裸足の僧侶（ヘッジ・プリースト）、ジョン・ボールに託した思いは、オーウェルの社会主義をそだてた夢の母体である。この僧侶に託して空想小説『ジョン・ボールの夢』を書いたウィリアム・モリス、その流れをくんで、社会主義の道をつくった経済史家R・H・トオニーは、思想のスタイルにおいて、ジョージ・オーウェルの近くにいる。人と人とのあいだの仲間としてのつきあいの場（フェロウシップ）をつくることが彼らの社会主義の目標である。

そういうスタイルの理想をもつものとして、当然にオーウェルは、ベイシック英語に関心をもった。インドむけBBC放送においても、英語の単純化の理論は参考になるものと考えられた。しかし、それは、あくまでも、参考としてである。ベイシック英語、八五〇語（もっと短くする場合には五〇〇語）に言葉を限られ、数行ですませる単純な文法規則を守ることをしいられるとなると、オーウェルの「いかに書くか」にとってさえ困ったことになる。

ましてや、チャーチル首相が米国にゆき、ハーヴァード大学を訪れて英国にもどってきてから、このベイシック英語をほめ、英語の単純化に力をいれるようになってから、国営放送としてのBBCは、ベイシック英語におびやかされることになった。

BBCにはもともとベイシックへの関心は幾らかあった。だが一九四三年九月、事態は思わざる展開を見せた。ウィンストン・チャーチル首相が、ハーヴァード大学での講演で、この言語への転向を表明したからである。〝連合諸国が使用すべき共通国際語の必要を自分は確信するに至った。スターリンもベイシック・イングリッシュに関心を示している〟。チャーチルはさらに続けて言う。「(ベイシックの導入のような)こんな計画は、他国民の土地や資源を奪い、彼らを弾圧して搾取するなどといったことよりは、はるかにすばらしいことなのだ。将来の帝国は心の帝国である」。

チャーチルはアメリカから帰ると、一段と事を進めて、戦時内閣委員会を設立、ベイシック・イングリッシュの最も早い、最も確実な採用方途を報告せよ、と命じた。BBCが最初から、中心的役割を演じることとなる。プロジェクトをただちに見積もれとの要求が会長に下り、これは当然R・A・レンドルに回される。それから数カ月、レンドルのチームが戦時内閣に提出すべき書類の作成に当たっている時、BBC部内では、ベイシックに強い関心をもつ人びとは、引っ張りだこの形となった。BBCでベイシックに関するトーク放送を発注したのは、オーウェル、エンプソン、ガイ・バージェスの三人であったから、もしオーウェルが残っていたら、彼もまた『一九八四年』の主人公ウィンストン・スミスと同様、廊下で呼びとめられて、この言語への関心を褒められたかもしれない。

BBCの毎日の海外放送の相当な部分を、ベイシック・イングリッシュに翻訳して放送せよ、ベイシックのレッスンも定期的におこなうがよい、と内閣委員会の報告書は勧告している。

（W・J・ウェスト「編集解説1」、ジョージ・オーウェル著『戦争とラジオ――BBC時代』）

オーウェルがすでにBBC放送東洋部を去ったあとで、オーウェル、バージェスとともにBBC海外放送のトークを発信していたウィリアム・エンプソンが、オーウェルが悩んだとおなじ悩みを、ベイシック英語発明者C・K・オグデンにうったえて、一九四四年九月二十七日付の手紙を書いている。

オーウェルのものでもないこの手紙が重要なのは、BBC放送の番組編成係の悩みが、『一九八四年』の小説家オーウェルをこえて、実際にここにあったということをうったえたいためである。

英国国営放送内部におこったこの対立は、二十世紀英語のもっともすぐれた散文家ウインストン・チャーチルと、同時代の英語のもっともすぐれた言語研究者であり指おりの詩人ウィリアム・エンプソンの間におこった。もっともすぐれた著作家であっても、その人が総理大臣という最高権力の位置にのぼる時には、彼が作家としても政治家としても反対してきた全体主義と見紛うばかりの影響力をもつことがある。

チャーチルはおそらく、ハーヴァード大学で、C・K・オグデンと『意味の意味』という共著を世におくったI・A・リチャーズと出会い、当時リチャーズが、イギリスの古典をベイシック英語に移しかえることをとおしてその理解を深めるゼミナールを米国人学生に対してつづけて、大きな影響力をもっている事情をまのあたりにした。リチャーズはやがて、聖書のベイシック訳、プラトンの『国家』のベイシック訳までを試み、ゆるやかな形でのベイシックの応用をとおしてひろくアメリカ人読者にはたらきかけ、そのゆるやかさによって、もっときびしくベイシック英語を使いたかった発明者C・K・オグデンとの間に摩擦をおこし、君は「ベイシック英語」という言葉を使わないようにしたらどうかという忠告までうけた。しかし、このオグデンといえどもエンプソンのうったえをしりぞけるほどにかたくなだったとは思えない。なにしろこの人は、死後百年のベンサムのミイラにたしなみとして下着をかえさせる提案をして実行させたほどのユーモアのある人だった(2)。

今ここにジョン・ボールもトオニーもオーウェルもひとくくりにしている私の分類からすると、オグデンもリチャーズもチャーチルも、エンプソンも、オーウェルもひとつのグループに属するものと見える。そのように私は見てこのエッセイを書いている。

だが、どんなに単純化され、国際補助言語化されようとも、これが普遍的言語だと権力によって上からおしつけられる時、それは自由な表現（国営放送のわくのなかでさえわずかながら実現できる自由な表現）の可能性をおしつぶす力としてはたらく。オーウェルは、チャーチルが好きであり、彼が有名な「血と汗と涙」という演説においてさえ、いつもとおなじく一流有名詩人からの引用をさけたことを好もしく感じている。そこには、良い悪い《グッドバッド》小説として『一九八四年』を書いたオーウェル自身にあい通じるところがある。同時に、『一九八四年』のニュースピーク使用による歴史の書きあらためへの示唆をあたえたのも、チャーチルのベイシック英語への肩入れだった。チャーチルよりもさらに共感をもって長い年月したがったサー・スタフォード・クリップスにさえも、インドへの旅行の失敗以後は、ある種の保留をもった。権力がたえずもとうとする普遍性のよそおい（にせのもの）への警戒心を解くことが、オーウェルにはなかった。イギリス人の葉蘭《アスピデイストラ》を窓外におくことへの好み、自分のにくんだ父がなくなった時にそのまぶたの上に銅貨をのせる古い習慣、それらを大切にすることをとおして、オーウェルは、イギリスにおいてさえあり得る全体主義とむきあった。

3

私がオーウェルという名を知り、その著作にはじめて出会ったのは、一九四六年八月五日付の『ニュー・リパブリック』を手にいれて、「一書評家の告白」を読んだ時であり、その後ほとんど時をおかずにおなじ著者による「政治と英語」に出会ってから、次々にオーウェルの書くものを読むようになった。書評、評論、小説の順に読み、やがて共同通信の若い記者でカンボジアでなくなった石山幸基(3)の呼びかけに応じて「オーウェル研究会」をつくり、全著作を読んで感想を交換するようになり、その流れはこれまた石山とともにベトナム戦争の中ではじめたリード・インという自作他作の文章を一篇ずつえらんで朗読してきくという一九九五年五月現在までつづいているあつまりにいたる。そのはじまりは、オーウェルの名を知らずに彼の書いた評論（戦時論評）を耳できいていたことにあった。

バタビアの海軍武官府で、オーウェルの仕事と出会ってから五十三年になる。ながいそのつきあいの時間に、彼に対する私の関心は深まった。

ことに、「右であれ左であれ、わが祖国」というエッセイは、私にとって、つまずきの石であり、オーウェルのその心のむきかたに、私は考えさせられた。わが祖国（マイ・カントリー）という言い方のなかに、自分のうまれついた郷土という考え方を見つけることができた時、私にとって、オーウェルは、自分が戦後に、新しく一歩をふみだすさいの示唆をあたえるものと思えた。「ナショナリズム覚え書き」（平凡社ライブラリー『水晶の精神――オーウェル評論集２』所収）のなかにある、全体主義の一種であるナショナリズムに対して、それとは区別される郷土愛・近所への親しみとしてのパトリオティズムという考え方は、私の内部から、それとひびきあうものをひきだす。

普遍的な理論、普遍的な言語を、自明のものとしてまず受け入れて、実はそのひとつのあらわれ、あるいはよそおいにすぎない言明の上に、言明をさらにつみかさねてゆく、そういう思考のスタイルからはなれようとする試みが、ここにある。

日本の同時代に、オーウェルの言論がおかれる時、戦中の国体信仰、敗戦後の共産主義信仰がいきおいを失うなかで、郷土への新しい出発をさそう示唆が、オーウェルの著作にこもっていると私は感じる。

註

（1）スバス・チャンドラ・ボース（Subhas Chandra Bose 一八九七—一九四五）は、インドにうまれ、ケンブリッジ大学で教育をうけ、公務員試験で優秀な成績をおさめて、大英帝国の公務員となった。その後退官して、インド国民会議派の指導者たちと協力してはたらく。『インドの闘争——一九二〇—三四』（一九三四年）は、インドで発禁となった。一九三八年に、国民会議派議長に選出された。一九四〇年七月二日、逮捕され、自宅監禁となっているあいだに逃亡。アフガニスタン、ソ連をへてドイツにむかい、一九四一年三月二十八日、モスクワからベルリンへ飛んだ。

一九四二年一月十九日、「自由インド放送」（Azad Hind）設立の声明を発表。「われわれはイギリスの宣伝と支配から自由であり、純粋に民族主義的見地から世界情勢を見ることができる。そしてインドにはこのような幸運に恵まれぬ人びとがいるのを知っている。世界の出来事のおもむくところを諸君にしらせてなつかしい祖国の自由達成のための活動に信頼をかちうることは、われわれの道徳的義務と考える。それをインドの国外にあるものと国内にあるものの協力のための仲立ちとしよう。そのはっきりした特色は、それがインド人による、インド人のための放送となることである」。

E・M・フォースターの長編小説『インドへの道』は、すこしの省略もなく、この放送によってインド人にむけてつたえられた。それはこの作品が見事な作品であることのあかしであり、オーウェルはBBC東洋部にあって、フォースターにくりかえし出演してもらって、英語の文学（『ハックルベリー・フィン』をふくむ）についてのトークを放送してもらった。おなじフォースターという作家がナチス・ドイツと英国国営放送との二つにまたがって放送されるというこの対応は、戦時下のひとつの事件である。

ボースはその後ドイツの潜水艦にのってキールからスマトラにむかい、さらに飛行機で一九四三年六月三日東京に到着。インド国民軍の指導者となった。一九四五年八月十八日、台湾で飛行機が墜ち重傷をうけ、なくなった。

（2）ジェイ・ロバート・ナッシュ著、小鷹信光訳『世界変人型録』（草思社、一九八四年）。

（3）石山幸基（いしやま・こうき　一九四二—七四）旧満州国新京にうまれた。一九四六年日本にひきあげ、福島県平市（現在いわき市）におちつく。一九六五年東大法学部政治学科卒業。共同通信社に入社。一九六七年から京都支局。一九七一年カンボジアのプノンペン支局長。一九七三年解放区の取材におもむき消息をたつ。一九八一年、家族をふくむ共同通信社現地調査団によって七四年一月二十日病死が確認された。石山陽子『石山幸基——未完の肖像』（私家版、一九八二年）、共同通信社石山委員会編『コンポンスプーに楽土を見た——戦場に消えた石山幸基記者の記録』（三幸社、一九八二年）。

金子ふみ子──無籍者として生きる

日本の国家が大家族である。一つ一つの家族への愛が、そのままひろがっていって、日本人みんなにとって共通の愛が、家族をつらねてつくられた国家にむけられる。そういう家族国家観を、明治からはじまって大正、昭和の日本人は教えられてきた。この家族国家観を、ひろく国民は受け入れたけれども、なかには自分の実感から考えて、どうしても納得できないと思った人もいた。

ある人にとっては、孝行という考え方をたいせつにしようとすると、親兄弟からはなれて国家のために戦争をするということは不自然に感じられた。その場合には、孝と忠とのあいだにくいちがいがあり、孝のほうをもとにして忠をひかえめに実行しようという考え方も現われる。その反対に、忠をもとにして、孝を抑えてゆくという生き方もあった。さらにまた、忠と孝とを軸として考える家族国家観そのものからはなれて生きてゆこうという立場もあった。金子ふみ子は、そういう生き方をつらぬいた人だった。彼女は、明治、大正、昭和の三代の国家理想に背をむけて生きた。その生き方は、なにかの本で読んでえらんだものではなく、だれかに教えられたものでもない。彼女が、生まれて育つうちに、自分で身につけたものである。彼女が彼女らしく生きてゆくあとから、彼女の歩いた道として、その思想が、われわれに残された。

金子ふみ子は、明治三六年（一九〇三年）、横浜で生まれた。父は佐伯文一《さえきふみかず》といい、寿《ことぶき》署の刑事だった。母は金子とくの。

彼女が母方の姓をとって、金子ふみ子という名でとおしたわけは、父が彼女を籍に入れてくれなかったからで、彼女は長いあいだ籍のない子どもだった。母の金子とくのは、ふみ子を私生児として届け出たいと思ったが、それさえも、父の佐伯文一が許さなかった。母の両親が彼女をひきとって、彼女に、山梨県東山梨郡諏訪村の農民、金子富太郎・よし夫妻の娘という法律上の居場所をあたえた。しかし、最後に彼女にあたえられた法律上の場所よりも、実際に彼女にあたえられた最初の場所のほうが、人間にとってはたいせつだ。生まれてすぐあたえられた場所の居心地というものが、人それぞれの人生観に大きな影響をあたえるものだ。

ふみ子は、父にかわいがられて育った。娘と父親の間は、自然にうまくゆくものだ。母が「火の消えたような」陰気な人だったから、それにひきかえて、父といっしょにいるほうがたのしく感じられた。父の佐伯文一にとっても、最初に生まれた子どもは、とてもかわいく思われた。

ふみ子は、三つくらいのころまで、自分の記憶をさかのぼることができる。そのころは日露戦争直後で、政府の威勢はおおいにあがっていたから、政府の御用をつとめる刑事は、人民にたいして、いばって世の中をわたってゆけた。藤原氏にはじまる由緒ある氏族の家柄に生まれたと自慢している父の佐伯文一にとって、人生の見通しはけっして暗いものではなかった。かれは自分を、普通の人間とはちがうものだと信じており、そういう上品な父が、ふみ子は好きだった。

父は警察から帰ってくると、ふみ子をつれてふろ屋に出かけた。毎日、夕暮れ時に、ふみ子は父親の肩車にのって、父の頭にしっかりとだきついて銭湯ののれんをくぐった。それが、たのしい思い出として、いつまでも彼女の心に残る。

「このころのほんのすこしの間だけが、私の天国であったように思う」

と、彼女はその死の前に書いている。

床屋に行く時にも、ふみ子はいつも父と二人づれだった。父は、ふみ子のそばにつききりで、はえぎわやまゆのそりかたに注文をつけた。時には、職人の手からカミソリをとって、自分でふみ子の顔をそってくれたりした。

ふみ子に着せる着物の柄、その仕立て方についても、父が自分でさしずをした。

ふみ子が病気になった時には、枕元につききりで看護してくれた。そういう時、ふみ子は口をきく必要もなかった。父がふみ子のまなざしにこたえて、彼女の願いをみたしてくれた。

彼女がものを食べる時にも、父は、肉は食べやすいように小さくむしってくれた。魚は小骨ひとつ残さずとってくれた。飯やお湯は、父がまず自分の舌でためしてみて、熱すぎれば根気よくさましてから、ふみ子にくれた。ふつうの家なら母親のすることを、ふみ子の家では全部父親がするというほどの、熱の入れ方だった。

「今から考えて見て、むろん私の家庭は裕福であったとは思われない。しかし、人生にたいする私の最初の印象は、けっして不快なものではなかった」

このたのしい父娘《おやこ》の間は、父と母とが気まずくなるにつれて、ゆっくりとくずれてゆく。

父親が、若い女を家につれてきた。その女と母とは、たえまなくいさかいを起こし、そこに父が割ってはいるとかならず女のほうの肩をもって、母をぶったりたたいたりした。

母はおこって家を出てしまったことがある。母のいない家は、おさないふみ子にとって、他人の家のように感じられた。そのうちに、女が姿を消し、やがてまた父のいない日がつづいた。

ふみ子は、母といっしょに、父を女郎屋にむかえに行ったことがある。その時、父はねまき姿のまま起き上がってきて、母を部屋の外に、じゃけんに突き出した。

酔っぱらった父が、町を大きな声で歌をうたいながら帰ってくることもあった。たまに帰った父に、母はさからわないようにと自分をおさえて、父の着物をふだん着に着かえさせたりしてから、外出着のたもとからお菓子の空袋やみかんの皮などを取り出して、

「まあ、こんなものたくさん。それだのに子どもに、みやげ一つ買ってこないんだよ」と、ふみ子の前で父のことをなげいた。

やがて父は、酒びたりの生活のためにからだをこわし、横浜の磯子の海岸に一家をつれて移ることになった。このころには、父はもう警察をやめており、失意の時代のはじまりだった。

海岸では、家族は一日じゅう海にはいったり潮風に吹かれたりして暮らした。そのころから、ふみ子は生まれ変わったように、じょうぶになった。

父が健康をとりもどすと、一家はもう一度、横浜の町にもどった。父の病気のあいだ、母は実家から金を借りてつききりで看病したし、その間には、ふみ子は山梨県の母の両親のもとにあずけられたこともある。母の実家に世話になったということが、父の母にたいする感情をやわらげたということもてつだって、このころには、父と母の間は穏やかなものになっていた。ふみ子に弟が生まれた。

ふみ子が五つの時に、母の山梨の実家から母の妹が出てきて、いっしょに家に住むことになった。ふみ子が山梨にあずけられていたころには、この叔母がふみ子を背おって子守りをしてくれたものだ。叔母はそのころ、二〇歳を過ぎたばかりだった。顔立ちのととのった、こぎれいな娘で、気立てもやさしく、することなすことしっかりしていて、几帳面で、てきぱきした性質であった。おさないふみ子の目にも、叔母は、母よりも魅力ある人とうつった。この叔母に父をうばわれて二〇年もたってからも、ふみ子は叔母のことを、こんなふうに好もしい人柄として手記に書いているのである。

自分の運命をくるわしてしまった人のことを、このように一人の魅力ある女性としておぼえているということは、幼いころからふみ子にそなわっている成熟したものの見方をよく表わしている。

ふみ子は、ある日叔母と父とが性交をしているところを見る。この時にも、それほどびっくりしていない。もっと小さいころに、母と父とのおなじようなところを、何回か見たことがあったからだ。このあたりの書き方にも、ふみ子独自の個性がつらぬかれている。彼女は、三歳くらいの時から、性についての関心をもちはじめ、そのころから、自分の見聞にもとづいて性交についての確実な知識をもっていた。人間の生活に普通にあることとして、それは三歳の子どもに受け入れられたのであり、小学校、中学校などでおとなからいかめしく人間の理想について説き聞かされたことをすなおにきいたあとで、性交についての事実をきかされたのとはちがって、性交を目撃したことは、それほどの衝撃をともなわなかった。ふみ子は、二〇代で書いたこの手記の中で、おとなはうそつきだとか、信用できないなどということを、この性交の見聞記に書きくわえていない。人間の性行為を隠してそのまわりに文化のかざりをつけるという明治の教育制度は、ふみ子とかかわりがなかった。ふみ子は小学校にさえ、ほとんど行くことがなかったのである。性について、自然児としてそれを受けいれたというこの体験は、ふみ子のその後の思想にとって、しっかりしたしんになるものだった。

もとにもどって、ふみ子の記憶をたどりなおそう。

父は、横浜の岸壁の倉庫にやとわれて、人夫の積荷《つみに》下荷《おろしに》のノートをとる仕事をしていた。だが、例のなまけ癖が出て、なにかと口実をもうけては、休んで家にいた。母と叔母とは、麻糸つなぎを内職にしており、つないだ麻糸のたまが三つ、四つできると、母がそれを風呂敷につつんで、弟をおぶって届けに行って、工賃をもらってきた。

ふみ子は、母のたもとにぶらさがって、いっしょに外に出たいと思ったが、それを父は喜ばなかった。あとから考えて見れば、そこの父のこんたんがあって、ふみ子が残ることで母の警戒心を解こうとしたのであろう。父は、母が出かけると、ふみ子を相手に遊んでくれるでもなく、彼女にこづかい銭をくれて、外に遊びに出した。そのくせ、母が帰ってくると、

「この子はひどい子だよ。わしのあまいことを知って、あんたが出かけるとすぐ、おこづかいをせびって飛び出すんだからね」

ふみ子は、なかなか複雑な政治の場に立たされていたわけだ。ここでは、父につくでもなく、母につくでもない自主的能力が必要とされる。家は、父と母の不和のはじまった三歳くらいのころから、彼女にとっては政治の場であり、政治的能力を育てることなしには、この家で暮らすことはできなかった。ここでつくられた彼女の政治的能力は、やがて、もっとひろく、日本の社会の中で用いられることになる。

母が出かけると、父はすぐに、自分のねそべっている玄関わきの三畳間に叔母を呼ん

だ。叔母がなかなか三畳間から出てこないので、ある時ふみ子は、つまさき立ちでそのとなりまで行って、ふすまの破れ目から中をのぞいてみると、叔母と父との性交の場面が見えた。

山梨県の母の実家では、叔母と父のことに気づいて、叔母に家に帰るようにと言ってきた。もともと叔母は、婦人病の治療のため都会に出てきたのだったが、父はそれをたてにとって、いなかでは治療ができぬと言いはって、せっかく叔母をむかえに出てきた祖母と叔父とを追いかえした。叔母も悩んだらしく、何度か、ふみ子の家を出ていったが、そのたびに父につれもどされた。

やがて、どうして金をつくったのか、父は住吉町《すみよしちょう》の通りに家を一軒借りて、そこで氷屋をはじめた。仕事は叔母がした。やがて、父はその家に入りびたりで、母のいる家には、帰らなくなった。

ふみ子は満六歳になった。しかし、法律上の籍がないから、小学校に上がることができない。

ふみ子は、小さい時から学問が好きだった。彼女はいっしょに遊んでいる近所の子どもたちとおなじように、自分も学校にゆきたいと親にせがんだ。思いあぐねた母は、ふみ子を自分の私生児として届け出て、役所の帳面に籍をあたえようとした。しかし、父は、

「ばかな。私生児なんかの届けが出せるものかい。私生児なんかじゃ、一生、頭が上が

らん」

と言って、それをとめた。そして酒を飲んでいるばかりだった。

ここでも、父には父のこんたんがあるのだった。もともと父は、格式のある佐伯家に生まれたものとして、山梨の百姓娘を法律上の妻にはしたくなかった。しかし、ふみ子という子どもができたので、ずるずると今日まで来てしまった、そして今になると、こんどは妻の妹のほうを自分の妻にしたくなっていて、切り出しかねているのだった。

ふみ子はあとになって、歴史の本を読んだ。明治五年（一八七二年）に学制が定められ、日本人は、どんな草深いいなかに住んでいても教育を受けられるようになったと、そこには書いてあった。男女を問わず、満六歳の四月から、国家が強制的に義務教育を受けさせることとなり、「そして人民はこぞって文明の恩恵に浴した」と書いてあった。

草深いいなかでもない横浜に住みながら、ふみ子は小学校にあがることができなかった。国家の恩恵にあずかっていない自分の姿が、歴史の本の外に見えた。

ふみ子の家から半町（約五〇メートル）ほどはなれたところに、遊び友だちが二人いた。二人の女の子は、海老茶色のはかまをはき、大きな赤いリボンを頭の横に結びつけ、二人でしっかりと手をとり合って、歌をうたいながら、毎朝ふみ子の家の前の坂道をおりていった。ふみ子は、家の前の桜の木の根もとにしゃがんで、二人のおりてゆくのをながめていた。その時の痛いほどの孤独を、ふみ子はいつまでも覚えていた。

父は字が読めたが、子どもに教えてくれず、母は文字をまったく知らなかった。ふみ子は、母が買い物をしてもって帰ってきた包紙の新聞をひろげて、字を教えられないままに、自分の考えたことをかってにそこにあてはめて読んでみた。こうして彼女の教育は、家庭によって与えられたものでなく、国家によって与えられたものでもなく、自分自身によるものとして、現われた。

その年の夏になってから、父は叔母の氷屋の近くでおなじ住吉町にある私立学校を見つけてきた。そこは、無籍でも通える学校だった。しかし、学校と言っても、貧民窟の棟割長屋《むねわりながや》の六畳間で、畳の上にサッポロビールのあき箱が五つ、六つ横倒しに置かれ、それが子どもたちの机だった。先生は、江戸時代の寺子屋式に「おっしょさん」（お師匠さん）と呼ばれ、総前髪の小さな丸髷《まるまげ》をゆい、あか染みたゆかたを着て、縞の前掛けをかけた四五、六の女だった。

裏長屋にあるその学校に、ふみ子は風呂敷包みを背中にななめにくくりつけてもらって、路地のどぶ板をふんで通っていった。父は、その学校をとくにふみ子のためにえらんだものの、恥ずかしく思ったものと見えて、こんなふうに言った。

「ねえ、いい子だから、おまえはあすこのお師匠《つしょ》さんのところへ行ってることを、うちにくるおじさんたちに話すんじゃないよ。それがひとに知れると、お父さんが困るんだからね。いいかい」

叔母の氷屋ははんじょうした。しかし、そのもうけは父が酒を飲んで使ってしまうので、ふみ子の家にははいらなかった。

ある夕方、ふみ子たちの家には食べるお米が一粒もなくなったので、母がふみ子と弟とをつれて、父をたずねていった。父は友だちの家にいたが、母が会いたいとつたえても出てこなかった。たまりかねた母は、いきなりその家の縁側から障子をあけて座敷に上がりこんだ。そこでは明るいランプの下で、四、五人の男が車座になって花札で遊んでいた。母はおこって、

「ふん、おおかた、こんなことだろうと思った。うちにゃ米粒ひとつないってのに、私だってこの子どもたちだって夕ご飯も食べられない始末だのに、よくもこんなにのびのびと酒を飲んだり花をひらいたりしていられたもんだね」

父は血相を変えてたちあがり、母を縁側からつき落とし、自分もはだしで地面にとびおりて母をなぐりつけようとした。居合わせた男たちが止めてくれたので、その場はおさまったが、お米一粒、お金一文ももらわずに、母子はすごすごと帰ってゆくことになった。家に近い坂道までくると、うしろから父の声がきこえた。

「おい、ちょっと待て」

ふみ子は、父が米代をもってきてくれたのかと思って、心が明るくなった。

ところが、立ち止まっている母子に近づくと、父は、

「とくの。よくもおまえは人前でおれに恥をかかせたな。縁起でもない。おかげでおれはすっかり負けてしまった。おぼえてろ」

と言って片足の下駄をとって、それで母をなぐりつけた。その上、母のむなぐらをつ

かんで、がけの下につき落とすとおどかした。弟は、おどろいて母の背中で泣きわめいた。

その時、ふみ子は急に坂の下の父の友人のことを思い出して、その家にかけこんでうったえた。小山というその友人は、食べかけていた夕飯のはしを置いて、飛んできてくれた。父は、体面を重んじる人だったので、友人のとりなしには弱かった。

夏を越すと、叔母の氷屋はもちこたえられなくなった。そのころには、ふみ子は長屋の学校にも行けなくなっていた。お師匠《ししょ》さんが、盆には白砂糖二斤をもってくるようにと生徒たちに言ったのに、おそらくそれだけがお師匠さんへの謝礼だったのだろうが、それを、ふみ子の家からは持って行くことができなかったからだった。

叔母は、ふたたびふみ子の家に同居し、父と母とは三日にあげずけんかをした。やがて叔母は山梨に帰ることになり、ふみ子の一家は見送りに行った。父は叔母のために、ふみ子の家にあった一番上等のふとんを、荷物の中に包みこんだ。それから四、五日たって、父がいなくなった。

「ああ、くやしい。ふたりは、あたしたちをすてて駆け落ちしてしまったんだ」

母は、歯ぎしりをしてそう言った。それからふみ子たちは一家そろって、町の中を歩いて父のゆくえをさがした。家からもっていった上等のふとんが干してあるのを目じるしに、父のいどころをやがてさがしあてたが、前のように下駄でなぐられただけで帰ってきた。

こうして、ふみ子は生涯の最初の日に自分をかわいがってくれた父親から捨てられ、それからは、父にも母にも自分をあずけることのできない境涯を生きることとなる。ふみ子が六歳の時のことだった。

母は、父とわかれてから、中村という鍛冶職工《かじしょっこう》といっしょになった。この人は、四八、九歳のなまけ者で、母のいない時にはふみ子につらくあたった。おはちをふみ子の手の届かぬところにのせておいて、自分ひとりでごそごそ飯を食べたり、彼女をふとんの中にくるんで押し入れの中になげこんだり、ある夜は細びき（麻をよってつくったじょうぶななわ）で彼女をてまりのようにからげて近くの川の水ぎわの近くの枝につるしたりした。かれと女との間をじゃまするものとして、ふみ子にたいしてうっとうしい感じをもっていたのかもしれない。それに、ふみ子のほうからは、いまだに、いくらか上品な父親のものごしへの好みが残っており、家の中に労働者のにおいをもちこんできた中村にたいして、父親にひきくらべて一段低いものという感じをぬぐいさることはできなかった。

ふみ子の弟は、中村と母との話し合いで、父の佐伯文一のところにやられた。ふみ子もいっしょに行きたかったのだが、母はふみ子を手ばなすことはなかった。それは、母がふみ子のためを思ってくれたためだとは言えない。もっとあとになってからのことだが、なにがしかのお金ほしさに、母はふみ子を娼妓《しょうぎ》に売ろうとして、口入屋《くちいれや》までつれていったことさえある。この時には、娼妓見習いとして三島《みしま》までつれてゆくという話だったので、そこまでの決心が母にはつかず、やめてしまったのだが。

中村という中年の労働者とわかれてから、母は、小林という年下の沖仲仕といっしょになった。小林は、母より七、八歳若く、そのころ二五、六歳だった。かれもまた口実をもうけて仕事を休み、母といっしょに家の中でねてすごした。

ある晩、もう九時すぎたころ、母はふみ子に突然、

「焼きいもを買っておいで」

と言って、寝たまま枕元のふとんの下からがまぐちを引きずり出してぽいと投げてくれた。がまぐちの中から、五銭の白銅貨と一銭の銅貨が三つ、四つばらばらと畳の上にころがり落ちた。

「いまごろ、焼きいもだって、母ちゃん」

とふみ子は言い返したが、

「焼きいも屋は、あそこ一軒じゃないよ。裏通りのお湯屋のとなりへ行けば、まだだいじょうぶ起きている。はやく行っといで」

そこに行くのには、八幡神社の森の大木の下を通らなくてはならない。それがこわかった。

「ねえ、お母ちゃん。お菓子にしようよ。お菓子屋なら、すぐそこの明るいところにあるから」

「いけない。焼きいもでなけりゃいけない」

いつもは火の消えたように陰気な母が、かんしゃくを起こしてふみ子にあたった。

「おまえは親のいうことをきかないのかい。早く行っといで、このいくじなしめ。なにがこわいものか」

母には、どうしても焼きいもでなければいけないのだった。八幡様の森をぬけてふみ子が焼きいも屋に歩いて行って帰ってくるまでの時間が、彼女にとって、突然この時刻にもえあがった性の衝動を使いはたすために必要だったのだ。

ふみ子が、夜道をひとり歩いて、森を通りぬけ、五銭分のあたたかいいもを風呂敷に包んでもらって、走ってまた森の中を通りぬけて家に帰ってくると、戸はまだ締まっていた。暗い夜を、しばらくいもを抱いたまま、ふみ子は家の外に立って過ごした。母が自分を追い出したいだけの理由で、焼きいもを買いにやったということが、今はよくわかった。

小林も母も働かないので、家賃がはらえなくなった。ふみ子たちは、夜逃げをして、横浜の場末の木賃宿にはいった。刑事の長女としていくらかゆとりのある暮らしの中に育ったふみ子は、生まれてから七年ほどのあいだに、とうとう日本の最下層の流れ者の暮らしにはいった。

そこには、人夫、こうもりがさ直し、易者、手品師、たたき大工がいっしょに住んでいて、雨の降る日も降らない日も変わりなくぶらぶらしていた。いよいよせっぱつまってくると、仕事に出かけたが、帰りには酒を飲んできた。帰ってきてからも、酒もりのつづきがあり、あげくの果てには、おそろしいけんかになった。

こんな中で、ふみ子たち一家は、大部屋とは別に、ともかく三畳の部屋を借りたが、大黒柱の小林が一日中ねているから収入がない。一日に三度飯を食べることは、めったになく、まるっきり食べないほうが多かった。そのころ、ふみ子は町をひとりで歩いていて、ある家のゴミためのの中に、こげついた真っ黒な飯のすててあるのを見た。それをそっとひろって口に入れると、とてもおいしかった。

ふみ子の母は、このころになって、

「ほんとに、おまえに苦労をかけてすまない」

と、わびるようになった。

「あんな男といっしょにいるからだわ」

と、ふみ子は言った。一度ならず母親の失敗を見てきたので、七、八歳のころから、ふみ子は父母にたいして、独立した批評家となっていた。実際に経済上いっぽん立ちになるにはあと何年かかかったが、考え方の上では、ふみ子にとって、父と母とは、こういうふうに生きてはいけないという生き方の手本としてあった。母がいつもだれかをたよりにしなくては生きられない女だということは、事実として認めざるを得なかったが、ふみ子自身は、そういう女になりたくないと思った。

やがて木賃宿でも食いつめたので、小林はふみ子たちをつれて、郷里に帰った。そこは、山梨県北都留《きたつる》郡の山奥にある小袖《こそで》という部落だった。

小袖部落は、一四、五軒の血縁でつながる家から成り立っており、山すその南向きの日あたりのいい谷間にあった。田というものは一枚もない。山と、山をきりひらいた畑だけだった。部落の産業は、春から夏にかけてはかいこを飼うことで、畑に少しばかりの麦と野菜、砂地にわさびを植えていた。冬になると、男は山にのぼって炭を焼き、女は家にいてその俵をあんだ。部落では現金の収入を、おもにこの炭焼きから得ていた。

こんな仕事しかないから、小袖部落は都会とはくらべようもないほど貧しかった。この部落の食事には白い米は一粒もはいっていない。全部がひきわり麦で、おかずとしては、野菜を煮たもの、それに月に一回ほど、とび上がるほどからい塩鮭が出るくらいだった。ふみ子は監獄の中で、小袖時代の食べ物のことを思い出して、監獄の食事のほうがましだと書いている。

それにもかかわらず、ふみ子には小袖部落のことがなつかしい。

「私がほんとうに自然に親しんだのは、このころである。おかげで私は村の生活がどんなに理想的で、どんなに健康で、どんなに自然であるかということを今日も感じている」

家の中の食事はそまつであっても、いったん山の中にはいると、そこには食べられるものがたくさんある。あけびやなしやくりが豊かに実っていたのを、子どももおとなも自由に取って食べた。取ろうと思えば取れるところにウサギそのほかの野生の動物がいたが、それを追いかけて遊ぶだけで、べつに食べる必要も感じない暮らしぶりだった。

同じ血縁でつながっている部落だけあって、年上の妻をつれてころがりこんできた小林たちにたいしても親切で、たきぎ小屋をかたづけて一家の住むところにしてくれた。部屋は一〇畳の板敷きと古だたみ二畳の奥の間だけで、あら壁一つへだてて左どなりは馬小屋、右どなりは大家との共同便所だった。

この家に落ち着いてから、なまけものの小林は仕事に精を出しはじめた。かれの仕事は実家の炭を焼くことだった。母は近所の家のための針仕事をして、その礼として野菜をもらった。こうして食べることのめどがついたので、久しぶりに、ふみ子は小学校に出してもらえることになった。山の小学校は、ふみ子に籍がないことなど問題にしなかった。

あとになってふみ子は、自分で社会思想の勉強をするようになり、クロポトキン（一八四二―一九二一、ロシアの無政府主義者）などの影響もあって、農村の自給自足を強めてゆくことを通して、この都会文明の時代にはない活力を農村がもつことになると考えた。

「私の考えでは、村で養蚕ができるなら、百姓はその糸をつむいで仕事着にも絹物の着物を着てゆけばいい。なにも町の商人から木綿の田舎縞の帯を買う必要はない。繭や炭を都会に売るからこそ、それよりもはるかにわるい木綿やカンザシを買わされて、その交換上のあやでいなかの金を都会にとられて行くのだ」

この山奥の暮らしの中で、母は小林の子を生んだ。しかし、その子を小林の家に残して、母とふみ子は小林家の人びととわかれ、山梨県東山梨郡諏訪村の母の実家にかえった。母の実家から、むかえが来たためである。実家にもどると、母は塩山《えんざん》の駅の近くの雑貨商の後妻にもらわれていった。かつて父がしたと同じように、母もまた自分ひとりの幸福を求めて、ふみ子を置き去りにして行った。

「私は、母が私を女郎屋に売ろうとした事を思い出さずにはいられない。母はその時、私の幸福のために私を売りたいのだと言った。だが、なんで、そんなことがあろう。母はただ自分の苦しい暮らし向きの足しにしようと思って、私を売ろうとしたにちがいないのだ」

小学校では、ふみ子は今もなお余計者の位置におかれていた。体操の時間には、彼女より背の低い子が何人もいるのに、ふみ子は一番うしろに立たされた。最後が偶数の番号にあたっている時にはまだよかったが、奇数番にあたった時には、たったひとり余計者としてみんなのあとにくっついてゆかなければならなかった。相手といっしょにする遊戯の時には、ふみ子だけが相手なしに、うろうろしなくてはならなかった。

教室では一番よくできたのに、ふみ子はみなのもらう成績表をもらうことがなかった。

そんなことは、ふみ子にとって、ここではじめてのことではない。横浜で長屋の塾のあとでしばらく行っていた小学校のころには、名まえさえ呼んでもらえなかった。朝、授業がはじまると、先生が子どもの名まえを呼んで出席簿につける。けれども、ふみ子のとなりの子のところまで来て、ふみ子だけは、のけものにされる。子どもにとって、この毎朝の行事はつらかった。その行事を避けるために、ふみ子はわざとおくれて行ったり、先生がほかの子どもの名を呼んでいるあいだじゅう机のふたをあけて、その中に顔をつっこんでいたりした。用もないのに本をひらいて読むふりをしていて、先生にしかられることもあった。

そのころに比べると、山の中の小学校は、いくらかしのぎやすかったが、ここでの毎日もまた、自分がこの社会の余計者だという自覚を深めた。

ちょうどそのころ、この山の中の村に、朝鮮から父方の祖母が迎えに来た。その祖母は、父の妹夫婦といっしょに朝鮮に住んでいたが、妹夫婦に子どもができないので、父の長女であるふみ子をもらい受けて育てようと申し出たのだった。ふみ子は大きな期待をもって朝鮮にわたり、足かけ七年を京釜《けいふ》鉄道沿線にある忠清北道《ちゅうせいほくどう》の芙江《ふこう》で過ごした。

ふみ子が朝鮮にわたったのは、日韓併合という名を借りて日本が朝鮮という国をとってしまった明治四三年（一九一〇年）八月から、まだ何か月もたっていないころだった。朝鮮には、どっと日本人が押し寄せて、日本人だけの支配階級としての小さい社会をいたるところにつくっていた。かれらは、朝鮮人をだまして土地を安く買い取り、そのために住む場所をなくした朝鮮人は、労働者として逆に日本本土に流れこんでゆく。日本本土では、貧しいことやことばの違いのためにいやしめられ、つよい不平をもつ集団として福岡、大阪、横浜、東京などの大都会に住みつく。この在日朝鮮人にたいして日本人がもつ警戒心が、大正一二年（一九二三年）の関東大震災の時に、「朝鮮人が井戸に毒を入れてまわっている」という流言を生みだし、この根のない流言のために、四〇〇〇人から六〇〇〇人（正確な数は不明）もの在日朝鮮人が、日本人のリンチにあって道で殺された。この時には、「主義者」（社会主義者）も混乱に乗じて騒動を起こすという疑いを日本の警察はもった。そのために、社会主義者として知られている多くのものがとらえられ、警察や憲兵隊の手でリンチをくわえられて殺された。そのほかにも多くの「主義者」がとらえられ、あとからつくりあげた罪名で刑罰を受けた。

　金子ふみ子がその伴侶、朴烈《ぼくれつ》とともにとらえられて死刑を宣告されたのは、このような状況においてだった。朴烈が朝鮮人であることと社会主義者であることとが、警察側に逮捕と処刑という二重の口実をあたえた。その二重の口実は、当時の日本人を納得させる力をもっていた。朴烈と金子ふみ子の逮捕について、当時の日本の民衆がつよく抗議したという記録はない。

　金子ふみ子は、朝鮮の社会主義者の仲間になるところに、本を読むことを通して歩いていったのではない。自分の出会う一つ一つの体験について、自分で態度をきめてゆくこと、つまり自分の体験を読むことを通して、彼女は歩いていった。彼女にとって、もし七歳から一三歳までの足かけ七年の朝鮮での生活の中で、その朝鮮での支配者である在朝日本人の側に自分を結びつけたとしたなら、その後の彼女の発展はなかっただろう。

　芙江という村には、朝鮮人と日本人とがそれぞれ別の自治体をつくっていた。日本人は四〇家族ほどで、その職業は、旅館、雑貨店、文房具店、医者、郵便所、理髪店、苗店、菓子屋、下駄屋、大工、小学校教師、医者、憲兵、地主、売春宿、駅員、鉄道工夫、高利貸、海産物仲買人、焼きいも小売店、駄菓子小売店などで雑多だった。その大部分が、朝鮮人から土地を買って、いくらかの田や畑をもっていた。日本人は、全体として村の上層階級をなしていたが、なかでも憲兵、駅長、医者、学校教師が有力者で、その妻は他の職業の人びとの妻のように「おかみさん」とは呼ばれず、「おくさん」と呼ばれ、家族ともども村の支配階級として暮らしていた。

ふみ子が引き取られた岩下家（ふみ子の祖母は佐伯、その娘のとついだ家の姓は岩下）は、この村で高利貸をして、楽な暮らしをしていた。祖母にはムコ、ふみ子には叔父にあたる岩下は、長野県の生まれで、鉄道の保線主任をつとめていたところ、汽車が脱線して死傷者まで出したので責任をとってやめ、今ではこのいなかにひっこんで暮らしていた。祖母は、この家の実権をにぎり、近所の日本人から「ご隠居さん」とたてられていた。

このご隠居が山梨の奥までわざわざ迎えにいったのだから、はじめはふみ子を跡継ぎにするつもりだったのだろう。ふみ子がご隠居になつき、取り入ってさえいたなら、その後のふみ子は岩下ふみ子として、一九四五年に日本の朝鮮支配が終わるまで、朝鮮の上層社会に暮らしていたかもしれない。朝鮮から引きあげてきた一人の主婦として、六九歳の岩下ふみ子が私たちのとなりに住んでいても何の不思議もないのだ。

ふみ子がもし、貧しい暮らしにうちひしがれて、卑屈な精神の持ち主となっていたとしたら、救いの手をさしのべてくれた金持ちの祖母に喜んで自分を託し、祖母の意志をむかえて、自分を上流のスタイルに合わせて、つくり変えていったことだろう。しかし、ふみ子にはその賢さをうわまわる不屈の性格があった。父親につきはなされ、母親に突き放されて、自分の考えで生き方をきめるものとなった彼女は、もはや保護者にすなおに自分をまかせることはできなかった。この不服従を、祖母はにくらしく思い、足かけ七年のあいだ、せっかんをつづけた。はじめは「岩下ふみ子」として小学校に送られたが、一年ほどしてからもとの「金子ふみ子」に名をもどされ、女中としてこき使われた。近所の人がたずねてきても、ふみ子が自分の実の孫だということを、祖母はけっして明かさなかった。この分けへだてが、ふみ子の心を傷つけた。無籍者としての自分を、彼女はここでも思い知らされたのである。

ある夏、彼女は自殺を図って、家をぬけ出した。腰巻をひろげて、それに石を入れて腹にまきつけ、たもとに石をつめて川にはいろうとする。その時、頭の上で急にアブラゼミがなきだした。

なんという美しい自然であろう。なんという平和な静けさであろう。そう思った時に、急にふみ子は悲しくなった。

「祖母や叔母の無情や冷酷からはのがれられる。けれど、世にはまだ愛すべきものが無数にある。美しいものが無数にある。私の住む世界も、祖母や叔母の家ばかりとは限らない。世界は広い」

横浜の木賃宿から山梨の小袖部落の原始的な社会までを歩いてきた彼女は、幼いながらも、自分の中に、家をこえたひろい世界をもっていた。その世界には、この家の中のようにいやなことばかりがあるのではないことにも、彼女は確信をもっていた。前にもふれたように、ふみ子の中には生まれつきの厭世観、厭人観というものはない。幼いころの父親とのたのしい暮らし、磯子海岸や小袖部落の暮らしを通して、ふみ子は自然の中にまっすぐに人間がはいってゆく時には、生きがいのある暮らしがひらけるという楽天的な見通しをもっていた。彼女の思想の根もとにある楽天性が、この時、アブラゼミのなき声にさそわれて表にあらわれ、ふみ子を自殺から救った。

ふみ子は、自殺するのをやめて、川原の柳の木に寄りかかりながら、しずかに考えた。もし自分が今ここで死んだなら、祖母は、自分の母や世間の人びとに、なんとでもうそを言いたててふみ子の自殺の言いわけをするだろう。どんなぬれぎぬを着せられるかわからない。死んでしまったら、自分には申し開きをすることはできない。「死んではならぬ」と、ふみ子は自分に言った。

なんとかして、自分をいじめる人びとにたいして復讐したい。復讐の方法は、学問をしてこの社会で出世して、いま自分をいじめている人びとを見返してやることだと、ふみ子は思った。

「私は死の国のしきいに片足踏みこんで急にきびすを返した。そしてこの世の地獄である私の叔母の家へと帰った。帰ってきた私には、一つの希望の光が——憂鬱な黒い光が

——輝いていた。そうして今は、もうどんな苦痛にも耐え得る力をもっているのだった」

「私はもう子どもではなかった。うちにとげをもった小さな悪魔のようなものであった。知識欲が猛然として私のうちに湧き上がってきた」

世の中の人はどういうふうに生きているのか。この大きな大自然の中に、どんなことが行なわれているのかを、彼女は知りたいと思った。

高等小学校二年を終えると、ふみ子は、朝鮮から日本に送り返された。まず浜松の、父と叔母と弟の住む家に行くと、そこではふみ子が子どもの時に見た「佐伯家系図」が床の間にかけられており、家中のものが毎朝それに手を合わせて拝むという暮らしがくりひろげられていた。父の佐伯文一は、地方の新聞の記者をしており、その新聞に悪口を書かれることをおそれて、浜松の人びとからは、表向きはたてられていた。この家でおとなしくしていれば、朝鮮の場合とおなじくふみ子にとっては、穏かな家庭の主婦としての未来がひらけたであろう。しかし、彼女は父のすすめた実科女学校裁縫科に通うことにあきたらず、父とあらそって東京に出た。

ふみ子は、自分が望んで行けなかったころの小学校のことを、「私のあこがれの国」と呼んでいる。学校に行けなかったゆえに彼女の中には学校にたいする情熱が育っていった。はじめ彼女は、地方の女子師範に行って小学校の先生になり、経済上の自立を計ってから、ゆっくりと自分の好きな学問をしようと思った。しかし、そのために必要なわずかの補助も、親類からは得られそうにもないので、こんどは新聞配達をしながら、女学校卒業程度の学力検定試験を受け、その上で女子医専に進むことに目標をきりかえた。そして検定試験に必要な英語、数学、漢文の三科目の学力をつけるために、英語は神田の正則《せいそく》に、数学は研数学館に、漢文は麴町《こうじまち》の二松学舎《にしょうがくしゃ》というふうに学校をえらんで通った。

新聞配達も思わしくなく、その後、夜店の露店商人の手伝い、女中奉公、酒場のてつだいなどしているうちに、ふみ子は朝鮮人の社会主義者と近づきになる。その近づきになりかたは、いかにも彼女らしい。

ふみ子には、瀬川《せがわ》という男友だちがいた。ある夏の夜、ふみ子は瀬川の下宿に泊まった。一組しかないふとんに、いっしょに寝た。次の朝、

「ねえ、博さん、こんなことしていて、……もし子どもでもできたらどうするつもり」

と聞くと、瀬川はふみ子のほうを振りむいてから、両手をのばしてあくびをして、ものうそうに答えた。

「子どもができたらどうするかだって。ぼくはそんなこと知らないよ」

ふみ子は、二人の間に子どもができた時のことをまじめに考えていた矢先だったので、この瀬川の答えにたじろいだ。それでも、なにかもっと言ってくれるかと思って待っていると、瀬川はなにも言わないで、窓のわきの壁からヴァイオリンをとって、低い窓のかまちに腰かけて、のんきそうにひきはじめた。

ふみ子はいやになって瀬川の部屋を出ると、洗面所に近い部屋に、前の晩に瀬川から紹介された玄《げん》という朝鮮人がいるのを見た。

「おはようございます。昨晩は失礼しました」

と、ふみ子は自分から先に声をかける。

「いや、ぼくのほうこそ。昨晩は雨でしたが、きょうはいい天気ですねえ」

玄はあいさつを返した。

玄にさそわれて、ふみ子はかれの部屋にはいり、雑談をかわしているうちに、壁にはってある写真の中に、ふみ子の友だちの姿を見つけた。ふみ子がこのころからつき合いはじめた社会主義者の仲間だった。

そこから急に玄はうちとけてきて、自分の生まれのことなども話しはじめた。かれは京城《ソウル》の財産家のひとりむすこで、東洋大学の哲学科に籍を置いている。社会主義の運動では、親がかりで大学に行っているために、ほんとうの仲間とはみとめてくれないと言っていた。

そこに、荒々しいスリッパの音がして瀬川が現われた。

「ふみちゃん、そうだれの部屋へでも出入りしては困るね。帰っといで」

「なんですって」

さっきからの不満を爆発させて、ふみ子は言い返した。

「おおきなお世話です。わたしの足でわたしが歩くのが、なんでいけないんです。わたしの勝手だわ。だまってらっしゃい」

「だって玄さんが迷惑するじゃないか。朝っぱらからじゃまをされては」

「おだまんなさい」

と、ふみ子は男のことばをさえぎって、

「玄さん自身が承知しているのに、あなたがなにをいう権利があるんです。そんなおせっかいをするより弁当でももって、さっさと出ていらっしゃい。それが、いっそう、あなたに似合っているわ」

「おぼえていやがれ」

と瀬川はおこって、捨てぜりふを残して、勤めに出ていった。

そのころの男の常として、瀬川は、一度自分とからだの結びつきをもった女にたいしては、自分のものとしてひとりじめにする権利をもつと考えていた。しかし、ふみ子は、いったん身をまかせたからと言って、たよりにならぬ男の言いなりになっていたらどうなるかを、自分の母親の生活からまなんでいる。からだの結びつきをつくるとしても、それは女にとって、自分の自由を失うことであってはならない。この考え方は、彼女が幼い時から味わったつらい思い出を通して彼女の身についたものだった。

こうして、瀬川からはなれて玄と親しくなったふみ子は、やがて玄とわかれる。玄は、ドイツに留学するとか、くにの親が危篤だとかいろいろの口実をもうけて、ふみ子からはなれていった。

そのころ、日比谷に「社会主義おでん」という名で知られている小料理屋があった。ふみ子は、そこで働きながら夜の学校に通った。玄というふたしかな男には捨てられたけれども、ふみ子はその後も、朝鮮人の友だちと親しくする。このころになって彼女は、夜の学校に行くことがいやになってきた。時間がきても学校に行こうとしないふみ子をあやしんで、友人の鄭《てい》が、

「おや、あなた学校は？」

と注意した。

「学校？ 学校なんてどうだっていいの」

「どうしてです。あなたは苦学生じゃないんですか」

「そう。もとは熱心な苦学生で、三度の食事を一度にしても学校は休まなかったのですが、今はそうじゃありません」

「それはどうしてです」

「別に理由はありません。ただ、今の社会で偉くなろうとすることに興味を失ったのです」

「へえ？ じゃ、あなたは学校なんかやめてどうするつもりです」

「そうね。そのことについて今しきりと考えているのです。私はなにかしたいんです。ただ、それがどんなことか、自分にも、わからないんです。が、とにかくそれは、苦学なんかすることじゃないんです。私には、なにかしなければならないことがある。せず

にはいられないことがある。そして私は今、それをさがしているんです」

　自分ひとり家の前の桜の木の根もとにうずくまって、遊び友だちが手をつないで小学校に通うのを見送っていたころから、ふみ子は、学問をして偉い人になることをただ一つの目標として生きてきた。いつも学校の先生からいじめられてきたが、自分はその、先生の教えたと同じ理想のもとで生きてきたことになる。その理想が急に色あせた。

「私は今、はっきりとわかった。今の世では、苦学なんかして偉い人間になれるはずがないということを。いや、それればかりではない。世間でいうところの偉い人間ほどくだらないものはないということを、人々から偉いといわれることになんの値打ちがあろう。私は人のために生きているのではない。私は私自身の真の満足と自由とを得なければならないのではないか。私は私自身でなければならぬ」

　彼女には、自分のような貧乏人が勉強したくてもできないわけがわかった。資本主義の社会では、金をもっている人びとが、貧しい人びとを圧迫し、その力をくじく手だてをつくる。だから、このような社会のしくみを変えるために民衆が革命を起こす。その結果、革命の指導者は権力を得る。しかし、革命をともにたたかった民衆はなにを得るだろうか。ふみ子は、革命の結果について、明るい見通しをもつことはできなかった。

　ふみ子の親しい女友だち新山初代《にいやまはつよ》は言った。

「私は人間の社会にたいして、これといった理想をもつことができない。だから、わたしとしては、まず気の合った仲間ばかり集まって、気の合った生活をする。それがいちばん可能性のある、そしていちばん意義のある生き方だと思う」

その新山初代の考え方は、社会主義者の間では逃避だと言われて、評判がよくなかった。ふみ子は、初代の考え方に共感をもった。しかし、すこし違う。

ふみ子も初代とおなじように、今の社会を、万人の幸福となる社会に変革することは不可能だと思った。また、この点でも初代とおなじことになるのだが、ふみ子もまた、人間みながこのように生きなければいけないという一つの社会の型に、この世を合わせていくべきだというほどの理想を見いだすことはできなかった。だが、初代とはちがってふみ子は、気の合った仲間がいっしょに暮らすというだけではなく、その仲間がいっしょになにかの仕事をするということがたいせつだと考えた。

「けれど私には一つ、初代さんとちがった考えがあった。それは、たとい私たちが社会に理想を持てないとしても、私たち自身には私たち自身の真の仕事というものがあり得ると考えたことだ。それが成就しようとしまいと私たちの関した（かかわりのある）ことではない。私たちはただこれが真の仕事だと思うことをすればよい。それが、そういう仕事をすることが、私たち自身の真の生活である」

「私はそれをしたい。それをすることによって、私たちの生活が今ただちに私たちと一緒にある。遠いかなたに理想の目標をおくようなものではない」

鄭のところにあった雑誌の中で、ふみ子は短い詩を見つけた。その作者に会いたいと思い、やがて会うことができた。それが朴烈（一九〇二―七四）だった。かれは、ふみ子より一つ年上で、あまり背の高くない、やせぎすな、まっくろな髪を肩までのばした男だった。

やがて二人はこんなことを話し合う。

「ねえ、ふみ子さん。金持連中は、結婚すると新婚旅行というのをやるそうですね。で、ぼくらもひとつ、同棲記念に秘密出版でもしようじゃありませんか」

「おもしろいですね。やりましょう」

と、ふみ子は、少しはしゃぎ気分で、

「何をやりましょうか。わたし、クロのパン略(1)をもっているけど、あれをふたりで訳しましょうか」

「あれはもう訳が出ていますよ。それに、ひとのものなんか出したくないですね。それよりも、貧弱でもふたりで書いたほうがいいですねえ」

やがてふみ子は朴烈とともに暮らし、不逞社《ふていしゃ》という仲間をつくって、『太《ふと》い鮮人』(あいつはふといやつだという意味をふくめて)という雑誌を出し、日本の社会を思うままに批判した。このために、大正一二年(一九二三年)九月一日の関東大震災の後に、ほかの多くの社会主義者とおなじく、朴烈と金子ふみ子は警察にひかれた。かれらは皇太子(昭和天皇。当時は大正天皇が病気のため皇太子が摂政となっていた)を暗殺しようという計画をもっていたとされ、裁判にかけられ、大正一五年(一九二六年)三月、死刑を宣告された。

のちに、死刑は無期刑に変えられた。天皇の名まえによる恩赦の知らせを市谷《いちがや》刑務所長室によばれてきいた時、朴烈はその特赦状を受け取ったが、金子ふみ子はその紙を所長の秋山要《かなめ》の見ている前で破りすてた。

天皇の特赦状を破りすてるということには前例がない。こんなことを発表すれば、天皇を侮辱するものにたいして恩赦状をあたえるようにはからった政府の責任を追及されて、内閣がたおれるであろうと思ったので、秋山刑務所長はこのことを一九四五年の敗戦後まで、人にかくしていたという。

裁判は、朴烈と金子ふみ子が皇太子暗殺の実行計画をもっていたことを立証し得なかった。爆弾とか銃とかがかれらの手もとにあったわけではなく、ましてや何月何日何時に皇太子を暗殺するという手はずができていたわけではない。この意味では、この裁判は朴烈と金子ふみ子の行動をさばいたのではなく、その思想をさばいたのである。思想として、朴烈と金子ふみ子は、天皇を否定しており、そのゆえに、自分の否定している天皇が死刑取り消しの赦しを自分にあたえることをふみ子は許さなかった。

朴烈は、一九四五年一〇月二七日、日本敗戦後の占領軍の指令によって、獄中から釈放された。金子ふみ子は、死刑取り消し直後の一九二六年七月二六日、栃木県栃木市の宇都宮刑務所栃木支所で首をくくって死んだ。

とらえられてからの金子ふみ子には、死刑、それからあとは無期徒刑（旧刑法用語、無期懲役刑）が待っていた。獄中での彼女の仕事は、自叙伝を書くことだった。

それは、立松予審判事が取り調べの必要上、資料として書くことをたのんだものだったが、どういうふうにはじまったにせよ、いったんこの仕事にとりかかったからには、ふみ子は、この自叙伝に裁判のさいの自己弁護の材料になる以上のものをもりこみたかった。

「この手記が裁判になんらかの参考になったかどうだかを私は知らない。しかし裁判も済んだ今日、判事にはもう用のないものでなければならぬ。そこで私は、判事にたのんでこの手記を宅下げしてもらうことにした。私はこれを私の同志に贈る。一つには私についてもっと深く知ってもらいたいからでもあるし、一つには同志としてもし有用だと考えるならこれを本にして出版してほしいと思ったからである」

と、彼女は、この手記のはじめに書いている。このことから考えると、ふみ子は、刑が確定してから自殺するまでの間に、この手記に手を加えて、それを最後の仕事としたようである。

出版への希望を持ちつつ、彼女は出版を待たずに死んだ。出版を通して多くの友人を得て、それらの人びとと生きながら意見をかわすことは、彼女がこの手記を書く動機ではなかった。教育者にも、政治家にも、社会思想家にも、そしてなによりもまず世の親たちにこの本を読んでもらいたいと彼女は書いたが、そういう同時代あるいは後世の読者以上のものにむかって、彼女は、この手記を投げだしたようである。

この手記の中で、ふみ子は、朝鮮からもどってしばらく浜松で過ごしてから山梨にひとりで帰った時に、塩山の駅で会った知り合いの男にだまされて、汽車に酔ったのをよいことにして、料理屋につれてゆかれ、そこでいたずらをされたことを書いている。そのころ、ふみ子は一四歳で、男との経験はこの時がはじめてだった。

「このことを私は、今までついぞ一度も口外したことはなかった。けれど、私の存在がもういつこの世から消えさるかも知れない今となっては、隠しておく必要もない。私の生活や思想や性格の上に大きな影響を及ぼしたであろうと思われるなにものをも、私は今、白日のうちにさらけ出しておかねばならぬ。それはただに法官が私を見る一つの材料として必要であるより、もっと大きな真理の闡明《せんめい》（明らかにすること）のために絶対に必要なことだと思うからである」

事実を裁判官の前に明らかにしたところで、国家が彼女について公正な裁きをするだろうとは、彼女はけっして期待しなかった。むしろ、裁判が彼女に自叙伝を書くいとぐちをあたえたことを活用して、彼女は、この手記を、裁判よりも、国家よりも大きなもののために書いた。

「何が私をこうさせたか。私自身なにもこれについては語らないであろう。私はただ、私の半生の歴史をここに繰り広げればよかったのだ。心ある読者は、この記録によって充分これを知ってくれるであろう。私はそれを信じる」

「まもなく私は、この世から私の存在をかき消されるであろう。しかしいっさいの現象は現象として滅しても、永遠の実在の中に存続するものと私は思っている」

「私は今、平静な冷やかな心でこの粗雑な記録の筆をおく。私の愛するすべてのものの上に祝福あれ！」

このようにふみ子は自叙伝を結んだ。この手記の中で、彼女は、自分がどうして現在のような立場をとるようになったかについての理論的根拠をのべていない。しかし、彼女の生涯を彼女の筆を通してもう一度たどる時、彼女が日本の社会がどういうものであるかについての彼女なりの理論をもっていたことは明らかだ。日本の国家の内部で無籍者として育った彼女は、日本の国家内におなじように無籍者として生きる朝鮮人に引き寄せられていった。日本の国家が、朝鮮人から土地をうばい、言語をうばい、富をうばったその側面から、この日本という国を見ることをまなんだ。その時、朝鮮人にたいする差別、無籍者にたいする差別をしている政府の頂点に天皇が立っていることを見た。彼女は、天皇制にたいして負けずに無籍者としての自分をつらぬく道をさがし求めた。

金子ふみ子の遺骨は、彼女が首をくくって死んだ刑務所（今の栃木刑務所）のある栃木市の町はずれの「合戦場」にうめられた。同じ刑務所で死んだたくさんの人たちと共同の墓石がたっている。

それとは別に、彼女の伴侶となった朴烈の縁者は、日本の警察の目をさけて、朝鮮の山奥に、ふみ子の墓をたてた。

註

（1）一八九二年に発行されたクロポトキン著『パンの略取』フランス語原文の英訳本。この英訳本は、はじめ一九〇六年に発行され、一九〇九年に幸徳秋水によるその日本語訳が出たが、すぐに発売禁止となり、ふみ子たちが話をしているこのころ、手に入れることはむずかしかった。日本語訳がたやすく手にはいるようになったのは、一九六〇年に岩佐《いわさ》作太郎《さくたろう》訳が出てからのことである。

ラナルドの漂流

百十五年まえのことです。日本の北のはてにある北海道のそのまた北のはてにある宗谷海峡にうかんでいる利尻島のノッカ部落に、見なれぬ大男をのせたボートが、つきました。

六尺ゆたかな大男。その名はラナルド・マクドナルド。

ラナルドは、二十四歳でした。ちょっと見ると、あまりせのたかいようには見えません。というのは、ラナルドは、まるでこどもを大きくしたような人だったからです。顔は、大きなあんぱんのようにふくれていて、いつもにこにこわらっていました。

しかし、そばによって見ると、雲つくような大男です。これは、いったい何ものか？

「ヘマタ？」

「ヘマタ？」

と言って、利尻島の人は、おおさわぎをしました。ヘマタというのは、樺太に近い地方のアイヌ語です。利尻島にいた人たちは、アイヌ人だったのです。

今の北海道には、四百万人の日本人がいますね。だが百十五年まえの北海道には、日本人は今の百分の一くらい。それも、南の端の函館とか松前のほうにかたまって住んでいました。ひろい北海道の山や浜辺に住んでいたのは、アイヌの人々だったのです。アイヌは、日本に昔からいた人種で、東北地方、北海道、千島、樺太などに住んでいました。今から百十五年まえのそのころには、何人いたのか、よくわかりません。あわせて十万人くらいはいたのではないでしょうか。今では、ずいぶんへってしまっています。

さて、ラナルドのはなしです。どうして日本まで、やってきたのでしょう。そのころの日本は、日本の外の国々とは決してつきあいをしないことにしていたのです。だから、日本に外国人が入ってくることを許すわけはありません。日本の中に入って、自分の眼で日本人を見た外国人はほとんどいなかったのです。

日本は、どういう国だろうか?

「日本に行けば、金がいっぱいあるぞ。お寺の屋根や、お城の屋根は、ぜんぶ金でできていて金ぴかだそうだ。」

——とこれは、イタリアでのうわさ。マルコポーロの旅行記から出たものでしょう。

「日本人は、おたがいに殺しあって食べるそうだ。日本人は人くい人種なんだってね。」

——とか、これは、ロシアでの話。北海道の函館に、はじめてきたロシア人のニコライ神父の伝記に、そう書いてあります。ニコライさんは、日本にくるまで、日本人は、ことによると人くい人種なのかもしれないと思っていたそうです。

日本人が、どういう人間か、世界の人々は知らなかったのです。もちろん、日本人のほうでも、世界の人々のことを知らない。おたがいに、知りあわないで、おそろしがっていたのですね。こういう時には、相手が鬼のようにこわく思えたり、天女のように美しく思えたりするものです。

ラナルド・マクドナルドにとっては、そのあとのほうです。日本は、ラナルドにとっては、あこがれのくにだったのです。

ラナルド・マクドナルドは、一八二四年、アメリカで生まれました。お父さんはイギリス人、白い人です。お母さんは、アメリカ・インディアン。茶色い人です。白いお父さんと、茶色いお母さんのあいだにうまれたラナルドは、すこし、茶色っぽい白人でした。

でもアメリカでは、すこし茶色っぽい白人は、白人の仲間には、いれてもらえないのです。

「やあい、あいの子のラナルド。おまえのお母さんは、インディアンの酋長の娘だってな。おれたち紳士の町にすんでいるなんてナマイキだぞ。山んなかのインディアン村にかえってけ！」

などと、いじめっこたちに、町で泣かされたものでした。家にかえると、お母さんに、

「お母さん、ぼくは、こんな町にもういたくない。お母さんたちのきょうだいのインデ

ィアンの村にかえろうよ。」

「インディアン村にかえっても、知っている人は、ほんのすこししかのこっていない。お母さんたちの村は、アメリカの白人たちにほろぼされてしまったのだよ。このひろいアメリカ国中に、インディアンは、ほんのすこししか、もうのこっていないのだよ。」

「その人たちは、どこにいるの？」

「山の奥の、水のでない砂漠のようなところに、おしこめられて、自分たちだけでくらしているよ。そこにおまえがいって、くらしたとしても、けっしてしあわせにはなれないよ。それよりも、ほろびかかったインディアン村から、みなしごのわたしをすくいだしてくださった、お前のお父さんを助け、白人のあいだにくらしたほうがいいんだよ。」

でも、ラナルドはまだしょうちできなかった。

「お母さん。インディアンは、世界中にもうそれだけしかいないの？　これからはもう永久に白人におしこめられて、山奥にこっそりすんでいるほかないの？」

お母さんは困ったように、しばらくだまっていました。やがて、

「これは、言わないほうがいいかもしれないのだけれどもね。私たちのあいだには、言いつたえがあるんだよ。東のほうから急にやってきて、わたしたちの土地をうばいとった白人たちは、やがて消えてゆく。その日まで、ただ、じっと待っていればいいんだ。その日が来たらば、世界中のいろいろの土地から、私たちとおなじはだの色をした人た

ちがあつまってきて、この土地は、もう一度わたしたちのものになる。」

「それまで、じっと待っているの？　その日に世界中からここにあつまってくる人は、どこにいるの？」

「それは、いろんなところ。海のむこうの日本という島には、わたしたちとおなじ先祖の人たちがたくさん住んでいるのだけれどね。」

「日本ってどんなところ、お母さん。」

しかし、お母さんには、日本がどんなところか、こたえられませんでした。お母さんにこたえられないどころか、世界の誰もが、まだ知らなかったのですからね。

日本には、お母さんの先祖がいる。日本は、どういうところだろう？　それから、アメリカの町で仲間の子供たちからいじめられるごとに、ラナルドは、くりかえし考えました。学校の図書館に行ってしらべました。しかし、字引きにさえも、日本のことは、ほんのすこししか書いてありません。

「誰も知っている人がいないのなら、自分が一番先に行って自分の眼で見るほかないのだ。」

ラナルドは、そう思いました。そして、そのころおくられていたカナダの学校をぬけだして、捕鯨船にのりこむことにしました。そして鯨を追って、太平洋のすみずみまで、航海をしてまわりました。

ラナルドのお父さんは、はじめは反対しました。しかし、もともと、インディアンの娘と結婚するくらいですから、インディアンにとても親切でした。アメリカはもともとインディアンの土地だ、そこにあとから来て自分たちも住むようになったのだから、このアメリカは、インディアンにとっても、もっと仕合せなところにしなくてはいけないと考えていました。そんなくらいですから、自分の息子が白人仲間からいじめられるのを見ていてかなしく思っていましたし、その息子がアメリカをはなれて新しい土地に出発するのを、心配には思っても、ゆるしてやる気持ちになりました。

しかし、お父さんに日本にゆくのをゆるしてもらっても、すぐ行けるというものではありません。

ラナルドののりくんでいる捕鯨船が北の海をまわって、日本に近づいた時を見はからって、ラナルドは船長に言いました。

「船長さん、わたしをおろしてください。」

「おろすって、この海の中に、お前をおろすのかい？　自殺したいのかね？」

「日本にいってみたいんです。」

「でも、人くい人種がすんでいるって、うわさもあるし、むこうにいって食われてしまうかもしれないぞ。」

「それなら、それで仕方がありません。だが、行って見たいと思うんです。ボートに、十日分くらいの食べ物をつみこんで、私ひとりをのせて、海の中にのこしていってください。」

船長は、心配でしたが、ラナルドの決心がかたいので、とうとう、ラナルドを海の中にひとりのこして、アメリカにかえってしまいました。それから、昼も夜も、ラナルドは、日本にむかってボートをこぎつづけ、一八四八年（嘉永元年）六月二十七日、利尻島ノッカ部落の浜辺についたのです。

ノッカ部落のアイヌ人は、サケをとらえて食べては、のんびりくらしていました。サケはアメリカ人にとっても大好物でしたから、ラナルドも、そこで、ごちそうにめぐりあえたというわけです。しかし、そのあとがいけません。アイヌからはなれて、日本人にあうと、ラナルドはすぐにつかまえられて牢屋にいれられました。何といっても、出してはくれません。日本の北のはての北海道から南のはての九州までおくられ、そこからもう一度、アメリカにおくられてしまったのです。おなじアメリカ人である、ペリー提督が、軍艦四そうをひきいて、日本の国をひらいたより五年まえのことです。ラナルドが、ペリーのように軍艦をひきいてこなかったのが、いけなかったのでしょうか。

失望してアメリカにかえったラナルドは、その後日本をおとずれる折もなく、一八九四年に米国ワシントン州のトロドでなくなりました。死ぬ時に、看病していためいにむかって、

「サヨナラ、サヨナラ」

と言ってなくなったと言います。ラナルドは日本の牢屋でおぼえた日本語を忘れていなかった。日本をなつかしいと思う気持ちもかわらなかった。山の奥に、小さなお墓が

たてられました。

ハヴェロック・エリス——生の舞踏

1　自叙伝の構想

生活の最小の破片までが、もれなく収められるような、最終的表現形態を、人は昔から考えていた。生活と同じ広がりを持つ表現形態への望みは、古代から現代に至る人間文化史の上で、ある時は叙事詩にかけられ、ある時は哲学体系にかけられ、宗教的告白にかけられ、歴史にかけられた。また近頃に至っては、小説、また科学がそうした夢を担うものとして登場した。

自叙伝もまた、最終的表現形態への希望を担うものとして未曾有の拡大変形を受ける可能性を持つ。ある人の一生にした労作のすべてが、その中に取り込まれてしまうような巨大な本。その人の全集全体が、その中に埋没してしまうような巨大な物語。そういう今まで書かれたものとは全くケタ違いの自叙伝を、想像することが出来る。こういう書物は、普通一冊の本を書くのとは別の技術と形式とを要求する。人は一生をすでに終えてから、ただ自叙伝を書くためにもう一度生きかえって来ることはできない。だから、巨大な自叙伝を書くとしても、たくさんの空白を随所に作りながら書いて行き、それらの空白を、後の年月に何度もふりかえって見ては丹念にうめて行くという新しい書き方が要求されよう。

ここに紹介するハヴェロック・エリスの書物（Havelock Ellis, *My Life*, Houghton Mifflin Co., New York, 1939）は、そういう新しい自叙伝の姿を浮び上がらせる。エリスによって書かれた他のさまざまの労作——『性の心理学』全七巻、『新精神』、『印象と感想』全二巻、『ルソーからプルウストまで』、『人生の舞踏』、『スペインの魂』、『夢の世界』、『犯罪者』など——は、すべて、この『自叙伝』への別冊脚注として読まるべきだ。

エリスは、自分の生涯全体を一つの芸術、一つの舞踏と見た。したがってここでは、科学もまた文芸評論と同じく、生活者エリスの本質を表現するものとして把握される。性科学研究も、犯罪学研究も、スペイン国民性研究も、感想集も、文芸批評も、一貫した一つの舞踏の通りすぎるさまざまのフェイズなのだ。エリスの生涯の舞踏を全体として眺める自叙伝の立場を手がかりとしてのみ、しぐさの一つ一つの意味を明らかに解することができよう。

ハヴェロック・エリスは、三十歳を越えて初めて、生涯の記録を作ることを思い立った。しかし、生涯の道がすでに半ばすぎて、全体の眺めがややはっきりして来るまでは、この仕事に取りかかるべきでないと思った。四十歳になってようやく執筆の機が熟したと感じ、その年、一八九九年に彼は書き始めた。

エリスは、彼の有している最上の時間のみを、この仕事のためにさくことに決めた。カービス湾で毎夏すごす休暇の中の幾日かを彼は自叙伝のために費やし、ことに日曜日の朝、カービスの美しい草原に仰臥しつつ、自分の成長を思いかえし、急ぐ所なく少しずつ筆を進めた。

こうした仕事ぶりの故に自叙伝の進行は遅々たるもので、一生の黄昏時を前にして、エリスは後に初めの構想を縮め、書き方を速めざるを得なくなった。一九三九年、エリスの死の後に本屋にわたされた自叙伝は、この故に、初めに計画したよりも遥かに小さな粗っぽいものになっている。しかし、これの中にもわれわれは、巨大なものに成長すべき素質を有した、たくましき骨格を認めることができる。

五十年の間、彼は、この書物の構想を心に育てた。四十年の間、彼はこの書物を記した。幾度も、幾度も、古く書いた部分に帰って行っては、新しい日付による修正を施した。死ぬまで彼は、この書物から離れることを欲しなかった。

2　生活芸術

エリスは、人生を芸術と見る。この考えは、エリスの思想全体への鍵であるから、なるべくはっきりと把握することにしたい。

彼の名著『人生の舞踏』(Ellis, *The Dance of Life*, Houghton Mifflin Co., New York, 1923) によって、この考えの展開を見よう。

人はさまざまの芸術を持っているが、その中でも最も根本的な芸術は、建築と舞踏だ。人間が自分みずからを通して表現する種類の芸術はすべて舞踏に根ざしたものだし、人間がみずからの外に表現を求める種類の芸術はすべて建築に根ざす。音楽、芝居、詩歌などは、舞踏から始まる芸術の系列だし、彫刻、絵画、その他は、建築に始まる芸術の系列だ。建築と舞踏よりも古い芸術はない。これらの二つは、人類が人類としてあらわれる前からあった。そして、これら二つの間では、舞踏の方が先にあらわれた。

舞踏はすべての芸術の根本である。人生もまた、拡大された意味における舞踏として見られるのが本当だ。人生を舞踏にたとえることができるというのでなく、人生は真に一つの舞踏なのだ。いや、人生だけでなく、宇宙をもまた舞踏として眺めるのが正しい。

舞踏は、リズムへの感覚を働かせるところに始まる。そしてリズムは人生の至る所に働いており、宇宙の至る所に働いている。新しく目ざめたリズム感をもって、宇宙を眺め、人生を眺める時、それらはすでに舞踏なのだ。それぞれの部分が、あるリズムによって、全体につらなっている、その姿を感じ、その姿を生きることが舞踏だ。

アフリカ大陸のバントウ種族は、いろいろの部落に分れて住んでいるが、その中の一部落に属する者が他の部落の者に出会うと、「あなたは、どんなダンスをしますか?」と、きっとたずねるそうだ。ある者がおどるダンスこそ、その人の属する部族、社会習慣、宗教を明らかにすると考えられているのだ。「未開人はその宗教を説教する事なく、その宗教を踊る」と言われているが、この言葉を人間全体に押し拡げて考えて見ることができる。めいめいの人のおどる舞踏こそは、その人の本質にかかわるものであり、その人の哲学の深みを示すものであろう。

世界にはさまざまの踊りがあって、ある土地の踊りには腕と手だけが用いられ、ある土地の踊りでは手と指だけが使われる。ある所では頭と髪とをゆり動かしつつ夜どおし踊る。北ヨーロッパの寒い気候の下では、人々の踊りは自然、足を動かす踊りになる。しかし「踊り」の概念を、そうした局部的な踊りのみに限るのは本当でない。全身の運動を含むような完全な舞踏をわれわれは考えることができるし、考えるだけでなく、太平洋の島々の古代文化の中には、そうした完全な舞踊がかつてあったとさえ言われている。

人間関係の諸部門は、それぞれが独特のリズムを持つ舞踏であるし、それらはまた狭い意味の踊りに助けられて発達した。宗教が舞踏である事は、未開人の場合だけにとどまらない。あらゆる種類の産業がまたそうだ。道徳もまた、踊りに助けられて発展して来た。集団舞踏が個人の社会化の過程を楽しく自然にしたのであった。ところが、踊りに助けられて登場した道徳が、その後、自己の舞踏的性格を無視し、踊りを排斥するようになった。いわゆる清教主義、道学者流の道徳はそういうもので、ここでは道徳本来の芸術的要素が無視されている。現代の文明は、舞踏としての性格（オドリ性）を恢復する必要にせまられている。

文明にオドリ性を取りもどすとは、言いかえれば、われわれの生活の中のリズムに注意することであり、物事が一定の間隔をへだててふたたび帰って来る数理的関係を把握し操縦することだ。オドリ性の恢復にむかう文明傾向は、十七世紀にデカルトの始めた古典数理的ルネサンス（Classico-mathematical Renaissance）の含蓄を社会生活全体にむかってさらに押し広げることを意味する。それは文明芸術（Art of civilization）の確立、文明美学の確立を目指す運動だ。

こうした眼をもって人々のくらしを見るならば、これまでの史家や伝記作者が見たとは別様の風景が開けて来る。ウェルズはその『歴史体系』においてナポレオンを散々にこきおろしたが、それはウェルズが道学者的観点から、すべての史上人物を眺めたからだ。人生芸術としてナポレオンの生涯を見るならば、その時はじめてナポレオンは衆に優れた人物として立ち現われる。世界の人々の殆んど全部は、彼らの明日の行動についてさまざまに夢みるだけに終ってしまうが、イエス・キリストと同じく、ナポレオンこそは行動を夢みるのみでなく、その夢を行動の上に開花せしめた人生芸術の巨匠なのだ。それでは、かく言うハヴェロック・エリス自身はどうなのか。

そこで僕達は、エリスの生涯を人生芸術として眺め得る段階に達した。

ダーウィンの『種の起原』のあらわれたと同じ年、一八五九年の二月二日に、ハヴェロック・エリスはイギリス中産階級の家に生れた。

特徴ある顔だちの子供だった。学校友達はたわむれに「狒々《バブーン》」とアダ名したが、たしかに猿族の顔だった。顔形の上だけでなく、心においても、動物に似ている所が多かった。後になって、女友達から「半人半馬《サティア》」と呼ばれ、また「羊神《フォーン》」と呼ばれ、また文明批評家カーペンターから「牧神《パン》」と名づけられたのはこの故であろう。しかし同時に、イエス・キリストに似た顔だともよく言われた。こういう二重性が、つねにエリスの心身にあらわれていたものと見える。しかし、その神性と獣性とはトルストイにおけるように絶えずうめきつつ組討ちをつづける種類のものではなく、たがいに含み合って渾然として存する種類のものだった。ここにエリスの特異性がある。

子供の頃、顔にシワがよったりするのを厭に思った。顔をしかめたり口を「へ」の字に曲げたりする癖がつくと困ると思って、盛んに鏡を見て表情に気をつけることにした。自分が美男子だと思ってウヌボレていたわけでは決してなかった。不自然な抑制を嫌い、あらゆる印象に対して伸び伸びした態度で接することが、幼い頃からの彼の理想だったからだ。へんにしかめた顔つきは、心の固さのあらわれであるように思えて、厭だったのだ。

長い間の精神労働に、たえることのできる人もいる。エリスはそういう体の人でなかった。神経の疲れは、急速に来て仕事をさまたげ、その時すこし休むとまたたちまち消えてなくなる、という風だ。絶えず小きざみに休んでは仕事に対する新鮮な興味がよみがえって来るまで待つ。このためにエリスにとっては、すべての仕事が遊びに変質されねばならない。エリスが一生にした仕事の量に驚く人がいるけれど、実は彼としては仕事など少しもしていない。遊んでいるだけなのだ。

十六歳の時に、エリスは学校を止めた。それだけで彼の学校教育は一時終ってしまった。特に何になろうというモクロミもなかった。若い頃のディドロと同じように、エリスもまた、「何にもなりたくなかった」。そして、「何にもなりたくない」ということは、実は「あらゆるものになりたい」ということでもあった。

立身出世しようという望みは、全くなかった。そういう野心を持つことを悪いと思うのではなく、そういう野心が彼の性質にそぐわないのだった。人に認められようと認められまいと、人のオモワクとは無関係に、ただ自らの性質をぎりぎりの所まで押し進めて見ようとした。この強情さが、かえって、彼に世間的成功をもたらす結果になった。

エリスの父親は船長だった。父親の船にのせてもらって、エリスは濠洲に行くようになり、濠洲で四年間の教師生活を送った。一時は十八歳の若さをもって、田舎の小学校長に任ぜられたが、しかし校長としてのエリスは全く失敗だった。この頃から、彼は性問題の研究を生涯の仕事と考えるようになる。

エリスは、性的には異常におくれた子供だった。彼が学校生活を終え、世の中に出るまでに見聞きしたことの中には、内気な女学生を驚かす何物もなかった。強い「抑圧」が働いていて、そのために性的好奇心が目ざめなかったのであろうか。いや、少しの「抑圧」さえも行なわないところに、少年エリスの特色があるのだった。

自然であることが、エリスの人間の特色であり、エリスの仕事と哲学への鍵だ。彼は何物をも抑圧しない。他の人々が淫らなものとして意識下に沈めようとするものを、エリスは尊ぶべきものとして白日の下に見た。

性的なおくれということと並行して、ただ一つ、異常性欲ともいうべきものが、幼い頃からあった。それは尿愛好症だ。これは後に、婦人の美についての彼の考えに大きな影響を与えた。それはエリスにとって新しい美の領域の一部と考えられた。噴泉の美しさはこれと同質の美しさだ。こうした美の領域については、エリスよりも三世紀も前にレンブラントがその絵筆によって示したし、やがてはもっと多くの人々がその価値を知ることがあろうと予言する。

抑圧がないと前に書いた。そのことによって読者はすぐに、無恥厚顔を連想されるだろうか。エリスは異常に内気な人だった。理由もなく、時に顔を紅くすることさえあった。一生を通して、人前で演説などしたことがなく、つねに静かな生活を送った。

十六歳から二十歳までの月日を、エリスは濠洲の美しい自然の中でくらした。不思議な色と形の動物が、そこで彼と共に生きていた。動物園の中に住むとらわれの身のカンガルーを見る人は、本当のカンガルーを知らないのだ。濠洲の自然の中を跳ぶカンガルーは、それと全く違う壮大な美しさをもっている。

少年の頃、人影なき草原で見たカンガルーの大きな、音もない跳躍。その麗らかさと勇ましさの印象は、一つの理想としてエリスの心にいつもあざやかに生きており、彼の生涯に大きな影響を与えた。エリスの敵は後にエリスを評して、「当り前のことを言うような穏やかな調子で、勇敢かつ革命的な主張をする」と言った。

十九歳の少年エリスは、草原の孤独生活の中で理想の恋人の姿を心に描き始めた。老年期に入ってからの彼には、何人もの優しい婦人があらわれて思いもかけぬ幸をもたらしてくれるのに、その当時、彼がもっとも激しく女人に憧れた時には、誰一人として身近に現れるものはなかった。しかし、彼の少年期に性が安っぽい形であらわれなかったことを、一つの幸と考えている。なぜならば、愛情と優しさについてのエリスの才能は、すべてこの草原上の孤独生活の間にはぐくまれたものだから。

ヨーロッパを後に新世界にやって来てから、エリスは幼い頃の宗教を失うようになっていた。そして濠洲、スパークス・クリーク草原上の孤独生活の間に、ある時、ジェイムズ・ヒントン著『自然の中の生活』を読んだ。最初に読んだときは、感銘は薄かった。

二度目に読んだとき、エリスは一種の啓示に打たれた。それまで自然科学的宇宙観の正しさを認めつつ、なお幼年時代に有していた美しい宗教的宇宙観を失うことを惜しむ心であったのだが、今や、これら二つの世界がくるりと重なって一つの絵を作った。ヒントンが科学者でありながら、熱烈な愛情を自然に捧げているのに心を動かされた。これはエリスにとって「回心」とも呼ばるべき重大な転機であって、これ以来表面的にはどんなに心のまどうときがあっても、心の奥底には、何物によっても動かし得ない一種の平安が住まっていた。

宗教的な興味が急に高まってきて、その後の一、二年に、宗教経験についての質問書を工夫して調査を行なう計画をたてた。しかし本格的研究に取りかかる段になって、宗教研究を後廻しにして性問題研究を先にすることにした。そして性問題研究が五十年の月日をとったため、宗教についての大作はついに完成しなかった。(1) エリスはそのことを悔やんではいない。性問題研究こそ人々のために急速になしとげらるべき課題であり、エリスの才能と勇気とを特に必要とする仕事だったから。

やはりスパークス・クリークにおいて、ヒントンの伝記を読んでいると、彼が二十歳のとき、医者になろうと決心したことが書かれていた。二十歳といえば、今の自分と同い年くらいではないか。そうだ。ヒントンと同じく自分も医学校に入ろうと、急にエリスは決心した。

ただちに彼は濠洲を離れ、イギリスに帰って来た。七年の医学校生活が、それに続く。

ロンドンに来てから、彼は少しずつ文芸批評の類を雑誌に書き出した。そうしたことから、彼のまわりに、不思議な友達があつまった。イプセンに従って新しい傾向の社会文学を書き始めたバーナード・ショオ、マルキシズムをイギリスに入れようと努力していたハインドマン、労働運動にようやく名をあらわしたジョン・バーンズ、後の英国首相ラムゼイ・マクドナルド、アメリカの哲人トマス・デイヴィドスン、イタリアの無政府主義者マラテスタ、文明批評家エドワード・カーペンター、十九世期末における最も優れた女性と言われるオリヴ・シュライナー、後にエリスの妻となったイーディス・リーズ。

これらの人々の動く舞台として、まず「進歩派協会」(Progressive Association) が作られ、エリスがその書記になった。さらに、「新生活同盟」(The Fellowship of the New Life) がトマス・デイヴィドスンの指導の下に、エリス他六人前後によって組織された。その「新生活同盟」が後に、シドニー・ウェッブやバーナード・ショオの参加を得て、「フェビアン協会」(The Fabian Society) に成長し、やがて英国社会主義運動の母体となったのだ。イギリスにおける社会主義思想運動が、アメリカの観念論哲学者トマス・デイヴィドスンによって始められたことは不思議な因縁だ。

初期の諸段階においては、この運動の目指すところは、非常に広い意味における世界の改良であった。社会生活全体の向上、人間革命、生活革命が目標とされた。しかしやがて、フェビアン協会の性格が固まってきて、その目的が、政治経済的な側面に限られるようになってからは、エリスはこの運動の原則に賛成しながらも、この運動から遠ざかっていった。自分の仕事はこれより他の所にあると考えた。

トマス・ハーディーやジェイムズ・ヒントンについての文芸評論を雑誌に発表し始めたのは、二十五歳の頃だった。しかし、これらの文章は徒弟時代の作品に過ぎぬと、自分で考えていた。本の形で世に出すには、もっと成熟した作品でないといけない。三十歳までは本を出さないことにしようと決心した。エリスの最初の本『新精神』の出たのは、ちょうど三十歳の時であり、やはり同じ年にもう一冊『犯罪者』が出版された。こんなふうにエリスは初めから将来の仕事を、長い年月の上に押しひろげて計画した。それだけの大仕事を仕とげるだけ長生きすると、初めからきめてかかっていた。主著『性心理学研究』などは、企画されてから出版完了に至るまで、六十年間の月日の上に広がっている。彼は、ゆっくりと歩むことに決めていた。

ジャーナリズムのようなせせこましい仕事は、エリスの性質に向かぬ。とぼしい学費を補ない、また生活の糧をかせぐためには、新聞や雑誌にチョコチョコ書くよりも、むしろ、単行本の編集事務を受け持つ方が都合がよいと考えた。編集の仕事ならば、自分でたくさん書く必要がないし、また教養を広げるのに役立つ。

そこで彼は、まずエリザベス朝の劇文学の選集を企画して、出版社に申し出た。この企画は、『人魚叢書』と銘打たれて世の中に出た。マーロウ、フォード、ミドルトン等の作品に対して、同時代人の蒙を開き、正しい評価を与えることを目指したものだ。この仕事の故に、エリスは英文学古典の鑑定者として歴史的な役割を務めたとされている。

次に彼は『現代科学叢書』の編集にあたり、当時の新興科学を援助した。一九一五年、世界大戦のため出版不可能となるまで、二十五年間の間この叢書は続けられ、完成した本の数は五十冊に及んだ。二十五カ年の間、この叢書の編集が、エリスの主な収入源だった。各冊を数回に及び読んでみねばならなかったし、索引を作ったりする仕事もせねばならなかった。叢書中の数冊は、外国語からエリスが自分で英訳したものだ。一九一五年、この仕事から離れた時には、エリスはもはや世界に名の知れた文章家となっており、好きなものを少し書くだけで暮せるようになっていた。

この頃こまったのは、夜になると頭が働き過ぎて眠れなくなることだった。耳鳴りまでするようになってしまった。ついには夜になってから仕事をするのは馬鹿なことだと気がついて、夜学を止めてしまった。それ以来、不眠に悩まされたタメシがない。

もともと夜の仕事の出来映えについては疑いを持っており、屋外こそ真の仕事場と考えていたが、殊に中年以後は早く朝飯を取り、屋外で仕事するようにきめた。エリスの労作すべての上に、自由なる大気がかよっていることに気づいて欲しいと彼は言う。

机の上にかがみこんで書くことは、大きらいだった。丘のスロープの上に、あるいは長椅子の上に、あおむけに寝ころんで書くことにしていた。背中が丸いのが文筆業者の特徴というが、エリスは老年に至るまで背筋を真っ直ぐに保った。

青年時代の性生活に関しても、全く静かに過ぎたと言う他ない。『性心理学研究』第一巻にW・K氏の例としてあげてあるのがその記録だ。これは多くの読者にとって妙に思えるかも知れない。しかし、性問題の研究者は必ずしも乱淫の人と同じでない。

エリスは、自らを優れた恋人と考えている。彼は一生涯に、女の人にすげなくされた経験を持たない。それはエリスの性質が非常にゆっくりしていることから来る。長年月、見知った人にたいしてのみ親しみの心が育つ、という性格であり、会ったとたんに申し込むというようなことのできない性格だった。いったん根を下した愛情は枯れることなく、月日を経て無限に育って行くという、浪漫小説の主人公そのままの性格だった。恋する時に、向こうの人の短所をすべて忘れて、完全無欠の者として考える人もいる。そうした人はまことの恋人と言えない。ただある種の幻につかれているのであり、その幻を取り去ればその人の「恋」なるものも終ってしまう。「盲目の愛情」をエリスはきらう。明らかに人を見る目があってこそ、初めて恋と言うことができる。エリスが一生に最も深く愛した女の人達は、彼自身その人達の欠点を身にしみて明らかに知っている人々だった。

一八八四年五月、エリスは初めて心からの友人を得た。『アフリカ農園物語』によって、英国散文史上に一つの位置を占めるオリヴ・シュライナー（Olive Schreiner, 1855-1920）だ。

この交友は、一九二〇年にシュライナーが死ぬまで、三十六年の間続いた。イギリスと南アフリカに別れて住み、互いにそれぞれの家庭を持ったことも何のさまたげにならず、往復書翰の数は万を越えた。一九〇六年、十五年の交友の後にシュライナーは、南アフリカから次のように書き送った。

もし、あなたが重病だなどという報せが来たら、私は、すぐさまにでもイギリスに向かってたちます。お金が全然手許になくて、人から借りなくてはならないとしても、途中のどこかで、私自身死んでしまうだろうと解っているにしても。

中年を越えた男女の交友として、美しいものがあるではないか。

エリスの研究について眺めよう。この場合、エリスが一生涯、民間の一学者として研究したことに注目すべきだ。

エリスは町から離れて隠者生活を送っている。大学に講義に行くこともなく、研究所に籍があるのでもない。公開演説など一度もすることなく、新聞や雑誌にいつも小論文を書いているのでもない。そうかと言って、大金持で、かせぐ事なしにただ勉強をしていられる身分なのでもない。

こういう民間の学者は、イギリスででもなくては考えられない。イギリスのような国では大きな公開図書館があるから、民間の者でも自由にそこに行って好きな本を読める。エリスは、財産家でないし、たくさんの本を家に持っていたわけではなく、図書館の本に頼って仕事していたようだ。図書館の本だけにたよって研究のできる学者、そんなものは日本では考えられない。性研究についての資料を集めるにも、どこの大学とも関係なしによくできたものと思う。いつかは日本でも、エリスのように民間にあってしかも徒党を組まず、気楽に勉強する学者の型ができるだろうか。

エリスの主著『性心理学研究』は、彼の人生の舞踏における一つのヤマだった。けれどもエリスは何年もぶっつづけでこの主題を追究するという方法を取らなかった。仕事はつねに彼にとっては遊びであり、遊びはいつも新鮮な興味を前提とする。興味のあざやかさが失われるごとに、いつもこの仕事を捨てて、他の仕事に移らなくてはならない。性研究という主著と並行して、エリスは他のさまざまの仕事をも進めていた。しかし他の仕事をしているときも、性研究を忘れていたわけではない。他のさまざまの仕事もまた性研究の仕事を押し進め、それを豊かにするのに役立つ結果になった。舞踏におけるようなこの見事なバランス。この故にエリスの著書は、世間で多く見られる性典の類のごとき単なる婦人科医の記録でなくなった。昨年あらわされたキンゼイ著『男性の性行動』(Kinsey & others, *The Sexual Behavior of the Human Male*, 1948)は、その資料の確かさにおいてエリスの著書を遥かに凌ぐけれども、構想の大きさ、視野の広さにおいて、エリスの著書に及ばない。エリスの仕事は、多くの点で修正されなくてはならぬにも拘らず、依然として現代的意義を持っている。

エリス著『性心理学研究』英語版第一巻は、一八九八年にワットフォード大学出版社から出され、専門医師の間で少部数読まれた。しかし、それもツカの間で、やはり同じ年に、同書は発禁になった。発禁のテンマツはベッドボロウ事件として、英国犯罪史の上に残っている。イギリスにおける進歩思想弾圧の一例として、興味ぶかい。

『性心理学研究』を出しましょう、と申し出たワットフォード大学出版社なるものが、そもそもインチキ出版社なのだった。ワットフォード大学出版社の主人はロオラン・ド・ヴィリエ博士（Roland de Villiers）と自ら名のっていたが、彼こそは、「近代における最も不可思議な犯罪者」と呼ばれるゲオルグ・フェルディナンド・スプリングミュール・フォン・ヴァイセンフェルトだった。ドイツで働いた悪事をかくすために、偽名を使ってイギリスにもぐりこんでいたものだった。いろいろの種類のインチキ会社を作ってサギを働いており、ワットフォード大学出版社も、その一つだった。彼の仮面をはぎとって正体をあらわしてやろうと、かねてから英国警察の私服刑事が後をつけまわしていた。

エリスの著『性心理学研究』は、このフダツキの手によって世に送り出された。さて当時イギリスには、ジョージ・ベッドボロウによって主宰される「合法化同盟」（The Legitimation League）という集団があって、男女関係についての新しい思想の普及に努め、私生児の合法化を主張していた。この集団がエリスの性研究に興味を持ち、かなりの部数を出版社からゆずり受けて持っていた。そしてこの集団には、無政府主義者が何人か入っていた。

好機至れり！　イギリス警察の無政府主義者関係課は、前から私服刑事を送ってこの会合に出席させていたが、エリスの著書を理由としてイギリスの無政府主義者を弾圧し、また悪漢ド・ヴィリエを捕えようと計った。エリスの新著は無政府主義弾圧のイトグチに使われたわけだ。

一八九八年五月三十一日、「合法化同盟」の書記、ベッドボロウが、エロ本の売り込みに関係したとの理由で逮捕された。本当の出版元であるド・ヴィリエは、悪漢の本能を働かして早くから行方をくらましてしまった。エロ本の著者たるエリスもまた、五里霧中のまま、この事件に引きずりこまれた。

起訴されてから裁判になるまで六カ月もかかった。出版元のド・ヴィリエが逃げてしまったので、弁護団側はエリス自身が組織しなくてはならなかった。進歩的知識人の間には同情者が若干あり、「出版の自由を守る会」が特にこの事件のために設立されて、エリスを助けた。エドワード・カーペンター、フランク・ハリス、H・M・ハインドマン、ジョージ・ムーア、バーナード・ショオ、ヘンリー・セイマーなどがそのなかに入っていた。

しかし当局の弾圧のために被告側は分裂し、ついに被告ベッドロボウが、エロ本を売り出したことについての自分の責任を認め、嘘の自白をして罪におちることでこの裁判は終った。

エリスの書物は性問題研究の実証面に関していたために、エリスはどうしてもこの本がワイ本でないと証拠づけられなかった。この本を作るに際して、秘密を守るという条件つきで多くの人々から性生活についての情報をもらったのだから、今この本が煽情の目的をもって書かれたエロ本だと摘発されても、これらの資料が真実の資料から取られたと証言できないのだった。

判決を下すに際して裁判長は、次のように述べた。

「被告は犯行を始めるにあたって、誰かがきっとこの本を学術書と見なしてくれると、おろかしくも信じたのだろう。しかし、そんな見解は全くデタラメでインチキであり、彼の行為がこの汚ない本を売ることのみを目的として始められたという事実は、通常の頭を持っている者がこの本を開いて見れば、すぐにきっと了解することなのだ。」

新聞もまた裁判所と同じ見解を取った。エリスの著書は発売禁止になり、エリスは社会的制裁を受けた。逃げうせたド・ヴィリエは、その後、一九〇二年ケムブリッジのかくれ家において警察隊の急襲を受け服毒自殺をとげた。司法当局と新聞とは、二人がかりで、エリスを完全に社会から葬り去ったように見えた。しかし、半世紀もたたぬ間にエリスの「汚ない」本は、各国語に翻訳されて世界の隅々に流布するようになった。

社会的制裁を受けたことに少しもめげずに、エリスは隠遁生活の中にあって性研究を続けた。一九二七年、『性心理学研究』第七巻（追補篇）が出版され、一九三七年夏には最終の改訂版が書き上げられて、ここに濠洲のスパークス・クリークで決心して以来、六十年にわたる労作は完成を見た。

『性心理学研究』は、エリス自身の評価に従えば、優れた芸術作品と言えない。それは、むしろ、人類への一つの確実な奉仕として意義を持つ。こうした奉仕を当時の人々は必要としていたし、同時代人の間ではエリスただ一人がこの要求に応え得たのだ。自分は人間精神のより大きな解放に向かって、人々の歩みを助けることに成功したと、生涯の終りにあたって、エリスは自ら信じることができた。

3　結婚

エリスの最初の著書『新精神』は、実に見事な本だ。これはあざやかなスタイルで書いてある。この本によって人々は、生活実験の報告書として近代文学を見ることを学び、ディドロや、トルストイや、イプセンや、ホイットマンや、ユイスマンスの発言が、自分自身の人生に対してどんな意味を持つものかを考える。そして、人生についての広々とした新しい視野が開けるのを感じる。

後にエリス夫人となったイーディス・リーズ（Edith M. O. Lees, 1861-1916）は、この『新精神』を読んで心を引かれた。一八九〇年三月のことだった。その年の十二月に、イーディスはこの著者と結婚した。

二人は初めから、結婚について並はずれの意見を持っていた。そして、その意見を実行して見ることにした。

二人の共通の友人であるエレノア・マルクス（カール・マルクスの娘）は、その頃、アヴェリング博士と結婚なしの共同生活をしていたが、その暮らしぶりは決して楽しそうでなく、やがて破局に達した。こういう生活を目の前で見ているので、エリス達は、やはり法的な結婚手続きを役場でしておくことにした。

エリス達は、結婚生活において夫婦がそれぞれ経済的独立を維持することが必要だとした。そういう経済的基礎がなくては、夫婦の平等ということは実際に行なわれない。結婚指環を買うことより始めて、どの家計出資に対してもいつも平等に負担することにした。この原則は結婚生活の終りまで貫かれたけれども、これによって多くの不快が、やがて生活の中に持ちこまれるようになった。

エリス夫婦は、住居を何度も変えた。ある期間は同じ家に住み、またある期間は離れて住んだ。違った場所に住んでいながら、あらかじめ時刻を打ち合せておいて外で会食したりした。こういう生活様式は、二人の異なった種類の性格の要求に応じるために必要だった。エリス夫人は演説家であり、社会運動家であり、世間の一部分として暮らすことを好んだし、エリスは瞑想家であり、世間の外の者として暮らすことを好んだから。

エリス夫人は、発狂するかも知れぬと若い頃から警告されていた位の人なので、夫婦は子供を持つことを止めた。結婚の前から、二人は性的引力の故に近づいたものではなく、友達としての共同生活に心を引かれたのだった。

「文士の妻は、羽ぶとんのようでなくては困る」とは、アルフォンス・ドオデの言葉である。エリス夫人は、決して羽ぶとんのような妻でなかった。ある時にはむしろ、はりねずみのごとき妻としてエリスに感ぜられた。彼女のいらだちやすい性質、一時にぱっと燃えたつ興味、ちがったものに次々に引かれて行く心。それらは、しかし、エリスにとって仕事への良き刺激ともなった。またいらだちやすく、変りやすい夫人にとって、エリスのいつも夢みているようなゆったりした性格と静かな愛情とは、一種の休息をもたらした。

　エリス夫人は同性愛の人であった。後に何人かのそうした友人を持つようになった。したがってエリス夫婦からは、狭義の性生活は早くからなくなってしまった。結婚生活のそういう面から来るさまざまの心的経験は、エリス夫人の最初の小説（*Kit's Woman*, 1898）を生む動機となった。この小説は、結婚生活における性的障害が善意と知恵とによって、いかにして打ち克たれて行くかの物語だ。その当時としては、極めて勇敢な試みだった。

　エリスにとっても、性的愛情をもって近づく女の人があらわれた。こうしたことから起る困難は、三十年に及ぶ結婚生活を通じてつねに正直に論じられ、善意をもって乗り越えられた。

　そんな困難があったにも拘らず、エリスはその結婚生活を生涯における最も貴い月日と考える。性的な引力は男女関係における一つの因子であるに過ぎないと、彼は繰り返し言う。性交に対する欲望は最も確実な、最も幸多き愛情の中核となるものではない。異性に対する最も劇しい情熱は、実は性欲を一段越えた所に在る。性欲を清らかなものとして人々に示した思想家にして、この言のあるのは注目すべきことと思われる。ハヴェロック・エリスの妻に対する愛情は、年を経るにつれて大きくなった。それは数々の障害を越えて大きくなり、結婚後十数年にして一つの激情となり、やがて、妻の狂死をもって終る。彼の自叙伝の後半は夫婦愛の物語であり、中年の夫婦の間に取り交されたラヴ・レターによってうずめられている。

エリス夫妻の生活を抄録して見よう。一九〇六―一〇年頃、コーンウォールの田舎に住んでいた頃のこと。

その頃、エリス夫人はすでに病身だったので、朝のうち、ずっとベッドに留まってひとりで書き物をした。

エリスは、別の部屋で、朝早く起きて、朝飯のできるまで本を読み、朝食後は外に出て、庭のあずまやで書いた。庭にはあずまやが二つ建ててあって、一つは主人の仕事場に、一つは妻の仕事場に当てられていた。天気の良い時にはこのあずまやで、昼食をひとりで食べた。昼食後エリス夫人が降りて来て、午前中の仕事を夫に読んできかせその意見をきく。それからエリス夫人は馬車にのってドライヴに出る。エリスは馬車や自動車のきらいな隠者なので、ひとり散歩に出かけた。夕食は二人で一緒に食べ、それから別々の部屋に帰って早くから横になる。眠れるまでエリスは本を読む。

妻の病気はその頃から、いつもエリスの心配の種だった。病気の時の妻の世話は、すべてエリスがするのだった。必要があれば、夜も昼も、つききりで看病した。書き物などする暇もなく、ひと月も、こうして過ぎてしまうこともあった。

ちょうどホイットマンがそうであり、ロオレンスがそうであったと同じように、エリスは病人の世話をするのが上手だった。どんな看護婦よりもたくみに、彼は病人の要求に応え、面倒を見てやることができた。こういう苦労が少しも苦にならず自然に行なわれるところが、恋愛の境地なのであろう。妻の死後長くたったある日、エリスはふと夢の中で妻と会い、いろいろと話した末、彼女の言った何かのことにこたえて、「僕がどんなに役に立つか、君は知らないんだね」と、冗談を言った。夢の中では、その時、彼女の死を知っていたわけではないのだろうのに、そう言ったとたんに一時に悲しさがこみ上げて来て、涙が目に浮んだ。すると、妻は立ってエリスの傍に来て、黙ってその涙に口づけした。

これほどの愛情の歴史が、どうして破局に来たのだろうか。

それは、やはりエリス夫人の精神病に原因すると思う他ない。若くから潜んでいた精神病の素質が、中年期にようやくあらわになろうとした頃、不幸な事件が相次いで二つ三つ起ったのだった。もし若い頃のようにエリス夫人が健康だったなら、これらの不幸をもたくみに処理することができただろうに、今度ばかりはそれが行なわれず、発作状態をもたらした。

不幸な事情とは、実は今までにも何度もあったことで、取り立てて言う程のものでない。一つは金である。エリス夫人はゼイタクが好きで、かなり派手に暮らしたため、借金が増え、困っていた。借金は、実は主人のエリスによって快く負担されていたのであったが、夫人の方は結婚当初に定めた経済的平等の原則に固執して、必ずいつか払うと主張してきかなかった。しかし、彼女の演説と小説によっては、借金を払うことはできず、それぞれの負担は増えるばかりだった。病気を冒してエリス夫人は書きつづけ、また、資金調達のためにアメリカへの長期講演旅行に出かけた。この旅行の折に、未知のアメリカ婦人が英国に来てエリスを訪ねたという報せが、とどいた。それは、エリスがそれまでにくぐって来た愛情関係よりも遥かにササイなことだったのだが、病的になっていたエリス夫人の心には、ぐっと来た。五十歳を過ぎて、夫への愛情が病的にたかまっているその時に、自分が夫から捨てられようとしていると感じた。それから、病気がひどくなり、やがて、精神病があらわれ、そして、送りこまれた病院の窓から、投身自殺を図るようにさえなった。

病気は一時軽快して、自宅療養をするようになるが、それから、数カ月の間、エリスにとってもっとも痛ましい日々が続く。夫人がある日急に、エリスが自分を精神病院に送りこもうとしている、という妄想を抱くようになる。そして、自分が全く正気であることを示そうとして、至る所の旧知の家に押しかけていって、泊りこんだりする。主人のエリスは、ただおろおろしている他なかった。自由をうばって精神病院に送りこむに忍びないし、知人たちがこの不気味な訪問者を恐れているのを見てすまないと思う。

こうして知人の家々を飛び廻っている間に、ある時「エリスが、役所から逮捕状をもらって夫人の後を追いかけている。そして精神病院に監禁しようとしている」というウワサがとどく。最愛の夫が、今、夫である立場を利用して、自分の自由をうばおうとしている、とエリス夫人は考える。これから逃れるには離婚するより他ない。そしてある日、知人某に知恵をさずけられて、離婚手続きをするに至る。

この頃、エリス夫人は一種超人的な力にあふれていた。彼女は一見して常人のように見えた。彼女はあちこちかけ歩いて金を作り数名の秘書をやとい入れ、自動車を買い、出版社を作り、映画会社を作り、ある劇場の管理にのり出す計画をたて、神秘宗教運動に加入し、新たに住居を買ってその内部に演説会場をそなえさせた。この間、エリス夫人はエリスについての中傷をしてまわり、また時には突如としてエリスの家に来て悪口を浴びせかけたりした。同時に、何度も熱烈なラヴ・レターを書いてよこし、また新造の住居の中にはエリスが来て泊るための寝室を特にこしらえておかせていた。そして、発狂したと同じ年の九月に、莫大な借財をのこして死んで行く。なくなるすぐ前の手紙は、つねに親しみをこめて、「妻より」と署名されている。

狂気は、しかし、ふだんの心の底にかくされているいくつかのことを明らかに浮かみ上がらせて見せる。夫が監禁許可証を持って自分を追っているとエリス夫人が考えたのは、象徴としての意味を持つのではあるまいか。実はエリス夫人に限らずどんな人でも、自由を侵害する者に対しての憎しみを結婚の相手方に対してつねに抱いているのではないだろうか。

　また、エリス夫人は気が変になってから、夫の不信行為を人々に訴えて歩いたというが、このことも、自由生活者すべての持つ弱みを示している。エリス夫人は目を開いたまま、どんな結果になるかを自覚しつつ、この結婚生活に入ったはずなのだ。そして三十年の間、こうした型やぶりの生活形式に満足していたはずだ。ところが同時に、狂人になってからの言動によって察するのに、やはりいつも心の奥底では無意識的に不安と悔恨につきまとわれていたのであろう。こうした生活形式が社会の道徳習慣に反するものであることを、ひそかに後ろめたく思っていたのにちがいない。そして自らもすでに同意したはずの、この生活形式を続けるのに当って、その共犯者であるエリスに対して、うらみを感じていたのだ。つねづねから抱いていたその恨みが、精神病という機会を捕えて一時にどっと前に出て来て、今度は平均のアリフレタ社会人の立場にもどってしまって、エリスの人格、思想、生活を中傷すべきものと考えたに違いない。どんなに過激な生活革命家でも、無意識面では、常人としての生活信条を持ちつづけている。そして年をとって気が弱くなったり、精神病になったりすると、急に市井普通人の生活観に逆もどりする場合が多い。

人間の離合集散の形は今のままが最も良いと言えない。そして、今の人間関係に不満を持つ者は、どの人も現在の社会環境の中にあってまた別の人工的小環境を作る必要にせまられる。世間の人々とは別種の常識と良識を持つ人々の結合を、何らかの形で自分のまわりに作ろうとする。現存の秩序の中で小アナキイを作ろうとする。しかし、その小さなアナキイ、人工的小環境は大社会環境の圧力の中にあって、まことに弱い不確実な存在だ。エリス夫婦の場合においてさえ、こんなにももろくその小環境が、内部からくずれてしまったのを見よ。

私達はエリスの生涯を人生芸術として見てきた。それは一つの舞踏であり、その舞踏の最大のテーマは愛だった。けれども、愛の表現においてエリスの舞踏は、果してどれほど成功しただろうか。

しかし、生活の各所にあらわれたさまざまのホコロビにも拘らず、生涯の終りに彼の書き残した言葉は、人生の芸術家にふさわしい美しさを持っている。

私は人生を全体として見る。つめたく、あらわに、あます所なく。そして人生が終ったことを嬉しく思い、もう一度この人生をくりかえそうとは欲しないけれども、それにも拘らず、全体として今これを眺めるようになってみると、私は、喜びをもって、ほとんどうっとりとさえしてこれに眺めいるのだ。

註

（1）エリスの宗教論は次の三者に断片的にあらわれている。“*Science and Mysticism*” The Atlantic Monthly, June, 1913; *The Dance of Life; The New Sprit.* 彼の宗教観の特異なる事は、同時代人ジェイムズの『宗教経験の諸相』の中にすでに説かれている（James, *Varieties of Religious Experience*, 1902, Random House 版 pp. 48-49）。

モラエス——徳島に没したポルトガル人の随筆家

1

ヘンリー・ジェイムズは、食卓でおもしろい話をきくと、あるところまで来てもっと話しつづけようとする人に、「もう、その先を話すのはやめてくれ」と言って耳をふさいでしまったそうだ。これはあまりうまくできすぎた話で、ほんとうにそうだったかどうかは、わからない。しかし、ヘンリー・ジェイムズの残したノートブックを読むと、彼が、自分のきいた実話の断片で小説になりそうなものを、あくまでも、実際の出来事はどうだったかへの興味からはなれて、ひたすら小話の種としてだけ毎日、こくめいにメモしていたことがわかって、あるいは、そんなふうだったかもしれないな、と思わせる。

ジェイムズは、実話のディテイルを、すみからすみまできいて事件を復元しようとしなかった。その話の種が自分の心の中に落ち、根づきそうになると、それが自分の心をやしない親として自然に成長するように、外からの影響をしめだしてしまったのである。このようにしてジェイムズの育てた樹木が、その種子をおとした親の樹にどのくらい似たものだったかは、ノートブックを手がかりにして、これから考えてみなくてははっきりしない。しかし、とにかくこの途中で耳をふさぐ方法をもとにして、ジェイムズは、全集ものにして二十六巻にわたる長篇・短篇をとりまぜてのインターナショナル・ロマンを書いた。彼のうつしたアメリカの国民性とイギリスの国民性の肖像は、ほとんど一世紀近くを経た今日においても、当時のイギリス人とアメリカ人に達するための確実な手がかりとなっている。

この手がかりをつくるのに、ジェイムズは、わずかの断片的事実から自分の想像力をとおして理想像をつくる方法をとった。ラフカディオ・ハーンとヴェンセスラオ・モラエスが、日本文化の肖像をつくるのにさいしてとった方法も、ヘンリー・ジェイムズの方法に近い。ジェイムズが、アメリカとイギリスをえがくのにさいしてえらんだ様式は、小説である。ハーンとモラエスがえらんだ様式は、随筆である。しかし、小説の形をとらないにしても、ハーンとモラエスの文章が、今日も読者にたいしてうったえる力をもつのは、かれらが、日本のさまざまな事実を再話することに託してつくりだした理想像によるもので、そのはたらきは、フィクションとひとしい。

個人が個人として登場する十八世紀ヨーロッパの小説、たとえばルソーの『新エロイーズ』やアベ・プレヴォの『マノン・レスコオ』、リチャードスンの『パミラ』などとちがって、二十世紀の小説では、民族が主人公となり、また文化が主人公となり、時代が主人公になるようなさまざまな実験がおこなわれる。ヘンリー・ジェイムズの数多くのインターナショナル・ロマンやE・M・フォスターの『インドへの道』などは、そうした新しい国際小説にむかって、十八世紀ふうの個人本位の心理小説の側からかけられた一つの橋であるのかも知れない。ハーンやモラエスの文章は、随筆の形をとっているインターナショナル・ロマンの先行形態と考えられることができる。

モラエスは、ハーンを愛読していた。後に徳島でひっそりと住むようになってからも、机のそばにおく数すくない本の中にハーンの書物があった。それを、くりかえし読んだらしい。海軍軍人としてはじめて極東に来た頃には、とくに日本文化にたいして自分の心情を託そうと考えていたわけでもないようだから、彼が日本文化を理想化して考えるようになったのは、彼の前にあらわれた何人かの日本の女性の影響による以外には、ハーンの著作の影響によるものと考えられる。

幕末から今日までたくさんの欧米人が日本をおとずれたなかで、なぜ、ハーンとモラエスが、このようにみずからのその後の全生涯をかけて日本文化を理想化する作品を書きつづけたのか？　なぜかれらは、たとえば、かれらの先輩であり、かれら以上に日本語に通じていたバジル・ホール・チェムバレンなどのように、後年にいたって日本文化から身をかわしてしまわなかったのか？

ひとつの答は、ハーンとモラエスが、ともに欧米の出身ながら、ハーンはギリシア人の血をひき、モラエスはポルトガル人であり、十九世紀のヨーロッパにおいては衰えはてた小国の出身だったことにある。かれらはいずれも、現代の経済力本位の西洋文明の中で被害者として育ち、それにいやけがさしていた。かれらの前半生に出あった西洋文明の現状にたいする不快感の蓄積が、後半生に入ってから日本文化理想化の火力となる。このことについても、ハーンはモラエスの先輩であったと言える。モラエスは、ハーンを読むことによって、このように日本文化の断片を素材として、みずからの夢をつむぐことをならった。

2

作品の構想において、モラエスはハーンの後輩だったけれども、その作品に盛られた思想を生きる仕方においては、モラエスはハーンよりも徹底していたように見える。西洋文明にたいして退行的に生きる理想を自分に課した人としてハーンとモラエスを見る時、松江中学教師から出発して東京の帝大講師、早大講師に終わったハーンよりも、神戸総領事をふりだしに徳島の独身の外人として終わったモラエスのほうが、生きかたとして鮮かである。すでに死んだ女性の故郷にすまいをうつし、そこでまぼろしの中に最後の年月をおくったモラエスの生涯は、これまでハーンの生涯にくらべて知られるところがすくなかったが、最近になって佃實夫の『わがモラエス伝』（河出書房新社）をとおしてはじめて全身像がえがかれた。この伝記をとおして私たちが知ることのできるモラエスは、意外に、今日の私たちの気分に近い。

モラエスは、今日のアメリカ、ヨーロッパ、日本に大量にあらわれたヒッピーを連想させる。モラエスの生きた哲学は、今日のヒッピーのとなえるドロップ・アウトの哲学に近い。海軍の艦長であり、総領事であった彼が、どうして長屋のひとりぐらしをえらぶようになったのか。この生き方の転換は、半世紀前の日本人には理解しにくかっただろう。だから、モラエスは、まちがって日本国家主義の使徒にまつりあげられ、日本の帝国主義戦争のための士気昂揚の道具として使われた。戦争の狂熱がさめ、占領時代の強制されたアメリカ化の時代の終わった今の日本は、モラエスを読むのに適している。ここでも、また新しい誤解はさけられないだろう。たとえば、敗戦直後の改革にたいする反動として、戦前の日本の国家主義を美化してとらえようとする動きにモラエスがのせられるということもあり得る。金持ちのアメリカ人むきに日本文化が編集しなおされて売りに出されているという状況が進むなかで、そのアメリカ人むきエキゾティシズムの一部分としてモラエスを理解する動きもあり得る。しかし、そのエキゾティシズムは、アメリカ人にとっては、せいぜいアメリカにかえって自分の邸の一部にタタミじきの一部屋をつくることにとどまるだろうし、国家主義のほうは、その信奉者にとって日本の首都で政府官吏のよしとする思想をもつという規準からはずれることを許さない。首都から遠くはなれた地方都市で、すでになくなった娼妓の回想を生涯の主な仕事にするなどという人間計画は、観光思想、国家主義の延長線上にはない。

3

明治百年の日本の動きが、欧米の近代文明を手本としたものであることを考えるならば、モラエスが同時代の日本で孤立していたことは、当然である。同時代の知識人に問題にされることもあまりなく、今日まで来たといってよい。今日の日本人はモラエスを読むことに必要な気分の上での準備がようやくできているということは、前に書いたとおりだが、それは欧米流の近代化にあきて来たからであり、この事情は、日本以外においても同じである。モラエスのような仕方で日本に素材を求めてつくりだした理想の提示は、日本にとってだけでなく、世界にとっても意味のあることに思える。

モラエスは日本文学の伝統を自分のものにしようとして、ヨーロッパ語訳をたよりに日本の古典を読んでいた。モラエスの文学は、ハーンの文学にふれることからはじまり、これをいとぐちとして、『枕草子』『徒然草』『方丈記』などの日本の古典にむすびつく。モラエスと同時代の日本の知識人がフランス、イギリス、ドイツ、ロシアなどの異国の文学的伝統をつぐことに力をかたむけていたのと並行して、同じこの土地に住みながらモラエスは日本という異国の文学の伝統をつごうと努力した。モラエスの作品には、モラエスの理解したかぎりでの日本の古典の影響が見られる。恋愛には誤解が必要であるように、文化的伝統にたいする熱烈な愛情にもまた誤解が必要であるのかもしれぬ。モラエスがたどたどしい日本語をたよりに道行く人たちと話し、判じ物のように日本の風俗を解こうとしたその努力の中に、同時代の日本の知識人のすどおりしてしまった意味があらわれた。ディテイルの記述にまちがいがあるとしても、モラエスのきずいた理想像は、恋愛の記録に似て、今日の日本人にもはたらきかける。

モラエスは、なくなった女性たちの幻影をいだいて最後の年月をくらしたが、そのくらしかたと空想のしかたには、モラエス特有のグロテスクな趣味があらわれている。

モラエスは、自由な空想を許されているからと言って、自分の空想をきれいごとに終わらせはしない。自分が「毛唐人」として徳島の人々からうとまれている存在だということもよく知って書いている。まわりの人々から不気味なみにくい老人と見られているこの自分が、自分の心の中に、すでに死んでしまった日本の女性についてのいとしい思い出を保っている、そのいくらか喜劇的でいくらか悲劇的な状況を適確にとらえて書きこんでゆく。このことができたのは、モラエスの中に、美しいものとみにくいものとをたがいにまざりあうものとして見る神秘的な宗教観と、それにうらうちされたグロテスクの美学があったからだ。モラエスは、彼の愛するおヨネやコハルをふくめて、日本の女性のみにくい側面をみのがしてはいない。どちらかと言えば、肉体としては、みにくいほうだと考えている。にもかかわらず、日本の女性にかけがえのない美しさがやどるのは、そのスタイルによってであり、そして、そのスタイルは、日本の男性が参画してつくったものだと言う。こうして、おヨネやコハルのような特定の女性の姿の中に、日本文化全体の様式美があらわれる。ここでも、モラエスが愛するのは、おヨネやコハルとともに、彼女たちの姿に彼の託した日本文化の理想なのだ。

政府機構の頂上から日本をつかんで近代化しようとすれば、その努力は、東京からはじまって日本の周辺・山間におよび、そこでいくらかの抵抗にであうことを覚悟せざるを得ない。それは、近代化に対立する封建遺制としてとらえることもできよう。しかし、封建遺制、原始遺制の姿を借りながらも、それをとおして、官僚的近代化への反抗の火種をたもっている精神もある。多田道太郎は『ヨーロッパ文化』(『岩波哲学講座』第十三巻)の中で、フランス近代文化にとっては辺境であるブルターニュ半島においてキリスト教以前の泉信仰、道信仰、海信仰がのこっていることをのべた。ブルターニュの若者には、フランス革命がブルターニュをうらぎったといって抗議しているものがいると言う。大国中心の今日のヨーロッパ文化にたいするポルトガル人モラエスの感じも、ブルターニュの人々の感じにいくらか近いところがあるのかもしれない。朝鮮人が、近代化された日本の支配下で自分を守って来た時の方法もまた、朝鮮の封建遺制であるところのさまざまの習俗を、ともかくも守りぬくという姿勢をしばしばとったという。近代と非近代の区別は、しばしば明治以後の日本の知識人に、民衆の抵抗の姿を見失わせ、民衆の側にたつ道を見失わせることがあった。モラエスは、ディテイルについてのさまざまな誤解をこえて、近代化のしたじきとなった民衆の側に立とうと考えた人ではないだろうか。その思想は、今日の日本、今日の世界に考えさせるものをもっているのではないか。そう考える時、日本の中のあまり目立つところでもない徳島について、その徳島のあまり目立つ人物でないおヨネとコハルについて、くりかえし書いてきたモラエスの著作の意味が、その地方性の故に、明治以来今日までの日本の学者たちのつくりだした普遍性をうちやぶる独自の普遍性をもちはじめる。

亡命について

トーマス・マンは、ナチスの支配のはじまる直前にドイツをはなれ、その後かえれなくなって、亡命生活に入った。それは一九三三年から一九五二年までつづいた。

その間にヴィリ・フルトヴェングラーは、国立劇場監督兼ベルリン・フィルハーモニーの指揮者として、ナチスに協力しつつドイツにとどまった。

一九五二年にトーマス・マンがドイツに来た時、フルトヴェングラーは、再会したいという手紙をおくった。マンの返事は、

「お気持はかたじけなく思いますし、また嬉しく思わないわけでもありませんが、なんといいましても、わたしたちの間には、うずめがたいみぞがあります。ですから、お会いしたところで、さしてためになるとも思えません。とすれば、むしろ、お会いしないほうがいいと考えます。」

この返事に、フルトヴェングラーはたいへんに怒って、ある機会に、こういったそうだ。

「わたしは、トーマス・マンのような人間とはわけがちがう。まるでシャツをきかえるように、なにかあるたびに国籍をかえるような人間とはわけがちがう。」（カーチャ・マン著、山口知三訳『夫トーマス・マンの思い出』、筑摩書房、一九七五年）

この言葉をフルトヴェングラーは自分で書いて発表したというのではないから、フルトヴェングラーその人の思想についてのてがたい資料とみなすわけにはゆかない。けれども、ここには、亡命した（できた）人と、亡命しなかった（できなかった）人との間にあとあとまでのこるしこりがよくとらえられている。

人間がわりあいにきらくに国を出入りでき、国から国へ移れるヨーロッパ人にしてこんなふうだ。もし、日本で同種のことが話題になったとしたら、フルトヴェングラーのようないかりは、もっとひろく、つよく、おこったであろう。

「亡命」という言葉をひいてみると、新村出編『広辞苑』第二版（岩波書店）には、「命」とは名籍の意味だとして、

①戸籍を脱して逃げうせること。また、その人。

②政治上の原因で本国を脱出して他国に身を寄せること。

としてあり、①の例に万葉集五の巻から「蓋しこれ山沢に（亡命）する民ならむ」をあげる。この意味で「亡命」という言葉を使うのは昔いくらか例があったらしく、山にこもる人、漂泊の人となるというのが、われわれのならわしになじむ一つの亡命の伝統だったのだろう。

だがあとのほうの政治上の理由による亡命となると、日本は島国なので、ここから他国に逃げてゆくことはきわめてむずかしく、この意味での亡命は、実際上は日本人にとってあり得ないことのように感じられてきた。

明治以後、日本がヨーロッパを模範として文化の型をかえてゆく努力をするようになってから、ヨーロッパ史の中にある亡命という事実も、翻訳によって、また高等学校や大学の授業によって日本につたわった。スタール夫人、ハイネ、ゲルツェン、クロポトキン、マルクス、レーニンなど、さまざまのヨーロッパ人の亡命にまつわる逸話が、軽蔑的にではなく、いくらかのあこがれをもって、語られた。

明治、大正から昭和はじめまで、日本の知識人には、何かの形での、日本文化へのはじらいがあり、そのはじらいの中には、日本文化からの小さな亡命者としてのみずからの半身がかくされていたとも言えよう。これは知的な山林にこもる亡命として万葉集以来の血脈をついでいないとは言えない。しかし、満洲事変以後の十五年戦争にあっては、半身にひそむその小さな亡命者は年とともに影がうすくなり、総力戦の中にまったく姿を没する。

ヨーロッパ人中の亡命者への好みは、日本人の中の亡命者（自己の半身としての亡命者ではなく、亡命を実行した等身大の亡命者）への好みとは結びつくことがなかった。むしろ、日本人そのものについては、日本人からは亡命者が出ないものだという想定がこの一〇年ほどずっとつづいてあったと言える。この点では、知識人とそうでない人びととの間に、思いこみのちがいはない。

日本史上に亡命者がすくなかったというのは、日本列島の地理上の位置からする一つの事実である。その事実の認識にさらに拍車をかけているのは、日本人の間からは亡命者など出ないものだという、多分に十五年戦争以前からひきつがれた価値判断に支えられた思いこみであって、この思いこみの故に亡命者の伝記は書かれることが少なく、敗戦後三〇年あまりたった今も、人数としてわずかである日本の亡命者の生きたあとは砂にうもれた古代の町のように痕跡を見出すことさえむずかしい。

これと関連して、日本への亡命という事実がある。自分自身が亡命して他国に行く場合にたいしてつよい偏見をもつとすると、他国から自分の国に亡命してくるということにも偏見をもたずに対することはむずかしい。すくなくとも明治以後は、亡命者が、日本人に好意をもってむかえられた例はすくない。それであたりまえだという思いこみは、これまた戦前からひきつがれた価値判断としてわれわれの中にある。このことについてはあとでまたもどってくるとして、日本人の間から出た亡命者のことからはじめよう。

医学博士P・パーカー著『シンガポールから日本への遠征日記、琉球訪問記を付して』（スミス、ホルダー社、ロンドン、一八三八年）という小さい本を手にして、亡命者の側から日本を見るという視野を、これからでもおそくはないから、自分の身につけたいと思った。

一八三七年七月三〇日、米船モリソン号は、日本からの漂流者七人を祖国に送りとどけようとして、江戸湾まで来たが、幕府に砲撃されて退去した。この船にのっていた米人船医の日記からの抄録である。

七人の漂流者の中の三人は、一四名の乗組員のいた日本船の生きのこったもの全員であって、カナダのクイーン・シャーロット島に上陸して、そこで「インディアン」につかまった。コロムビア川流域居住区のひとりの英国人が金をはらってこの三人を自由にし、一緒にイギリスに、さらにマカオまでつれていった。マカオでは、C・グッラフ牧師の家族が三人の世話をした。そこで三人はグッラフ牧師の家族に英語をおそわった。あとの四人は、ラコニアで難破した日本人で、フィリッピンのマニラをとおってやってきた。

七人の日本人漂流者をのせた商船モリソン号は、オリファント会社の委託で、D・インガソル船長の指揮下に、江戸にむかった。漂流者を日本にとどけるのが主な目的であり、できればそれにくわえて日本との貿易をしたいということだったので、モリソン号はその日本訪問の平和的性格をあらわすために、軍事装備をすべてリンティンにおいてゆくことにした。

七月三〇日、モリソン号は江戸湾に入り砲台から攻撃をうけて、浦賀近くにいかりをおろした。すると一五隻ほどの漁船がまわりにあつまり、やがて、漁師たちは甲板にのぼってきてよろこんで酒をのみ、パンをたべた。役人もやって来たので、米船来訪の目的をのべた手紙をわたした。次の日は上陸するつもりだった。

七月三一日。上陸できるという望みはたたれた。夜のうちに、モリソン号のむかい側の陸に大砲がすえられ、朝六時から砲弾の雨がふってきた。モリソン号は白旗をかかげたがそれもかいがなかった。

「砲撃の音にはなれていなかったし、それに私たち自身が標的なのだから、神経系統への効果がどんなものだったかは、書き記すよりも、想像してもらうほうがたやすいだろう。それは、決して忘れることのできない瞬間だった。砲弾は私たちのまわりをものすごい音でとんでゆき、船からすこしばかりはなれた水の中におちた。だいたいは私たちの上をとおりすぎていったが、一つだけは船のまんなかあたりの載貨門をやぶって甲板の板二枚をつらぬき、そこで横にそれて大型ボートの厚い側面をぬけ、はじけ飛んで水の中におちた。ちょうど載貨門のすぐうしろで数人が仕事をしていたところだったし、砲弾が船にあたった場所からわずか二、三フィートのところに日本人の乗客中の二人がたっていた。」

日本人の乗客にとって、その失望と屈辱感のどちらが大きいかは、はかりかねたと、パーカー医師は書いている。ともかくも、かれらは、自分たち日本人だけで上陸しようとはしなかった。上陸すれば、自分たちは死刑にされるだろうと言った。その悲しみは、もっとも冷酷な人の心情をも動かさずにはおかないであろうと、この米人医師は記している。

ほんの二、三日前、故郷の山河を見た時に日本人の見せた喜びと上機嫌、両親や友人にまた会えるというささかの不安をまじえた期待とたのしみなどは一切どこかへいってしまい、これからも外地ですごさねばならぬという憂鬱な見とおしがとってかわった。かれらはにわかに沈みこんだ顔つきになってしまい、黙りこくっていた。その内面は、彼ら自身しか、知るものはなかった。

鹿児島では、七人の中の一人、尾張の岩吉が自分で陸にあがって同胞と言葉をかわした。ここでも役人でない人びとは米船に親しみをもって対した。しかしここでも砲撃がはじまって危険になったので、船は目的をとげずに去る。七人の漂流者は、彼らだけが陸に上ることをこばんだのであった。そのうちの二人は、失望のあまり、髪をそって僧形となった。

七人の漂流者（尾張の岩吉、音吉、久吉、肥後の原田庄蔵、肥前の寿三郎、熊太郎、力松）は、川合彦充『日本人漂流記』（社会思想社、一九六七年）によると、その後の生涯を海外ですごした。

ただし、肥前の力松だけは、日本開国後の安政二年（一八五五）に英国艦隊とともに函館に来たし、またその後、長崎で奉行との交渉にさいして通訳をつとめたという記録があるが、日本に定着したということをきかない。尾張の音吉の息子ジョン・W・オトソンは、明治一二年（一八七九）に日本をたずねたそうである。息子にさえ日本への関心がのこっていたくらいだから、これらの漂流者が日本に対してその後まったく無関心になったとは言えない。

七人は、海外でくらす間、自分たちとおなじような目にあって故国をはなれている日本人漂流者の世話をしてはたらいた。彼らが、日本開国後も日本にかえって住むことがなかったのは、日本の役人によるモリソン号（彼らを送りかえす目的だった）砲撃がかれらの精神に傷跡をのこしたからであろうし、その後も同胞の世話をしたのは、かれらがその失望にもかかわらず日本人への愛着をもちつづけたからであろう。

他の漂流者には、重罰を覚悟して日本に帰った中浜万次郎のような人もいた。日本へのうちこみが深かったからこそ、罰を恐れずに帰ったのであろう。だが、中浜万次郎とともに、モリソン号上の七人のことをも心において、日本の国の歴史を見るようでありたい。そうすると、亡命者と言えばトーマス・マンやベルトルド・ブレヒト（かれらはもとより偉大であるが）を思いうかべるような連想の脈絡よりもひろく、本来、この地球上をさまざまな理由で移動してあるくのがあたりまえである人間の立場から、その人間の都合でつくった国家の一つである日本国を、そしてその日本国のある時期に権力をもった政府の政策を見わたすという視野がひらける。そういう時、亡命とは、海外渡航のできる文化人にのみ許された特権だという考え方とはちがう見方があらわれる。

私の言いたいことは、トーマス・マンとの会見をことわられたフルトヴェングラーの怒りの言葉に見られるような、亡命者を民族を見すてたものとして非難するという流儀をさけたほうがいいという一点にかかっている。亡命は、国家批判ならびに政府批判の方法として、人間に許された一つの方法であり、もとよりその方法だけで十分というわけではない。国内にのみとどまって、国家批判をつづけるもっと勇敢な抵抗の道があり得る。しかしそのような勇敢な抵抗を試みるものを讃美することをとおして、亡命者をおとしめようとするのは見当はずれであり、そのような方法によって、（おそらくは批判者自身の）政府への無批判・無抵抗をもかくしてとおしてしまう結果になろう。明治以後百年あまりの近代日本の歴史において、亡命者の数、海外流出者の数は、たとえばヨーロッパ諸国、インド、中国、朝鮮、またアメリカ合州国、南米、中米、アフリカ諸国にくらべて、多いとは言えない。しかし、それらの人びとはいたのだし、その活動は、近代日本史において適切にえがかれているとは言えない。この人びとの活動をあわせえがくことをとおして、日本人にとって何度もそのおとしあなとなった偏狭な国家主義に対する別の可能性を考えつづけることができるはずだ。

たとえば、明治の民権運動の活動家の中で後藤象二郎、板垣退助、植木枝盛、中江兆民などにくらべて、馬場辰猪についてはその肖像をえがかれることが少なく、日本で発行された資料にもとづいて書かれたと見られる英国の歴史家ジョージ・サンソムは著書『西洋世界と日本』（一九五〇年）において、「おそらく、馬場は、西欧で教育を受け、海外にある時は熱烈な自由主義者でありながら、日本に帰ると熱烈なナショナリストに変ってしまう日本人の典型と考えてよいだろう」と述べた。事実とかけはなれたこの評価た。

を正すことを一つのいとぐちとして、萩原延寿は『馬場辰猪』（中央公論社、一九六七年）を書いた。よろいを売ったり講演をしたりして細々と亡命生活をつづけ一八八八年一一月一日、三九歳でフィラデルフィアに客死した馬場辰猪は、その一個の生涯をとおして、同時代のかれらの仲間であった自由民権運動の変質をてらしだす力をもっている。このこのような生涯をほとんど百年にわたってうもれさせた力が、つねに日本にははたらいてい大正から昭和はじめにかけて新劇の演出者だった佐野碩は、ソヴィエト・ロシアに入り、やがてスターリンによるメイエルホリド粛清の余波をうけてこの国を追放されてから、日本にもどる道をえらばず、メキシコにむかった。そのメキシコに入国することを、日本の公使館から邪魔された時、あえてメキシコ大統領カルデナスに手紙を書いて、亡命の意図をつたえた。すでに三〇代もなかばをこえている彼にとって、この手紙を書いたころは未来が不安のうちにあった。彼のよく知っている日本語、彼の使えるドイツ語、フランス語、英語、ロシア語にもはやよりかかるわけにゆかず、これからスペイン語をおぼえて、その新しい外国語をとおして演出の仕事をしてゆく他ない。その後、六一歳で死ぬまで彼はメキシコにとどまり、日本に帰ることはなかった。行くさきざきで彼を邪魔した日本の政府に、彼は不信の念を、日本敗北後もいだきつづけた。しかし、その間にも彼は日本の伝統からはなれたのではない。むしろ、一民族をこえた舞台で、日本の伝統の意味をさぐろうと努力しつづけた。このような生涯をたどる時、亡命者が、日本の戦争時代と敗戦後の窮乏をさけて、ぬくぬくとしてくらしていたと考えることはできない。そのような架空のらくなくらしの中に亡命をぬりこめることの中に、日本の国内で自由主義、社会主義から軍国主義へと身を移してきた知識人の転向を正当化する卑怯な理論がかくされている。

馬場辰猪、中江丑吉、佐野碩、国崎定洞、大山郁夫、湯浅八郎、野坂参三、鹿地亘、長谷川テル、これらの人びとの軌跡は、この百年あまりの日本の歴史にとって、統計上の少数者として以上の意味をもつと思う。

そのもとにかえってゆくと、鎖国の禁制にもかかわらず国外に流出した漂流者がおり、その中にあらわれた前述の自発的亡命者がいる。亡命の意味を近代ヨーロッパの知識人の理想としてかかげた普遍的人間主義にだけむすびつけて考えるのでなく、むしろその根もとにある地球上の人間同志の共存、というところからとらえてゆく方向にむかいたい。権力が腐敗しやすいという原則をまっすぐに見るならば、社会主義をかかげる政府もまた腐敗し得るし、そのような権力を批判し得る場として、私たちは、一つの国の国境をこえる人間の移動の可能性を念頭におく。その場合に、技術とか知識によってちがう国にうつってもくらせる一部の有名知識人の問題をこえて、亡命の意味を考えることになる。そしてこのように考える時、政治的亡命としての「亡命」の現代的意味は、「山沢に亡命する」という万葉集以来の「亡命」とも合流する。

亡命の意味を考える時、自分たちの国からの亡命を考えるだけでなく、自分たちの国への亡命を考えることも必要になる。鎖国時代はもとより、開国以後も、日本の国家は亡命に対してきわめて冷淡だった。この事情は、第二の開国と言われる一九四五年八月以降もかわらない。しかしそこには、基本的人権の擁護をもとにおいた戦後の憲法と政府の行政上の慣行とのあいだに、ずれがおこっているということも否めない。

日本はかつて朝鮮の国をとってしまった。生活に困った朝鮮人が日本本土に流れこみ、それにくわえて日本政府が朝鮮から朝鮮人をつれてきて本土で石炭掘りなどの日本人のいやがる仕事をさせた。こういう事情のために敗戦当時は二百万人をこえる朝鮮人が日本本土にいた。日本敗戦と同時に、朝鮮半島はソ連と米国との二大勢力が分割し、やがて両者は戦争状態をへて今も敵対をつづけている。このような状態にあって親類友人がひきさかれている中に、その片方に与するものとして帰ってゆきたくないものが在日朝鮮人の間に多くいることも不思議ではない。二つの部分にひきさかれている（それも朝鮮人の責任によるものではなく）祖国を祖国としてうけいれるわけにはいかないというのは一つの立場であり得る。こうして、実質的亡命の状態にいる何人もの在日朝鮮人がこの国に住んでいる。すでにわれわれの間に住んでいるこの外国人の集団に対して、日本政府は、権利の保証をする熱意をもたないし、私たち日本人はこの人びとに対する配慮を欠いている。

ヴェトナム戦争がおこった時、朝鮮人亡命者に対する配慮の不足が、不戦憲法との関係ではっきりと私たちの前にあらわれた。韓国がヴェトナム戦争での米軍支援に派遣する兵士の中から、日本の不戦憲法への共感を表明して日本に逃げてくる人びとがあらわれた。そのうちの一人、金東希《キムトンヒ》は、兄弟が在日朝鮮人として現に日本に住んでおり、彼らをたよって密入国してきたところをとらえられて裁判にかけられ、出入国管理令に違反したものとして大村収容所にいれられた。ここで彼の書いた日本への亡命申しこみはうけいれられず、しかし、日本人の間におこった金東希支援運動の故に、刑の待っている韓国におくりかえすことは見あわされて、ソ連船で北朝鮮におくられた。一九六八年一月二五日のことである。

この処置に見られるように、日本政府は、不戦憲法への共感を示して日本に政治亡命したいという韓国人の申し出をうけいれなかった。それは、日本政府が、亡命うけいれの規準をはっきりさせていないことから、くりかえしおこる。現状について、本間浩『政治亡命の法理』(早稲田大学出版部、一九七四年)は次のように要約する。

「わが国の法令では、政治亡命者を救済し得る一般的な法的根拠は出入国管理令上の法務大臣による特別裁量のみである。この裁量権は、裁判所がすでに判示しているように、決して無放縦《ママ》ではない。(この限りで亡命者は法務大臣の裁量権と対決することができ、このことを通じて、つまり間接的に国家の国際法上の格別の無《ママ》放縦な行使を規制することも出来よう)。しかし、裁判所はその限界の明示に消極的であった。裁判所のこうした態度がわが国の『政治亡命の法理』をめぐる議論の混乱の一因になっているともいえよう。

政治亡命に関する法原則の解釈規準を判断する場合、国際法が参照されることになろう。しかし、国際法はその詳細な部分を各国のプラクティスに委ねている。わが国裁判所は諸外国のプラクティスを参照して規準を積極的に明示すべきである。」

そして、わが国の裁判所がみずからの手で規準設定する能力に限界を感じるとすれば、一九五一年の「亡命者の地位に関する条約」のような、政治亡命者庇護に関する条約への加入とそれにともなう国内立法がまたれる、というのが、亡命法理についてのこの専門的研究者の提言である。

ちなみに、この一九五一年の条約には、次のようなくわしい「亡命者」の定義がおかれている。

〔一九五一年一月一日以前に起った事件の結果として、且つ〕人種・宗教・国籍・特定の社会的集団への所属・又は政治的信条を理由に迫害をうける確たるおそれの故に本国外にあり、自国の保護をうけることができず、又はそのようなおそれの故に自国の保護をうける意思のない者

若しくは、無国籍者であって〔右記事件の結果として〕居住国外にあり、居住国に帰れず、又はそのようなおそれのため帰国の意思のない者

この「亡命者」の概念は、次のような要件から構成されていると、本間浩は記す。

(i) 本国又は居住国の外にいること。
(ii) 一九五一年一月一日以前の事件の結果としてであること。
(iii) 迫害をうける確たるおそれがあること。
(iv) 迫害の理由が人種・宗教・国籍・特定の社会的集団への所属・又は政治的信条であること。
(v) 本国の保護をうけることができないか、またはその意思がないこと。

現状では、日本政府が亡命者の利益を守ってとり得る最大限の処置は、出入国管理令違反行為については有罪としつつも執行猶予を認めることによって実質上の庇護の場をあたえるということであるけれども、それは、亡命者自身の立場から見れば確実性にかける。「亡命者にとって必要なのは、庇護提供の制度的保障である」(本間浩、同前)。日本の国が、世界社会の中で人間の基本的人権を守る一つの場として位置づけられるためには、亡命についてのはっきりした立法にふみきる必要がある。

しかし、この問題を、私たちは、重大な問題としてうけとめているとは言えないし、そこに、国際社会に生きるものとしての日本人の思想的未成熟の一つのあらわれがある。

和田洋一を記念する文集のために、私が亡命を主題としてえらんだのは、この人のとりくんできた仕事に亡命に直接間接にかかわるものが多いためである。

ナチスが一九三三年にドイツで多数を制してから、それまでドイツの自由主義・平和主義の文学を翻訳し紹介して来た日本のドイツ文学者の多くは、ゲーテの翻訳者、グリルパルツァーの翻訳者、ヘルマン・ヘッセの翻訳者、トーマス・マンの翻訳者などが、次々にナチスドイツ礼讃の立場に身を移して行った。日本でいえば昭和一〇年代におこったこの移動は、これらの人びとによる訳業をとおしてドイツの自由な精神にふれた私のようなものにとっては、憂鬱な記憶である。

おなじ時期に、和田洋一は、「故国を逐われた作家たち」（『カスタニエン』一九三六年一〇月号）、「亡命作家の動静」（『世界文化』一九三五年九月号、一一月号、三七年三月号、四月号）などの一連の論文によって、トーマス・マン、ハインリヒ・マン、エルンスト・トラーなどのナチス擡頭に対する身の処し方を追跡している。これらの文章の多くは、敗戦直後に発行された和田洋一著『国際反ファシズム文化運動・ドイツ篇』（三一書房、一九四九年）に収められている。

戦争中の文章において、和田は、トーマス・マンたちを亡命者と呼ぶことをためらわなかったが、より厳密に考えてゆくにつれて、最初にドイツをはなれるころからすくなくともドイツでその著作が自由に売られている間は、トーマス・マンを亡命者と呼ぶべきではないと考えるようになった。その保留の仕方について『私の昭和史――「世界文化」のころ』（小学館、一九七六年）からひくことにする。

「ついでにもうひとつ付け加えておくと、ドイツの作家のEmigration、これを国外移住と訳すべきか、移民と訳すべきかについて、当初日本のジャーナリズムのあいだではまちまちであった。『世界文化』の同人の中では久野収君ほか一、二名は移民作家、移民学者というような言葉づかいをしていた。私はおもに亡命という言葉を使い、ときには故国を追放された作家たちと言い、移民だけは一度も使用しなかった。上京して東大独文出身の野上巌（ペンネーム新島繁）に会ったとき、『亡命というふうに言ってよろしいのでしょうか』ときかれ、私は『よろしいと思います』と単純に答えたのだが、問題はやはりあった。それはトーマス・マンをはじめ、アルフレート・デプリーン、ルネ・シッケレなど亡命とはどうも言いにくい状態の作家が何人かいたからである。

亡命はEmigrationの訳語として、明治の初期に日本人が考え出した言葉ではなく、中国から伝わってきた言葉である。中国の学者によれば、命は名なり、であって、権力者からにらまれているために名前が出せない状態が亡命である。トーマス・マンは権力者からにらまれていたとはいっても、三六年十二月までは、ともかくも国籍はく奪にはいたらず、著書もドイツ国内で販売され、印税はベルリンのフィッシヤー書店からどっさりはいっていたのだから、亡命とは言いがたいと思うのは、もっともな意見だといわねばならない。ハインリヒ・ハイネの場合を考えてみても、一八三一年に彼はパリへ移住したのであって、亡命ではなかった。舟木重信、中野重治、井上正蔵の諸氏も、ハイネはパリへ亡命したとは決してかいていない。ハイネはパリでしゃあしゃあと暮らし、ドイツ国内の新聞に寄稿したりしていたのであるが、やがてハイネの著書がドイツ国内で禁止されることになり、このあたりからハイネは亡命者に変わっていく。」（「『世界文化』とトーマス・マン」）

また近代日本の自発的国外脱出者の最初の系列に属する新島襄について、和田洋一は、卓抜な伝記『新島襄』（日本基督教団出版局、一九七三年）を書いた。

日本では、亡命という言葉が（すくなくとも日本人については）悪い言葉となっておりその事情は日本の敗戦によって改まっていないので新島について、この言葉を用いることについて新島の創立した同志社大学関係者ははばかるところがあろう。しかし『広辞苑』の定義の第二にある「政治上の原因で本国を脱出して他国に身を寄せること」を虚心に新島にあてはめるなら、国法をおかして脱出した時の一個の攘夷主義者としての彼にも、また明治維新の変革をきいても文明の道をもっときわめるまではと言ってすぐにかえろうとしなかった彼にたいしても、その状態は「亡命」であった。

和田の新島伝の卓抜さは、亡命者として新島を見るという点におけるよりも、新島の軌跡と、これまでの新島崇拝者の考え方にとらわれることなく、資料に即してとらえようと勇気をもって対したことにある。新島が日本脱出に際して残した日記の中、岩手県宮古の北にあたる鍬《くわ》ケ崎で娼妓のいるところを記したくだりが、今日同志社にある原本で行数にして二〇行あまりカミソリでけずられている。これについての和田洋一の評価は次の如くである。

「キリスト者としての信仰告白を神の前にまだ行なってはいなかったが、当時の日本の若者としては、性にかんして比較的潔癖であった新島が、港町の商売女の強引さに負け、思いきり金をふんだくられたからといって、別に恥さらしでも何でもないだろう。(註。函館到着時に、新島の持金は奇妙にへっている。)新島が日記の中で自己告白している部分を、わざわざカミソリで切りとるというのは、新島を、聖者として仰がなければ気のすまない教え子のひたむきな心情のあらわれと解するほかはない。」

このところは、亡命というこの小文の主題とかかわりはないのだが、和田洋一にとってのキリスト教の意味、同志社大学の伝統に対して和田洋一の占める位置をよくあらわしていると思うのでひいた。

幕藩体制下の日本からの「亡命者」新島襄から百年近くをへて、十五年戦争下の日本からの亡命者で、この人もまた同志社の総長だった湯浅八郎のことにふれて、和田洋一は、その編著『同志社の思想家たち』(同志社大学生協出版部、一九六五年)の中の一章に「湯浅八郎――同志社の個性を守るためのたたかい」を書き、湯浅が同志社総長として軍部の圧迫に対して同志社の学風を守ろうとして、やがてやぶれて辞職してから米国にわたり日米戦争に入ってからも米国にとどまった事実にふれて「彼のアメリカ滞在が半亡命か、四分の一亡命かはともかくとして」と書いた。
湯浅八郎自身は、戦時中米国にのこった意図を次のように語っている。

「日本に帰ったら、それこそ自殺でもする以外ないような役割を強制されるにちがいないと考えました。それはつまらないことです。日本には妻と息子がいるので、わたくしは大きな決断しなければなりませんでした。それに友人は親切にはしてくれましたが、やはり敵国人としてアメリカにとどまるのですから。私は考えました。大事なことは戦争のあとにくる平和であり、日米戦争など二度と起こらないような内容の平和をつくりださなければならないと。そこで、平和の準備に少しでも役立ちたいという願いでアメリカに残りました。平和問題について用意周到に考えていたジョン・ダレスさんのような人と交わりがあったことも、わたくしにとどまる決意をさせた理由の一つです。もう一つの大切な理由として、戦争を悩み、痛みを感じているクリスチャンが日本にもいるということの証《あかし》として、いわばそういう少数の日本のクリスチャンのシンボルでありたいという願いがありました。だからわたくしは、アメリカの教会関係の人で日本の人たちに関心を持っている人びと、とくに、かつて宣教師として日本に行ったことのある人たちと、失業して生活に困ったり、身辺の危険を感じたり、あるいは法律上の問題を抱えてどうにもできない一世たちとの間で、リエゾンの役を果したいと思いました。そのような仕事をする望みがあったのです。ですから、ただの強がりで残ったのではないのです。」

亡命は祖国の政府に対する不満の表明ではあるが、その不満の表明は、必らずしも反逆とか忠誠の放棄を含むものではない。野坂参三や鹿地亘の場合とことなって、湯浅は自分の立場を次のようなものと規定する。

「わたくしはこれでも日本生まれの日本人なんでしてね。戦争中に敵国のお先棒をかつぐようなことはすべきではないと思いました。祖国を裏切るようなことはしたくないと思いましたから、アメリカ政府の関係したいろいろな要求はいっさい断わりました。」(同志社大学アメリカ研究所編『あるリベラリストの回想——湯浅八郎の日本とアメリカ』、日本YMCA同盟出版部、一九七七年)

湯浅八郎は敗戦後に日本にもどり、ふたたび同志社総長となって今度はその反共主義をもって知られ、そのために、戦前の自由を守るためのたたかいが忘れられたなかで、和田洋一が湯浅をとりあげて軍国主義とのたたかいをはっきりと書き残したことは、戦後の進歩主義による歴史偽造の流儀に対して、別の記述の流儀を示したものと言える。湯浅の場合、京大瀧川事件における敗北（この時、湯浅は若年の京大農学部教授として瀧川擁護の立場をあきらかにした）以後、大勢はもはやきまったものとして知識人のおおかたが意気消沈しているなかで湯浅八郎が同志社総長として軍部とはっきり対立する気組みを見せたことと、渡米後に日米開戦がおこってからも捕虜交換船にのって帰国しようとせずに米国にとどまったこととは、国内の大勢にしたがわなくてもよしとする気組みを示すものとして、おなじ一つの態度である。日本では未だ市民権を得ていない「亡命」は、湯浅における市民的抵抗の一つの指標であることを、和田は評伝の筆者として見落さなかった。

戦後の和田洋一は、学者としての立場とは別に、ひとりの市民として、在日朝鮮人にたいする差別ととりくみ、京都の日朝協会会長をつとめた。韓国軍兵長金東希が日本への亡命の希望を表明した時には、一九六七年四月八日、その時の決裁をゆだねられていた法務大臣田中伊佐次に、福岡精道、橋本峰雄、岡部伊都子、和田洋一の四名が面会し、亡命許可要望の関西での署名四百人分をてわたして金東希のための配慮をたのんだ。その他にもいくつもの条件がくわわって、金東希が日本から韓国に送りかえされるという最悪の事態だけはさけられた。

和田洋一は、自分の投獄と失職の原因となった同人雑誌『世界文化』について『灰色のユーモア――私の昭和史ノオト』（理論社、一九五八年）を書いた。この中には、マルクス主義者と非マルクス主義者、志は高いが心ならずも転向するもの、最終的屈伏だけはことわりつづけるもののさまざまな姿が、えがかれている。すでにこの回想の中に、獄中の朝鮮人の肖像がえがかれ、日本の知識人の団結という以上の、ひろがりが、見える。ここに記されている人民戦線の思想は、さまざまの弱さ、もろさをもつ人びとが、ゆるやかな結びつきを何とかして保って、軍国主義に対して反対の意志表示をつづけたいという考え方であって、その中に、一つの指標として、トーマス・マンのようなヨーロッパの亡命者の文学がおかれていた。このような考え方は、戦時下には無力であったし、敗戦後は無用になったというのが、戦後すぐの思想の流れだった。無力であるということでは、相当にあたっているように思うけれども、戦後には無用になったという考え方を、私はとることができない。社会主義を国是としてかかげる国家においても、専制政治と他民族への抑圧の傾向が見られる時、国家批判の多様な方法と流儀の存在の条件を地球から消してゆかないほうがいい。

終りに一言、余分のことを書く。

和田洋一氏の『私の昭和史』の終りに近く、京都市左京区東一条電停前にある社団法人独逸文化研究所の建物のことが出てくる。ここに和田氏は、敗戦の前年一九四四年九月からつとめておられたそうだ。
そのおなじ建物が、敗戦後、京都大学人文科学研究所分館となり、その一室に私はしばらくいたことがある。

そのころの私の部屋は、大学内に他にひきとりてがなかったためであろうか、おびただしい数のナチス文献があり、私と紀篤太郎氏との共同の部屋の本棚にある本の大半は、ナチスの本（ドイツ語と日本語の）という時代があった。ひまな時にはこれらの本をひきだして読むことがあったので、このころ、一九五〇年から五三年にかけて、私ははじめて、エルンスト・ユンガーやゴットフリート・ベン（この人については加藤周一からおそわった）など、ドイツ国内にふみとどまってドイツ人によまれたナチス批判者の系列について知ることができた。エリヒ・ケストナーも、その系列に属すると言えるだろう。

亡命しなければ国家権力に抵抗できないと言うつもりはない。ただ、殉教のみを理想化せず、亡命者を考慮のうちにおいて国家批判を考えてゆくという見方を保ちたい。

Ⅱ　方法としての伝記

戦後の新たな思想家たち

森崎和江――過去を見据えて

朝鮮大邱生まれ。父は教育者。植民地にあって朝鮮人のことを思う日本人の教育者になにができたか。なにごとかができたと思うことも難しく、なにごともできなかったと言いきることも難しい。敗戦後、九州に引きあげてきた父は、哲人のように黙って耐えて死んだ。植民地の人びとから自由を奪った者が、その人たちから信頼を期待することはできない。他民族への侵害のなかで人権を求めようとした自分達の道は困難だった。この過去をはっきり見据えて、人と人との相互信頼を新しく築き、その条件を築くことを通してお互いの自由を求めたい。「敗戦の得物」と題して新制高校でこの演説を試みた弟は命を絶った。

朝鮮に故郷があることとは、変えられない。そこから出発して自分の生きかたを探すことは難しい。志をおなじくして朝鮮でともに暮らした父母と弟は、いない。ひとりの道を探しあてようとして、彼女は「サークル村」に出会った。わずか一年半ほどしか続かなかったこの同人雑誌は、かたまりとしての進歩的大衆の思想を押しつけないという姿勢によって、中村きい子の『女と刀』、石牟礼道子の『椿の海の記』、そして森崎和江の著作への道を開いた。『慶州は母の呼び声――わが原郷』（新潮社）は、細い道がほとんど尽きようとするところが確実な出発点となったことを示している。

『まっくら――女坑夫からの聞き書き』『からゆきさん』『海路残照』は、それぞれ炭坑夫として、海外出稼ぎの売笑婦として、海女として生きた老女の聞き書きである。『湯かげんいかが』は、風呂を用意し、風呂を楽しむ者の価値感情を記した書物である。

「湯の中での話はたのしい。……カッテンディーケの文章にある湯の中の人びととの安らぎの表情は、赤ん坊のときから家族に抱かれて湯に入り、ふろの中で足が立つまでは親とはかぎらず、近所の大人の誰彼に抱かれて湯に浸った体験が、大きく影響していると思う。それは大人と幼児との、素裸のふれあいである。のちにふれるが炭坑の大きな共同ぶろも、隣近所の人びとが共に入り、子らは親が用があれば近所の誰かと入浴して洗ってもらうことなど、ごくあたりまえのことであった。」

筑豊の炭坑地帯に住みついて、そこでつちかわれたこのような共同性の価値感覚は、これまで繰り返し外地侵略への誘いとなった国民団結のしかたとは違う日本文化の側面に目をひらく。

河合隼雄――迷路を恐れない

中村雄二郎との共著『トポスの知――箱庭療法の世界』（TBSブリタニカ）は、「明石箱庭研究会」の記録でもある。この会は、これまでの日本の研究会の中でも、ケタはずれのサークルである。

いろいろな人が入ってきて箱庭をつくる。黙ってつくり、何度もきてつくる。自己紹介をあまりしっかりとおこなわないので、おたがいをよく知らない場合さえある。黙ってせっせと、何度となく箱庭をつくり、つくり終わってから、それについて話をつみかさねているうちに、自分の未来への見とおしがひらける。

黙りこくっている子供に悩む母親が、タテヨコまっすぐに道具をおいて箱庭をつくっていた。横からそれを見ていた別の母親がたまらなくなってか、ナナメのものをそこにおいた。母親はショックを受けた。一週間後に、子供はものを言いはじめたという。

このやりとりには禅機がある。宮本武蔵と沢庵和尚、田中清玄と山本玄峰などという有名人のあいだのやりとりとして伝えられたものでなく、このサークルに加わった二人の主婦のあいだに禅機が働いた。習慣の束としての日本の伝統がそのような懐の深さを持っていたのだろうが、その懐の深さを活かせるところに箱庭つくりのおもしろさがあり、明石箱庭研究会の組織作りのおもしろさがある。こういう場をつくる人は、もはや、西洋流の学者の範囲を越えており、ここには日本の伝統と西洋渡りの学問との新しい関係がある。

ユング派の精神分析を習った河合隼雄は、その方法で日本の民話を区分けし、それで割りきれない部分から日本社会の母性原理を見いだした。エリクソンの自我同一性が青年の自我に主に光を当てている狭さに気づいて、老人の自我に目をむける。職場から停年退職し、家庭も解体した境涯で、日本の老人の自我はなにによって支えられるか。老人の空想力によって。日本の伝統に沿うてのその展開次第では、現日本国家の敷居を越えて、大きな存在・不存在の網の目の中に、自らを見いだし、因縁の不思議を感じるだろう。

個人の心を一つの独立した箱のようなものと考えたのは、ヨーロッパの神学の影響のもとにある心理学である。八十歳の老人と三歳の子供の間に話が弾んで共感が成り立つとすれば、そのやりとりそのものを、各個人の心に劣らず一つの単位として見ていいではないか。そういう考えかたを追うてゆくと、これまでの科学の境界を越えて、トランスパーソナル・サイコロジーといういかがわしい領域に入る。迷路に入りこむことを恐れないことがこの人の未来性である。

澤地久枝——はじらいと勇気と

敗戦の時に中国にいた少年少女は、くらしを総体としてつかむことを余儀なくされる。生きるのに必要な各種の活動を、ならいおぼえて、実行する覚悟をきめなければならない。その認識は、生涯つづくものらしく、澤地久枝の著作に、あとになればなるほどはっきりとあらわれている。

『滄海《うみ》よ眠れ』（毎日新聞社）は、ミッドウェイ海戦を日米戦死者の両側からえがく困難な仕事で、その仕事を手がたく資料によってすすめる中で、著者は、体験者の記憶はあてにならず、後代の記録もあてにならないことを身にしみて感じている。

『妻たちの二・二六事件』、『密約――外務省機密漏洩事件』を読んできて、『昭和史のおんな』にゆきあたっておどろかされた。「性の求道者・小倉ミチヨ」。相対会の創始者小倉清三郎・ミチヨ夫妻が、昭和十年代に権力の弾圧に対してたたかいながら、夫妻の間はひえきっていて、別居しつつたがいに憎みあいながら、しかも戦争下に性の研究の自由を守るためには協力しあっていた。その夫妻のえがきかたに、感動した。昭和十六年に清三郎がなくなったあともミチヨは、憎んでいた夫の仕事を守って、戦時下に、『相対』を出しつづけ、昭和十九年四月万策つきてやんだ。

「きゃしゃな体つきで、目の大きな美人であり、言葉数もすくなかったというミチヨは、大きな声で、切れ目なく滝が落ちてくるようなものいいをする女になっていた。口にするのは貧乏時代の苦労話と清三郎の悪口であった。だが子供たちのことを話すときは、『思うようなことはしてやれなかった』と涙を流したという」

しかもこの晩年に、ミチヨは『相対』の復刻にとりかかり、昭和三十三年になってまで有罪判決をうけている。

ミチヨ・清三郎夫妻の肖像は、その仕事が性研究であるので、きわどい描写があるが、文章全体の印象は、すがすがしい。作者が度かさなる心臓手術に死を決した覚悟が、性にむかう時にも、必要なことは遠慮なく言う効果をあげている。

ミチヨ・清三郎夫妻のような複数な人間関係をえがく仕事は、これまでの思想史に新しいページをくわえた。私は昭和十五年発行の小倉清三郎の唯一の単行本『思想の爆破』の広告を目にしたが、西田哲学もカント哲学も軽く小手先でたおすという表現に出会って当時流行の国粋主義の側からの哲学批判だろうと思っていた。性の現実の把握からカント哲学を批判し西田哲学を批判するなどということは思いもかけなかった。このような著作をつづけた小倉清三郎と、憎しみにもかかわらず彼を助けたミチヨにおくれて敬意をもち、そのいとぐちをつくった澤地久枝に感謝する。その著作、『別れの余韻』(文藝春秋)に収められた「思い出の色」には、はじらいと勇気とがともに感じられて、著者がみずからの生にたちむかう姿勢が記録に奥行をあたえている。

谷川俊太郎——日常のことばにそって

昭和六年十二月十五日、東京うまれ。

「十二月十五日
僕はこの日に出現したとされていると

戸籍課の依田さんは言います
ありがとう依田さん
おめでとう僕
誰か何かくれ」（谷川俊太郎『詩めくり』マドラ出版）

このように簡単に自分の出生を祝福できるまでに曲折があっただろう。「僕は群馬県に住んでいて」という発言を昔なにかの雑誌で読んだことがある。「軽井沢」という発音にたえられないものがあったのだろう。

詩を、特別の詩の言葉からきりはなす。日常の言葉の音楽を、こどもとおとなに気づかせる。

「ねたね
うたたね
ゆめみたね
ひだね
きえたね
しゃくのたね
またね

あしたね
つきよだね
なたね
まいたね
めがでたね」（谷川俊太郎「たね」『ことばあそびうた・また』福音館書店）

この人は自分でも写真をとるのがうまい。日常生活の部分をきりとるこつを身につけている。

プロの写真家の作品とのくみあわせでつくった絵本『なおみ』（沢渡朔写真、福音館書店）は主人公のうまれる前からいた人形なおみが、主人公とくらし、やがて死に、主人公のこどもがうまれるとともにふたたび生命をとりもどす物語で、寓話が、日常生活の写真で語られている。

「あれから　どのくらい
としつきが　すぎたのだろう
やねうらべやで　わたしは　であった
むかしのままの　なつかしい　なおみ

ねむる　わたしの　むすめのそばに
わたしは　そっと　なおみを　ねかせた」

日本人の日常生活そのままに、その生活にそうて歩いてゆき、じれて日常生活の切断をはかることなく、どこまでも普通に歩いてゆこうとする。彼の詩は日常の言葉でどこまでゆけるかの実験である。

永遠にのころうとする数行を書く志をはなれて、毎日刻々、心の中にわきでたあわのようなものを記す。走らず、歩き、とまり、すわり、ねそべり、また歩く。となりの人と話し、道ゆく人とまなざしをかわし、そういう日常のしぐさの中に生きつづける。彼の訳す犬のマンガ『スヌーピー』は奇妙に禅味をおび、俳味をおびて、原作者シュルツとの合作になっている。

原　笙子――日常の立居振舞の力

第二次大戦末期から敗戦直後の変動にみちた時代は、本土空襲のはじまりから高度成長のはじまりまでとして一九四四年から五五年まで、十年あまり。それはその後にまた高度成長時代の文化の特色の中にのみこまれてしまったようにも見えるが、五百年たったら（その時日本人がいて日本文化をたもっているとしての話だが）、やはり戦後というのは一つの区切り目としてその後の日本文化の特色をつくっているのではないか。

戦後の混乱の中で生きる姿勢を身につけてその役を生きている人として、原笙子がいる。

私のくらしている近くの神社には専任の宮司がいなくて、お祭りの行事のときに大きな神社から神官に来てもらう。その神官が原笙子の父である。八十近い高齢で、行事をとりおこなう態度は、その立居振舞が現代からきりはなされた古風な立派なものである。戦後の変動を女学校一年生でむかえた原笙子にとっては、自分が一家のくらしを助けようとして市にたって着物を売り、工場に出てはたらいているのに、神事だけをこととしている父がうとましく思えた。この批判は満州から日本にひきあげてきてからもかわらず、「お父さんもいっしょに働いてくれたらなア」という感じはつづき、家出や放浪をつづけて、「不良少女」と呼ばれるようになった。感化院に入り、そこから脱走しては失敗し、やがて家にもどり、そこでも近所の人びとから白い眼で見られてくらすうちに、二十一歳の時、舞楽の公演を見た。

「終戦後、わが家にお泊まり願った文野先生に父は、別の先生から習いそこねていた舞の手のいくつかを質問した。

背広姿のまま、気軽に立って舞って見せて下さった文野先生のお姿を忘れることはできない。先生が空間に描き出す美しい線に、アッと息をのむような衝撃をうけた。

『ああ、これが舞楽だ！』脳天にカナヅチをふりおろされたかと思うほどの感動だった。豪華な装束や、舞台装置に目をくらまされることなく、ほんとうの文野先生の芸の力に触れることができたとき、私も真実の芸の存在に目を開かれたのだった」(原笙子『不良少女とよばれて』筑摩書房)

東京に出て住みこみの女中としてはたらき、週に二回文野先生の家によって教えをうける。ズボンとセーター姿で舞楽の基本をならうことからはじまった。

私は原笙子の舞を一度、まったく偶然に真野さよ『黄昏記』の出版記念会で見た。この小説についての感想をのべる人びとのあとで、彼女がひとりで舞楽をまうのを見た。そこには現代におしまけないひとりの人の舞があった。日本人の日常の立居振舞の底にうもれている基本の力を、この人は、ほりおこして自分のものになし得ている。何の制度をも背景にせず、舞楽を今日の日本に手わたす役をこの人が果たしている力は、ここから来る。

天野祐吉――『広告批評』の批評の力

「桃李いわざれども下おのずからみちをなす」(史記)

何も自分の広告をしなくても、その人の魅力のわかる人が一番だ。その人の存在が、その人の広告である。そういう人間のありかたが、江戸時代、明治大正、昭和戦前では理想とされた。たてまえとしてはそうだった。

実際には、江戸時代にすでに平賀源内あり、土用の丑の日にはうなぎを食べると元気がでるなどと語呂あわせの広告のひき文句をつくったりして活躍したし、明治に入るとタバコ王岩谷天狗あり、大正に入っては広告技術が大いに研究された。しかし、広告の批評をする総合雑誌がなりたつということを考えてその発行にのりだした人は、天野祐吉までいなかった。

戦後も一九五五年以後の高度成長時代に入って、広告はふところが深くなり、みずからを茶化したり自己批判をしたりする身ぶりさえまじえるようになった。広告のはたらきは、まっすぐに商品をうりこむだけでなく、道行く人にたいする掲示板としての役割を果たしている。この機会をとらえて、広告の品評をする、それも大きな視野から、広告の役割についての読みくらべをする場として、『広告批評』が発刊された。

今の時代の流れを、ついその先のところまで読むというのではなく、この流れがどこからきたか、この先はどういうふうに分かれるかを論じる。これはかけだが、それをやってみる冒険精神が、この発行者にはある。それはどこからきたか。大正時代のグリコの広告とオマケ戦術にふれた彼の自伝的回想が手がかりになる。

「それにしても『一粒三百メートル』のグリコで、ぼくたちはよく遊んだ。おまけで遊ぶのにあきると、ぼくたちはグリコごっこというのをやった。よその子の前に立って、とつぜん『グリコ！』と両手を上げ、片方のヒザを前にあげて、相手の急所をけりあげるのである。例のキャラクターのポーズをして、相手を急襲するのだ。ぼくも時々やられたけれど、これが決まると、本当に痛かった。この遊びに馴れた連中は、とっさに身をかわして難をさけるのだが、ぼんやりしている子は、ちょいちょい被害に会った。なかには『グリコ！』を決められてうずくまり、泣き出してしまう子もいる。そんなとき、ぼくたちは、その子の前にグリコを放り出し、一粒三百メートルの勢いで逃げだした」（天野祐吉『もっと面白い広告』大和書房）

ここには古い広告を前にして、歴史的想像力がはたらいている。その想像力が、『広告批評』にあつみをあたえ、江戸時代はもとより、明治大正昭和にたぐいまれな、新しい思想雑誌を、高度成長時代のまっただなかにつくりだした。死後三十余年うもれていた宮武外骨の復活は、『広告批評』の批評の力によるところが大きい。

井上ひさし――野試合から剣客へ

「しみじみ日本、乃木大将」を劇場で見た時、戦中の陸軍幼年学校生徒だった経歴のあるなだ・いなだは、右翼がおこってどなりこんできはしないかと、こわくなったそうだ。

残念ながら私は、これを劇場で見たことはなく、本で読んだのだが、こんなに意味のつまったせりふを舞台でのっけからぶつけられたら、私はついてゆけるだろうかといううたがいをもった。一度、ぜひ、本を読まずに、芝居を見たいと思ううちにその機会が来た。テレビで「頭痛・肩こり・樋口一葉」を見た時である。予想に反して、せりふは、私の中に入ってきた。

もともと、井上ひさしは、手づくりの日本語、手づくりの教養で、舞台にあがってきた人で、いわば野試合をかさねて剣客となった。一九四九年に一家解体のため、十五歳の時から児童養護施設にあずけられ、他人の眼を気にしてくらすうちに、さまざまの処世術を身につける。すいせんで上智大学に一度入るが、しばらくして帰省、国立釜石療養所の事務員に採用され、二年半、くらした。ふたたび上京して上智大学に入り、アルバイトで身をささえ、そのアルバイトが浅草のストリップ劇場「フランス座」の舞台進行係だった。脚本も書き、それは、役者のつごうで、のびたりちぢんだりする自由な形のものだった。こうしておぼえた作劇術であり日本語の芝居言葉である。ぶっつけで客の心に入ってくるのはあたり前である。

もう一つ、この人は東北そだちの東北弁であり、どもりである。東京語の中に入って、悪戦苦闘せざるを得ず、日常生活でも、刻々手づくりの言葉をあみださざるを得ない。この時期の日本語との格闘が、自分の言葉への自信をゆるがすことなく、後年の井上ひさしの手づくり文法と、手づくりの国家『吉里吉里人』の土台となる。

ここで触媒の役割を果たすのがカトリック教への入信で、それはカトリック養護施設でカナダ人神父の真実にうたれてのことだった。井上ひさし十六歳。

明治以後の日本の文明開化は、英・米・仏・独のキリスト教文明を神信仰ぬきでまねしたもので、それもプロテスタントのまねで、カトリックの影響はうすい。江戸時代以前からのカトリック教信仰は五島や長崎で保たれていたが、その三百年来のくらしにあたためられた言葉を、明治の中央文化は採用することがなかった。井上ひさしの『吉里吉里人』は、五島につたわる聖書と一脈相通じるつよい土着性をもち、その『モッキンポット師の後始末』は、あくまでもタテマエ本位でおしまくり人の内部にまで土足で入ってきてしかりつける日本の（神なき）プロテスタンティズムの系譜とはちがう大らかなカトリック教、土着のタヌキやキツネ信仰をいかしウラ文化から栄養をとるカトリック教の流れを未来につたえる。

和田春樹——欠落の認識

大正末に各派の自由主義者・社会主義者がせいぞろいした宴会で、辻潤が食卓の上にのって皿をけとばしてまわった。このことを回想して秋山清は、政治に心をうばわれる人はつまらないという辻の気持を表現したのだろうという。

政治に関心をもつ人は、視野がせまくなり、人を数としてあやつるくせを身につけ、物事の意味について勝負を度外視して話しあうことがむずかしくなる。韓国民主化のための日本人の市民運動をにないつづけている和田春樹は、このような政治活動家の傾向からはなれている稀な人である。その著書『ニコライ・ラッセル』『マルクス・エンゲルスと革命ロシア』のような研究書はもちろん、『韓国民衆をみつめること』『韓国からの問いかけ』のように運動のなかでかかれたエッセイもまた、集団的熱気をつくりだすというスタイルとはちがう、状況を見さだめようという努力のつみかさねである。「もしも農村共同体に自由な飛躍を保障するために、革命が全力を集中するならば、〈ロシア社会の知性ある部分が〉〈ロシアの知性がその国のすべての生命ある勢力を集中するならば〉、農村共同体はまもなくロシア社会を再生させる要素として、資本主義制度によって隷属させられている諸国に優越する要素として、発展するであろう」。これは一八八一年にザスーリチにおくったマルクスの回答であり、和田春樹はこの文を引いて、マルクスが「ロシア革命の結果、共同体にもとづくロシア革命の再生が進めば、ロシアは資本主義制度によって隷属させられている他の諸国に優越する、ロシア一国革命の先行というイメージを提起している」という。

「ロシア革命の課題の解決には、ナロードニキ主義とマルクス主義との対話、協力を必要とした。マルクス、エンゲルスのロシア論、ロシア共同体論、農民論は、まさに、彼らによるナロードニキ主義摂取の成果であり、ロシア・マルクス主義へのこした最大の遺産であった。その深刻な意味は、今日まで、ロシア＝ソ連のマルクス主義者の主流に無視されたままであるように思われる。ナロードニキ主義とマルクス主義の協力が、一九一七年の十月革命の時点にのみ、きわめて短期間存在したにとどまったのも、けだし当然であろう」

ジョン・リード論「リードはロシアにメキシコの教訓を伝えたか」『インディアスを〈読む〉』（現代企画室）の中で和田春樹は、リードが大都会の革命司令塔の中からのみ見たために、首都の革命政権をおびやかすものとして反乱農民県を判定したことをのべ、首都を知らず農民の陣営の中から見たメキシコ革命の体験をロシア革命にひきつぐことをおこたったとのべた。このような欠落の認識は、同時代の韓国民主化運動についての和田春樹の分析に歴史家としての奥行をあたえる。

藤原新也――ニンゲンが燃えて出すひかり

福岡生まれ。写真家。アジアを十三年旅する。しかし日本を切り捨ててほかの国に住むというやりかたに批判はないものの、魅力を感じなかった。そこで日本に戻って、東京の芝浦に住みつく。そこで釣りをしている人たちがいる。

「人々はお通夜のように黙している。どんなに大きな魚（時には四十センチくらいのイナがかかることもある）が釣れてもその周辺から生き生きとした歓声は聞こえない。それはただ釣ったものを漫然と死なせてしまって捨てる、という目的のない釣りを繰り返しているからだと思う。それが単なるレジャーであるなら、釣ったものをまだ命がある間に河に捨ててやればいいのに、なぜか人々は魚が死んでから河にそれを捨てる。それを見ていると、人々には何匹の魚の命を奪ったか、ということがその釣りの成果になっているように思える。命を奪わないと釣った実感がないのかもしれない。

無感動な釣りをしている子供たちの中には、芝浦界隈の集合住宅に住んでいる子も多い」（『東京漂流』情報センター出版局）

この芝浦の風景は彼を引きつける。その風景と二重写しにもうひとつの風景が焼きついている。バングラデシュに近いインド国境の難民キャンプで、コレラで死んでゆく子供に人工呼吸をほどこしている若い女の姿である。その女性の属していた病院を後に訪れたとき、著者はその女性の無効と思われる行為の背後にある思想を知った。

「死を救うことはできませんが、死の状態を救済することはできるのです。つまり、誰かの上にやってきた死が、意味を会得する手助けをすることはできます。……たとえばあの母に先立たれた、幼い子供の直面した死の状態の中に渦巻く、孤独と、いくつかの恐怖と、いくつかの苦しみや迷いを遠ざけ、いくつかの安寧を与えてやることは可能なのです。それは大きなものの流れに人為を加えて逆らうことでなく、その大きなものの流れの中心のほうへと、その流れつつある人を押しやる手助けにすぎません」

彼女自身がこの行為のゆえに死ぬということは、もし彼女が望むならば、嘆くにあたらない。彼女はその子供によって助けられているのだから。ガンジス河に投げ入れられて鳥についばまれている死体。ガンジス河のほとりで死体を焼く火。それらの写真は芝浦の風景に、なにか新しい見かたを伝える。

「遠くから見ると、ニンゲンが燃えて出すひかりは、せいぜい六〇ワット三時間。」

（『メメント・モリ』情報センター出版局）

椎名　誠——健全さへのはじらい

『気分はだぼだぼソース』（情報センター出版局）という本を読んでおどろいた。途中からひきいれられて、肩入れして読んだ。この本の三分の二が、ホテルでおこなわれる「何々家と何々家の結婚式」という様式にたいする、これでもか、これでもかの攻撃であり、その内容が何とも健全なのである。

「披露宴の最後のセレモニーはあの例の『花束贈呈』というやつであるけれど、この場面になるとどこでもたいてい、『かあさんが夜なべーをして手ぶくろあんでくれたあー』という曲がかかる。

式場によってはその前に甘ったるい女の声でナレーションが入ったりする。

おかあさんはいつでもだまって苦労して私たちを育ててくれた。やさしいおかあさん、よいおかあさん、おかあさんありがとう。


なんていう内容のものだ。

そういうテープのナレーションが流れる中、両親と新郎新婦にスポットライトが当たり、まるでもう映画みたいなかんじで、みんなしてそんなナレーションを聞いているのである。

ここでまたおれはひとりでモーレツにこそばゆくなってくるのである。

うるせいうるせい、とつぶやくのである。

そうしてまたとてつもなく恥ずかしくなっていくのである」

『本の雑誌』は、一部だけの感想記録（実は手紙の形）であったものが、やがて五部発行となり、今では、本屋において相当部数うれるところにきた。そのゆっくりした成長が、何万部かの発売でドーンとあてようという商法とちがって、健全であり、その健全さへのはじらいが、文章を彼に書かせる原動力となり、文体はかぎりなく迂回して対象をめぐる特色あるものとなる。

「さて旅先ではもうひとつ寝る前にベッドで読む本というものがある。おれは移動中に飛行機やクルマの中で読みついでいく本と、このホテルのベッドで読むというのは別のものにしている場合が多い。一カ所のホテルに何日か続けて泊まるというような時、この部屋だけで読みついでいく本というのはなんだか妙に気分のやすらぐものだ。とくに海外旅行だと最初の一日、二日はどうしても気分がコーフンしているものだからなかなか寝つかれなかったりする。そういう時についつい夜おそくまで読んでしまったりするのだが、翌日以後、つかれて部屋に帰ってくるとその本がベッドサイドで、

『ねえ、今日も長く読んでえーん、沢山読んでくれなきゃいやーん』

といっているようでついつい頬のあたりがホコロンでしまうのである（オレすこし異常なとこあんのかなあ）」（椎名誠『むははは日記』本の雑誌社）

大正教養主義からどれほど遠くまで来たことか。読書人が身分でなくなった時代の読書人の文章だ。

南　伸坊――声なき応援団

テレビの「スタジオL」をなるべく見る。この人の声に考えがおいてゆかれるとか、考えが先にはしっていて声があとからおいかけてゆくということがなく、声が考えてい

る。安心して、この人の声（考え）にききいれる。

そういう安心感を、この人は、テレビに出ていても、文章を書いていても、もたらす。絵も、何か新しい図柄を思いつかないと、人目をひかないとか、忘れられてしまうとか心配して、せかせか歩いてゆくところがなく、いつも一拍おくれて、おなじオムスビの顔が出てくる。そのくりかえしのもつ安定感に、毎日毎時かわることをおいかけていなくてはいけないような現代日本では、出会いがたい。

「一般に日本の画家や日本人の好む外国人の画家には青春タイプが多いのではなかろうか？　デュシャンやピカソ、ゾンネンシュターンやバルチュスなんかは幼児風である。では、大人風とはどういうのかというと、同じ絵を何枚でも頼まれれば描いてしまうような画家かもしれない。

私の好みは、幼児派、次に大人派。青春派はもっとも苦手とするところである。『天折の天才』というロマンチックな見方は、どうも青春のインボーである、と私は合点している。私の興味は、ヨイヨイになってまだ絵を描いているジーサンのほうにこそ向いてしまう」（南伸坊『モンガイカンの美術館』情報センター出版局）

南伸坊は世にもてはやされているけれども、言っていることは、世に背をむけている。『哲学的』（ＰＨＰ）という本は、ぼんやりした重要な考えのねうちを力説しており、私

は共感をもった。半世紀近く前、私はA・N・ホワイトヘッドの最終講義をきいた。その最終講義の終わりの一行が、

「精密さなどというのはつくりもの《フェイク》だ」

南伸坊の力説している哲学上の立場と相通じるものだ。ホワイトヘッドは一九四〇年当時の米国哲学界の主流に抗して、このように最後の主張をしたのだが、米哲主流は敗戦後の日本に流れこんで、ここでも主流になっており、南伸坊の精密批判を必要とする状態になっている。

漫画と演技と文章と、そのいずれの方法をもらくらくと使いこなして、存在感のある哲学的主張をつづけている。この人がテレビに出ていると、見ようと思うのは当然で、哲学上の立場をおなじくする人が舞台にのぼっているのを、とおくから見守っている、声なき応援団の気分である。

この人は、テレビに出ている時にさえ、日常の信念を生きているという印象をあたえる。その印象のもとは何かというと、彼のオムスビ型の顔にあるように思える。顔の形が、思想のありかたを表現するという例を、これまでの哲学史に、私は知らない。それは偶然というよりも、天与の機会をいかした哲学者としての彼の器量である。

加藤典洋――ねばりづよい意志

論者が自分の見方を一度言いおえたあと、批判にこたえて守ろうとすると、いくらか

消極的になる。今までにすでに言ったことの重大な部分を、くりかえすという方法をとることがある。それでは、現在という舞台で興行をしている新聞雑誌では、見ばえがしない。

敗戦後に日本の文学の方向をつくった平野謙・本多秋五たち「近代文学」の議論が、日本国の無条件降伏を前提にしたものであったとして、その前提をうたがうところから戦後文学への批判を試みた江藤淳の提言に対して、平野謙はすでになくなっていたので、本多秋五が主として矢面に立って反論をくわえた。その論旨に、私は賛成するのだが、そこに新しい発見というべきものはなく、これでは現在という地面の上で商売をすることはむずかしいと思った。終戦は、連合国側がポツダム宣言の条件を一方的（無条件で）に日本国に受諾させたもので、条件降伏の無条件受諾という性格をもっている。それをつづめて無条件降伏と言いならわし、そのまま戦後の新聞雑誌でこの言葉がひろくつかわれた。無条件降伏と思いなされた状態のショックから戦後思想の力がわきでてきた、このことを私は、実りあることと思っている。しかし同時に降伏のもとにある条件性をみつめるという立場もあり得たし、そのような側面から敗戦時そして占領時に眼をそらさずに考えてゆく人がいたら、その人は、重大な仕事をなし得ただろう。私はその人ではなかったし、江藤淳もその人ではなかった。そのように考えるところまでで、私のチエはつきた。

加藤典洋「戦後再見」（『文藝』）には、このような地平をつきぬける大きな視野があって眼を見はった。これはもはや、本多秋五対江藤淳の論争を、一九八〇年代前半の日本の文壇の土俵にたって、行司としてさばくものの見方ではない。

敗戦当時に連合国との交渉をした官僚は何とかして条件降伏できりぬけようとした。しかしそのもくろみは失敗に終わった。加藤典洋は、当時の日本の官僚のおもわくをこえ、無条件降伏をおしつけようとする連合国側の意図にさかのぼり、そこに、原爆によるおどしを見出している。

原爆投下のおどしと無条件降伏の強要とは、連合国の戦争指導にとって、不可分のものだった。日本人が、このおどしに対してどうこたえるかは、四十年前の一九四五年八月に日本政府のした一回かぎりの行為をこえて、くりかえし考えてゆくべきことだろう。そこには、一九四五年当時の連合国・枢軸国政府が共有する視野のせまさがはっきりととらえられている。その視野のせまさは、日本国をふくめて今日の世界諸国政府の共有するものがある。無条件降伏についての文壇の論争をきっかけとして、そこまで問題の根をほりおこすねばりづよい意志が、加藤典洋にはある。

津村　喬――体術と料理とマンガ

岡田虎二郎のように大正時代に静座道場をいくつもつくってたくさんの人に接した痕跡が、ぬぐいさったように戦後にはなくなっている。岡田虎二郎の弟子となった木下尚江が、戦後の思想史家によっては社会主義からの転向者という仕方でしか記されていないことも、私には不思議だった。木下尚江は晩年、石川三四郎をおとずれ、静座をともにしたり、時勢を語りあうこともあったという。木下尚江についても、石川三四郎についても、戦後の社会主義運動はかえりみることはなくなったし、思想史研究もおなじだった。

学生運動の中から出てきた津村喬が、整体術や気功術をおさめ、料理の本を出し、みずから台所に入って料理をつくるにいたって、何十年もの空白がうめられた。

彼はまた、日本の左翼論壇史では、かえりみられることの少なかった猪俣津南雄（一八八九—一九四二）を研究し、ソ連政府の指令から自由な社会主義を復権することに力があった。

自分で食べるものを自分でつくることができれば、それは、時代のへりに坐って自分の考えをつむぐつよい支えになる。十五年戦争下に石川三四郎は、みずから老齢に入ろうとする時それを実行して、彼の考え方を生きた。津村喬は、自分の食糧をつくるということにまで手をのばさないが、食糧をよくえらび、料理し、毎日のからだの調子をととのえ、安らかな気分を仲間にわかちあたえる。こういうことと国家批判とはむすびつかないという、戦後初期の左翼思想から自由な、考え方の流れをつくっている。労働運動の機関誌『総評』誌上で、マンガを批判した稲葉三千男に対して、津村喬は一九七八年にほとんど一年にわたって論陣をはってマンガを擁護した。マンガが、社会主義運動にとってもつ意義を、もっとも早く洞察した人のひとりである。社会主義運動が国家権力を掌握したところではほとんど例外なくマンガがおとろえている。このことはこれまでの社会主義の政治思想の欠落とむすびついており、小さな欠点とは考えられない。その欠点は、権力を未だにとるにいたっていない社会主義運動の中にすでにはぐくまれている。

津村喬の編集にかかる『ライス・ブック』（別冊・宝島）は、米料理のつくりかたをおしえたガイドブックであるとともに、米文化の壮大な展望をもあわせつたえる。戦前に米の重大性をおしえる論者はしばしば国粋主義のおしつけがましさをもっており、ローマ字論者でもあり、フランス語に通じていて国際人だった桜沢如一さえ、その傾向をまぬがれなかったが、津村の『ライス・ブック』は狂信のかけらさえなく、国粋的侵略思想と手をきった米文化の実用案内書である。体術と料理とマンガを重んじ、系譜にこだわらず社会主義の歴史から栄養をとる、たやすく国家権力と癒着しないくらしのスタイルをもつ思想家である。

糸井重里――おちこぼれのセンス

ＮＨＫ教育テレビの「ＹＯＵ」をつづけてみていて、司会者の糸井重里は、大学闘争の影響をうけているなあと思った。学生運動にくりかえしあらわれる「総括」ということをほとんどしないのだ。

たまに自分で何か、きめ玉に近いことを言ってしまうと（つまり自分の才気をおさえ

ることができないで)、

「あッ、またまた結論が出てしまいました」とあわてふためく(そのふりをする)。

発言はてんでんばらばら、めいめいが何かを言いながら、それが一つの共生という形をつくっている印象。四百年前に、狩野永徳が「洛中洛外図」の大パノラマをえがいて、その中にひとりひとりのしぐさをかきこんだ時、おなじように、その焦点なしの構図に、見る人はあっと思ったにちがいない。

明治以後の日本の国立大学は、文明の進歩の階梯を教えこみ、追いつけ、追いこせと国民をはげました。受験競争に勝って最高学府たる東京帝国大学に到達したものは、おくれた古い思想をふりすてて、新しく高い位置にのぼった思想は何かをしっかりと見きわめて、もっともあたらしくもっとも正しい思想の学習に集中することとなった。学生たちが権力に合体する方向から権力にはむかう方向に転じた後も、この学習のわくぐみはかわらない。イギリス経験主義を克服したカント、カントを克服したヘーゲル、ヘーゲルをこえたマルクス、マルクスを発展させたレーニン、スターリン。この形は、戦後の学生運動にもちこまれ、かたくかたくにぎりしめられていた。糸井重里はそのおちこぼれである。

おちこぼれである故に『ヘンタイよいこ新聞』を編集・発行し、ヘンタイよいこ大会をひらいて、第一回のみで解散し、あとはそれぞれ自分でやれと言う。ヘタウマの漫画を触発して、湯村輝彦と協力して「ヘンタイよいこ対恥ずかしい根っ子の会」という傑作を『ガロ』に発表。

「てんぷら山のとなりには
だいこんおろし岩　ポン
だいこんおろし岩のてっぺんは
しょうがの雪ぼうし　プン

てんぷら山に　かくれてる
ニンジン　ゴボウ　サツマイモ
イカ　キス　カボチャ　パセリ　エビ
（こんなにいっぱいたべられるかな？）」（糸井重里・湯村輝彦『こども用』松文館）

誰にでも書けそうな、誰でもその中に食いこめそうな文句のつくりかたが、『糸井重里の萬流コピー塾0880』（文藝春秋）。こどものセンス、おちこぼれのセンスだけでは、なかなか広告文の上位入選はむずかしいのだが、ともかく、インスピレーションはいつもくりかえし水平な地面でころがるうちにおとずれるものらしく、その運動がつづくかぎり、未来への道がここに一つあるという気がする。

坂本龍一――思想に音楽性はある

「戦場のメリー・クリスマス」を見て、友達が、一人ならず、日本人としての誇りを傷つけられるからいやだと言っていた。あの映画には優れた英国人しか出てこない。私には、英国人捕虜の側から戦時の捕虜収容所を描くものとして、よい映画と思えた。捕虜収容所の毎日を取り巻く現地ふうの音楽がいい。ジャワの日本軍を取り巻き、真夜中の涼しい時間に遠くのほうから、ほとんど終わりのないもののように聞こえてきたガメランの音楽を思い出した。占領軍の時間を超えて続く、現地の住民の時間である。映画にかぎらず文学においても、戦争のおこなわれた現地を描いた戦争ものは、日清・日露を通してとぼしい。「庭にひともとなつめの樹　弾丸あともいちじるく　崩れのこれる民屋に　今ぞ相い見る二将軍」（「水師営の会見」）、これがこの歌に現地が出てくるただ一個所である。

テレビのCMに出てくる坂本龍一を見て、その無表情に強い印象を受けた。分裂質の人のように見えた。しかし『長電話』（本本堂）で見ると、自分のつくった曲を家に持って帰って、八歳と三歳の子供に聞かせ、うまくいったなと思ったときには踊ったりするので成功がわかるという。「で、やっぱり圧倒的にお母さん（矢野顕子）の曲の方がさ、ウケがいいんだよね。お母さんの方の曲はね、ほとんど、あのう、打率は十割ぐらいさ、踊らしちゃうわけ、子供を。」これで分裂質であるわけはない。自分が何万人もの人の前で演技をしているという気分に酔うことができず、誰にも見られていないと自分に言い聞かせて演じているふうだ。大衆の前で演じていても、この人の音楽はつぶやきの性格を失わない。

高橋悠治との共著『長電話』は、ともに作曲家であるために、目に見えない相手の声に活発に反応して、それぞれが自由に自分の考えを繰り広げ、電話のテープレコーディングが思想表現の自然の形式となっている。この中で映画出演の体験について、スタッフが俳優を使う流儀から変わってこなければいけないと言う。「古いと思うな、バンドっぽくやるとしたらやっぱり少人数でさ、少数精鋭でさ、やんないと民主主義も成立しないし」。新宿駅西口での機動隊と学生運動との出会いなどの記憶が保たれ、全共闘の直接民主主義がここに澪を引いている。しかし、全共闘にさえあった、ゴールは近きにありという楽天性を共有しない。

音楽に思想はあるか。その答えは難しい。しかし問いを変えて、思想に音楽性はあるというのが、彼の音楽と語りを聞いての私の感想だ。

戸坂潤——獄死した哲学者

戸坂潤の著作に出会った時のことから、はじめたい。

だが日本主義・東洋主義乃至アジア主義・其他々々の「ニッポン」イデオロギーが（ニホンと読むのは危険思想だそうだ）大量的に生産され、夫《それ》が言論界や文学や科学の世界にまで浸《し》み渡り始めたのは、確かにこの二・三年来である。（「ニッポン・イデオロギー」）

この数行は、それを読んだ三十年前から今も私の心にのこっている。そのころ、教科書を読みあげる時にも、「日本」を「ニホン」というと注意をする先生がでてきた。どうしても「ニッポン」といわないといけないというきゅうくつな感じを、あかるみにひきだして、その状況の意味を戸坂にときあかしてもらったような気がした。もう一つ、当時、心に入って来た戸坂の文章。

例えば河合栄治郎博士は自由主義の哲学を提唱している。併《しか》し唯物論と観念論との対立を抜きにして、いきなり自由主義という経済的乃至政治的文化的イデオロギー（河合氏のは経済的イデオロギーに由来するものだが）を原則として哲学を築こうなどというのは、丁度靴屋の哲学を考察したり床屋の哲学を工夫したりするようなものだ。之では観念は出来ても思想にはならぬ。自由主義哲学が今日の日本に未だに事実上存在しないのは、決して偶然ではない。

（「現代日本の思想界と思想家」）

ここでも、東大教授と床屋、靴屋が一緒にくみあわされたことで、印象が鮮かだ。このような歯ぎれのよさが、戸坂潤の文章に、学者のあいだをこえて、ひろい影響力をあたえた。

戸坂潤は、官能によって、同時代をとらえる方法を知っている哲学者だった。同時代の波のあいだにあらわれる事件や人物を、歯ぎれよく次々に批評して、時代にたいして妥協するところがなかった。そして、そのゆえに、戦争下に政府にとらえられ、日本敗北の直前、獄死した。戸坂潤というと、彼を獄死においやった同時代への批評活動が思いだされるし、それがまちがっているわけではない。だが、そういう連想の中では、戸坂潤がその同時代の事件や人物をどのような仕方でえらんで、どのような仕方で批評したかという、批評の原理の一貫性が、背景におかれて、かすんでしまう。戸坂潤の仕事において、もっとも注目すべきものは、批評の原理の一貫性なのだ。

大正・昭和の時代に日本で批評家として活動した人にとって、批評の原理の一貫性をたもつことがどれほど難かしいことだったか。年少の同時代人として戸坂の文章を読んだころとちがって、今では、そのことの重みが理解できる。

戸坂潤は、軍国主義時代に入ってからの日本の同時代の思想を批評する仕事にうつる前に、批評の方法についての原理的考察に長い時間をついやした。その成果は『イデオロギーの論理学』（一九三〇年）、『イデオロギー概論』（一九三二年）に集められた。ここでは戸坂は、自分の批評の道具を実にがっしりした形でつくりあげている。

日本の哲学・人文科学・社会科学は、欧米の学問の下うけのような資格をみずからにあたえて来た。そのための当然の結果の一つとして、日本の文科的学問の諸領域では、学者同士の議論は、自分の用語を自分で定義しながら話をすすめる習慣にとぼしい。定義は、自分の学風の本店である欧米人の誰かの著書にまかすというややへりくだった態度がある。戸坂の論文集は、自分が批評において用いる主な用語を、みずから定義して話をすすめてゆく、学問として当然の道をとっており、戸坂の学風がソヴィエトあるいはドイツのどこかの本店にぞくする一支店でないことを明らかに示している。定義を自分でしてゆくという手続きを守るために、一つ一つの論文が長くわずらわしくなっている場合もある。しかし、戸坂のように官能をとおして時代をとらえることのできた人が、まずはじめに、感性にたよらず、悟性にたよる仕方で、自分の考え方の基本用語を明らかにしておいたことが、戸坂の批評方法に、同時代におぼれぬ性格をあたえた。『イデオロギーの論理学』におさめられた「「問題」に関する理論」は、立場からはじめて考えをすすめてゆく型の思索の方法を批判する重要な論文である。ある立場からはじめてその立場を守ることに終始する思索の方法を公式主義と呼ぶとすれば、戸坂潤の思索の方法は、公式主義ではない。

> もし仮に理論の性格がそれの有つ問題に於て理解される代わりに、それが立つと考えられる立場に於て理解されたならば、それから結果する代表的なるものは理論の原理的な水掛論でしかあり得ない。

普通に公式主義と呼ばれる思想は、かぎりなく続く水掛論にめげずに自分の立場に固執しつづける態度を言う。こういう態度にはある種の英雄的性格があり、そういうものとしての政治的価値はあるが、こういう態度の人々によってなされる議論は、実りないものとなることをはじめから約束されている。思想が自分個人のなかですすめられる内面対話であることを考えあわせれば、この公式主義は、不毛にたえる思想の型をうみだす。戸坂が自分の思想を公式主義と呼ばれることに甘んじたのは、彼がこれとは別の公式主義を自分のものとしていたからだ。

戸坂は、理論を理論たらしめるものは、その理論上の立場の整合ではなくして、その底にある問題把握にあると考える。まず問題を見いだし、それを明確にし、それを解くために適切な理論上の立場が採用されるのだとかれは言う。

問題は、歴史によって、社会によって、あたえられる。しかし、できあいの問題を、つくられた形のままうけつぐというところからは、重大な思想はうまれない。あたえられているものを新しく見出すところから、重大な思想はつねにはじまる。発見された問題が、ある立場から理論的に研究され解決された時に、その問題は、既成的問題として立場をとおしてうけつがれる。しかし、歴史の中に、社会の中に、新しく問題を見出すことは、立場をへないで問題に出会うことであり、この場合、立場は、問題の発見の後に、理論形成の途上でつくられる。

このように、立場をへない形での問題への直接の出会いの重視、立場よりも問題が優越するという指摘の中に、戸坂の公式主義が、普通に世におこなわれる公式主義をうちやぶる力をもつ公式主義として提起されたことがわかる。

戸坂は、問題を見出し、しっかりと設定するために、まず一度は、立場をこえて問題を把握し、次に、問題を解決する理論上の必要におうじて立場をつくるという順序をすすめた。このことは、戸坂が立場の意味をみとめず、立場をこえた超党派的な真理探求の方法をすすめたことを意味しない。戸坂は、「科学の歴史的社会的制約」において、数学ならびに自然科学さえも、問題の発見と理論発展の手続きにおいて、歴史的社会的制約のもとにあることをのべ、階級性の影響下にあることをのべる。しかし、数学および自然科学は、それらが、歴史的現段階に立脚しないという方法上の約束をもつゆえに、理論の形態については、歴史的社会的な制約を受けないことをみとめた。社会科学や哲学、さらに日常的問題の思索において、人間は、歴史的現段階に立脚して問題をたて、問題解決のための理論をつくる必要にせまられる。とくに、数学や物理学からもっとも遠い方法上のモデルとして日常的問題の理論を考える時、戸坂は、そこで活用される性格的概念に注目する。

性格とは、事物の支配的な性質である。日常の事物のどの性質が性格としてえらばれるかは、それについて考える人が、どのような仕方でその事物にむかおうとするかにかかわる。性格の発見にさいしては、どんな方法もいちおうはゆるされる。しかし、それが真であるかどうかは、やがて、それにもとづいてつくられた実践計画によって、審判される。その審判の標準をあたえるものは、歴史的運動である。

> 前略　事物の性格は常に歴史的全体の歴史的運動に寄与しなければならない。この寄与をなし得る時、性格は性格であり、この寄与をなし得ない時、性格ではなかったのである。前の場合に於て性格は正しく把握され、後の場合に於てはそれは誤まって把握される。
>
> （「「性格」概念の理論的使命」）

戸坂潤は、日常的問題の理論を、重要なものと考えた。形式論理学は、数学や物理学のように、超歴史的な理論としてみずからを提示しようとする。形式論理学は、このために当然に、非性格的な理論の形をとる。このような論理学を、戸坂は、今日の日常の問題についてわれわれが議論することに役だてる仕方で、拡張しなければならぬと考えた。このように拡張された時、形式論理学は、形式論理学でなくなる（と私には思える）。同時に、それは、性格的な理論をもつことになる。そのような理論にとって重要なのは、真理から真理にむかって推論をする方法ではなくして、われわれの思想の中にしのびこんでくる虚偽をいかに見わけるかという問題である。

恐らく吾々は性格的な論理法則を必要とするであろう。処が恰も吾々にとって最も興味あるものは形式論理学に於ける虚偽論でなければならない。（「「性格」概念の理論的使命」）

虚偽は真理よりも性格的でありやすい性質をもっていると、戸坂は考えた。この主張の延長線上に、戸坂は、同時代の言論を素材とする性格的論理学を設計した。

戸坂潤の『イデオロギー概論』は、このような性格的論理学の青写真であり、その『日本イデオロギー論』は、その青写真にもとづいてきずかれた一つの建物である。だからこそここには、「河合栄治郎は靴屋とおなじ」というようなこどもにもおぼえられるいきのいい言いまわしがあるにもかかわらず、十年来の地ならしと土台設計の上にきずかれた堅固な家がある。

戸坂潤の『日本イデオロギー論』の初版が発行されたのは一九三五年である。その批判の主な対象は、一九三一年の満洲事変以後に、自由主義から日本主義にむかって流れていった一つの思想的潮流だった。戸坂によれば、日本の自由主義は確固たる思想運動としての形をもたず、むしろ明治以来、主として文学をとおして気分としてひろまってきた不定形の思想としての特色をもっている。ここには、日本の自由主義に特有の文学主義があり、それがドイツ流の言葉の意味の解釈をかさねて議論をすすめる、文献学主義につらなってゆく。もともとが理論というよりも気分と呼ばれるにふさわしい不定形の思想だったので、それは理論上の党派的節操にとぼしく、そのために、いったん国策が戦争のほうにきまると、日本主義にかわることに何の論理的抵抗力ももっていない。戸坂は、思索の方法としては、まず党派性をこえて問題に出会うことをすすめるが、いったん問題がとらえられてそれについての理論がつくられたなら、その理論はかならずある種の党派的節操を、結果として要求すると考える。思想のいかなる段階においても、無党派を主張する考え方とことなる。ところが、確固とした理論の形をとり得ない、文学主義的・文献学主義的な自由主義思想は、まさにその不定形の論理構造のゆえに、やすやすと、日本主義の方角にいかなる歯どめもなく流れてゆく。

大正期の自由主義哲学者和辻哲郎が、「倫理」とか「人間」とかの日本語の語源にさかのぼってこれらの言葉の語感の中にひそむ智慧をほりだして見せる時、読者は啓発されることもあるが、それらの言葉の語感の分析は、そのまま、それらの言葉のさしめす事物関係そのものの分析としては、受けとることができない。「倫理」という言葉の語感の分析は、倫理という指示物の分析では、ないのだ。さらに不思議なことに、和辻の哲学において、日本語の言いあらわすことは、たいていが最高の真理なのだ。そう結論できることの論理学的保証はないはずだと、戸坂は批判する。

このあたりに、和辻流の日本主義思想のおとしあながある。

戸坂の批評は、腕力にまかせたごういんな批評ではない。ひとりひとりの日本主義思想家の論文をくわしく読んで、それぞれの論文の性格に密着した批判をくわえている。権藤成卿《ごんどうせいきょう》の『自治民範』について、民衆の衣食住の制度をよりよいものにしてゆく民衆自身の自治能力の向上をすすめる思想であるとして、明治維新以後の日本政府の官僚専制を批判するその性格を見わけている。にもかかわらず、この思想はひとたび日本精神主義という潮流の中におかれると、その著者の意図をこえて、日本政府の国策擁護の道具として用いられることをまぬかれないであろうと言う。

戸坂の日本主義批判は、満洲事変から盧溝橋事件にかけて日中戦争の初期の段階における日本の論壇の変化にたいする適切な批評だった。この時代には、革新政党の権威によりかかって議論をすすめることは不可能であり、戸坂のように、いったん党派性をこえて論理学的規範によって批判をこころみるという一昔前までは教室スタイルと見なされた論法が、読者大衆にうったえるもっとも直接的な論法だった。このゆえに、戸坂の哲学的論作は政治的な役割をになわせられることとなり、彼の獄死の原因をつくった。

戸坂の性格的論理学は、一九三〇年代の日本で、ある種の自由主義思想がある種の日本主義思想へ移ってゆく論理的からくりをときあかす。同じからくりは、三十年後の今日、ふたたび働いている。日本思想の特色の尊重が、現在の日本政府の政策への批判の放棄と合流する危険にたいして、われわれは今も眼をさましている必要がある。戸坂の死後二十年は、日本における自由主義を思想として確立させたと言えない。不定形自由主義から国家主義的日本主義へのけじめのない変化にたいして論理学的批判を続けて妥協することのなかった戸坂潤の活動は、日本の唯物論にとってだけでなく、日本の自由主義にとっても、すぐれた伝統の一部分である。

花田清輝の戦後

二十五年おくれた書評として、私は、この文章を書いている。「復興期の精神」が『文化組織』(一九四〇年創刊)に連載されていた戦争中に、私がこれを読んだとしても、わからないものとして通りすぎただろう。これが本になって戦後の一九四六年十月に発行された時にさえ、私にはよくわからなかったのだから。

いま発行されている未來社の本には、この本のそれぞれの文章が、いつどういう状況で書かれたかがまったく示されていないので、それらの文章が、書かれた時の状況とどのようにかかわっていたかを想像しにくい。しかし、日付けがないということが、これらの文章の性格をなしている。

『復興期の精神』は、二十二人のヨーロッパ人について書かれた短い文章で、伝記風の評論とも言えるが、むしろ思想史を素材とした小説というほうが、あたっている。それらの人物について、典拠を示さずに、こうも考えられるし、こうも考えられるといったふうに、いろいろの角度から意外な解釈を示して、ぽつんと終る。終ったところでは、書かれた当人についての歴史的真実を教えられた、という感じを読者は与えられない。しかし、ダンテならダンテ、セルバンテスならセルバンテスについて、思いめぐらす花田清輝の見方はわかる（といっても、二十五年前には、私は、それさえわからず、何とも妙なものを食べさせられた感じで読みおわったものだ）。

花田は、自分の方法を、次のように規定した。

文献や年代記を拒否し、虚偽以上の虚偽だけに私の視野をかぎるということが、冒頭において私の宣言した方法であった。この方法は、あくまでつらぬかれなければならない。

（「鏡のなかの言葉」）

歴史を素材にした小説は多くあるが、思想史を素材にした小説が、日本の文学にこれまであったかどうか、私には思い出せない。むしろ同時代で言えば、保田與重郎などが日本の文学史・思想史に素材を得て書いたフィクションが、花田清輝に、西洋の思想史に素材を借りて別のものを書かせる力になったのかも知れない。そういう意味で言えば、花田がこの作品を書いていた時代には、陸軍省、海軍省、文部省が日本の文化史・思想史についての各種のフィクションをつくって普及させようとしていた。花田が題材を日本の思想史にとらずヨーロッパの思想史にとったのは、日本の思想史をとりあげて日本政府と正面から力くらべをすることをさけたためでもあろうが、同時に、そのころヨーロッパと日本との文化交流がとざされていたためでもあろう。戦後の現在では、彼は中国文学史や日本文学史に素材をとった小説を書いている。

なぜ、花田は、この時期にヨーロッパの文芸復興期にひかれたのか。

ひとつは、復活の秘密が知りたいということだったろう。文化が無からの復活、無への衰亡という反復の形式をとる以上、ルネッサンスにおける復活のさまざまの形について、戦時の日本で思いをめぐらすことは、みずからの再生についての計画をたてることにもなる。

ルネッサンスは、私に、海鞘《ほや》の一種であるクラヴェリナという小さな動物を連想させる。この動物を水盤のなかにいれ、数日の間、水をかえないで、そのままほっておくと、不思議なことに、それは次第次第にちぢみはじめる。そうして、やがてそれのもつすべての複雑な器官は段々簡単なものになり、ついに完全な胚子的状態に達してしまう。残っているのは、小さな、白い、不透明な球状のものだけであり、そのなかでは、あらゆる生の徴候が消え去り、心臓の鼓動すらとまっている。クラヴェリナは死んだのだ。すくなくとも死んでしまったようにみえる。ところが、ここで水をかえると、奇妙なことに、この白い球状をした残骸が、徐々に展開しはじめ、漸次透明になり、構造が複雑化し、最後には、ふたたび以前の健康なクラヴェリナの状態に戻ってしまう。再生は、死とともにはじまり、結末から発端にむかって帰ることによっておわる。注目すべき点は、死が——小さな、白い、不透明な球状をした死が、自らのうちに、生を展開するに足る組織的な力を、黙々とひそめていたということだ。（「球面三角」）

ここに描かれた衰亡と再生の形式は、インド教の立場から書かれたものかと思われるほどに、ヨーロッパ十八世紀以後の人間文明の無限進歩の思想と趣をことにする。この文章が書物として発表された戦後の時期に、日本の知識人が暗黙の前提としてふたたびよりかかったこの無限進歩の理念から隔絶した観点で書かれている。

それ（クラヴェリナ）は、ルネッサンスの中世から古代への復帰の過程において、死の観念の演じたであろう重要な役割を思わせる。当時における人間は、誰も彼も、多かれ少かれ、かれらがどん詰りの状態に達してしまったことを知っていたのではないのか。果までできたのだ。すべてが地ひびきをたてて崩壊する。明るい未来というものは考えられない。ただ自滅あるのみだ。にも拘らず、かれらはなお存在しつづけているのである。ここにおいて、かれらはクラヴェリナのように再生する。再生せざるを得ない。

転形期のもつ性格は無慈悲であり、必死の抵抗以外に再生の道はないのだ。ペーターのみたのは、再生してしまった健康なクラヴェリナの姿であった。しかるに、ルネッサンスにおいて私の問題にしたいのは、結果ではなく、過程である。クラヴェリナの正体のうかがわれるのは、その死から生へのすさまじい逆行の過程においてであった。(「球面三角」)

戦後という時代の死を迎えたいま、われわれの間では、戦後の思想を低く見る議論がさかんだが、戦後の文化を導き出した花田のこの文章を見ると、戦後文化が一つのヨーヨーのように、一回の伸縮を終えて花田の手もとにかえってしまったように見える。占領にはじまる文化復活の運動が衰亡と死に到ったとしても、その死からの反撃を試みる他ないというのが、花田のルネッサンス論なのである。

衰亡と死にいたる過程を克明に理解するならば、同じフィルムを逆転して、再生への道をさがすことができるというのが、花田がここでこころみたフィクションである。それは、一九三〇年代以来、日本の政府がつづけて来て、一九四〇年までにほぼ完全な成功をおさめた国家主義への転向説得にたいする、反対方向からの説得だった。彼は、当時の通用語だった「転向」という言葉にふくまれた説得的定義を排して、彼独自の逆説得的定義を展開する。

転向ということが問題になるたびごとに、いつも私はコペルニクスの名を思い出す。

これはおそらく、昔、学校でおそわったカント哲学の記憶のためにちがいない。コペルニクス的転向――コペルニカニッシェ・ウェンドゥングとは、周知のように、カントが『純粋理性批判』のなかで、かれの業績をコペルニクスのそれに匹敵するものとして、その画期的である所以を強調するためにつかった言葉だが――この言葉のもつ颯爽としたひびきは、およそ今日、我々の周囲で絶えず発音されている、耳馴れた同じ言葉からはきくべくもない。そうして、何故か私には転向といえば、つねに堂々たるコペルニクス的転向のことを指すべきであり、誰でもがする現在の転向は、断じて転向という言葉によって呼ばるべきではないような気がするのだ。

（「天体図」）

花田が描くコペルニクスの転向の方法とは、ただ学問の領域の内部で、それまでの天文学をひっくりかえすことにつきるものではなく、その当時の進歩派も保守派もともによりかかっていたわくぐみとしてのキリスト教的世界観そのものを、底からひっくりかえすものだった。だから、その時の与えられた状況の中でのルターのような進歩派とか、法王レオ十世のような保守派の進歩・保守の区分などは、コペルニクスの方法にとっては問題ではなかった。あたえられた進歩・保守の区分をこえる仕方で、転向の方法が工夫されているのだ。

コペルニクスの方法は、また、あまり闘争的ではなかった。進歩派からは闘争的でないといって軽んじられたが、より深い闘争はしばしば平和な外見の下に進められるものだ。彼は、保守派と進歩派の対立を、対立のままくみあわせて、闘争のままに自滅を計るという独自の方法を工夫した。彼は、彼自身の内部においても、彼は、数学者としての数学者としての自分にたいして詩人としての自分を対置し、両者を決して統一しようとすることなく、自分の対立を深め激化してゆくことをとおして生きつづけた。彼は決して、弁証法的統一とか、統一による対立の止揚を求めなかった。

たとえば、かれが詩人であり、数学者であったとする。かれは、詩と数学の対立と矛盾とを、かれの精神の世界のなかで、直ちに「止揚」することによって、調和させようとはせず、一ぽうが他ほうに負けないように、両者の対立を深めてゆき、この対立を対立のまま調和させるのだ。かれをみちびくのは、一種の平衡感覚のごときものであり、これによって、かれは巧みに両者の均衡を維持し、その各々が、次第にかれにたいする抵抗力をうしなうのを待ったのだ。(「天体図」)

ここでは、思索の方法としての統一せぬ弁証法が提起されている。それは、組織の方法として考えられる時には、見せかけだけの一つの党派への統合を望まず、対立をとおしての協力の道をさぐるということにもなろうし、「変形譚」の中でベルグソンのエラン・ヴィタールとバビットのフラン・ヴィタールに例をひいて説かれたように、自由を求めて敢て拘束に服するという仕方での、労働運動組織への参加の提案にもなるだろう。戦時の花田清輝にとっては、戦争に負けてアメリカ軍に占領されたあとで、今の軍国主義協力者たちがもとの自由主義者・社会主義者・共産主義者の陣営にもどるところまで明らかに見えていただろう。そして、そのような再転向によって、転向問題がかたづかないことまでも、見えていただろう。

戦後の日本思想の一つの争点となった転向問題にたいしても、花田が提起したのは、コペルニクス的転向の理念をもってこれに対することだった。これはふたたび、戦後の進歩・保守の区分を越える道を指さすこととなる。残念ながら、花田は、あくまでも小説としてこのコペルニクス像を描いているので、花田の指さしたコペルニクスの道が戦後の日本にとって何だったかは、実行のプログラムとして明らかでないところが多い。それは、前近代的なものにたいする積極的評価をおこなって、その転生をとおしてなされる社会主義革命をめざしていたものだったと言うことはできよう。戦争前の出発点に再転向したところからなされた進歩主義者の議論の間で、彼は、かけはなれたところを指さしていた。

彼の理想は、楕円である。

円は完全な図形であり、それ故に、天体は円を描いて回転するというプラトンの教義に反し、最初に、惑星の軌道は楕円を描くと予言したのは、デンマークの天文学者ティコ・ブラーエであったが、それはかれが、スコラ哲学風の思弁と手を切り、単に実証的であり、科学的であったためではなかった。プラトンの円とおなじく、ティコの楕円もまた、やはり、それがみいだされたのは、頭上にひろがる望遠レンズのなかの宇宙においてではなく、眼にはみえない、頭のなかの宇宙においてであった。それにも拘らず、特にティコが、円を排し、楕円をとりあげたのは、かれの眺めいった、その宇宙に、二つの焦点があったためであった。すくなくとも私は、ティコの予言の根拠を、かれの設計したウラニエンボルクの天文台にではなく、二つの焦点のある、かれの分裂した心に求める。転形期に生きたかれの心のなかでは、中世と近世とが、歴然と、二つの焦点としての役割をはたしており、空前の精密さをもって観測にしたがい、後にケプラーによって感謝されるほどの業績をのこしたかれは、また同時に、熱心な占星術の支持者でもあった。いかにかれが、星の人間にたいする影響力を深く信じていたかは、決闘によって自分の鼻の尖端を切り落されたとき、その原因のすべてを星に帰し、いさぎよく諦めてしまったという、無邪気な挿話からでもうかがわれる。(「楕円幻想」)

これは、ただ一つのパラグラフで完結した小説であり、実在のティコ・ブラーエの伝記とどういうかかわりがあるかわからないが、ともかくも、ここにはっきりと花田の理想はあらわれている。戦争中に彼が、元マルクス主義者をふくめての、国粋主義陣営の真円主義者を相手として抵抗することを余儀なくされたように、戦後の彼は、左翼陣営内の真円主義者と論争せざるを得なくなった。

諷刺だとか、韜晦《とうかい》だとか、グロテスクだとか、——人びとは勝手なことをいう。誠実とは、円にだけあって、楕円にはないもののような気がしているのだ。いま、私は、立往生している。思うに、完全な楕円を描く絶好の機会であり、こういう得がたい機会をめぐんでくれた転形期にたいして、心から、私は感謝すべきであろう。
（「楕円幻想」）

花田がヨーロッパのルネッサンスにひかれたもう一つの理由は、日本に輸入されて来た十九世紀のヨーロッパの近代文化にたいするうたがいであろう。文部省をとおして、また大学やジャーナリズムや芸術をとおして、明治以来入って来たヨーロッパの近代にたいして、それと原産地の手本とはちがうというような仕方で批判をこころみる道をとらず、むしろ、その近代文化の形成の方法について自由に思いをめぐらそうとしたのだ。その時ルネッサンスは、中世と近代をつなぐ架橋として、中世文化から力をくみつつもう一つの文化を構想する方法としてあらわれる。歴史の上に実際にあらわれた近代とは別の、より大きな可能性としての近代の肖像をえがくことができる。こうした幻想的な近代の肖像をえがくなかで、その中にぬりこめられたものとして、軍国主義に終った日本の近代への批判をのべた。小説の構想があまり壮大なので、ここにこめられた日本近代の批判は、軍国主義時代までの日本文化の批判に終らず、戦後の二十五年間の近代化もやすやすとその射程に入っているように、いま、読みなおしてみると、感じられる。この作品は、二十五年前にくらべて、かえって若々しくなっている。

一義的なものとしての近代の意味にうたがいをなげるという目的には、伝記でも歴史でも思想でもない小説というこの形式は、かなっている。ああも見えるし、こうも見える、しかしまたああも見えるのだ、という風に、同じ事件の意味をちがう仕方で見てゆくことの記述の方法は、まず資料の確定をして、その上で資料にもとづいて推論をするというロジック（論理）の方法とはちがう。ああいえば、こういうという日常生活で使われるレトリック（修辞学）の方法が、思想史のレヴェルで使いこなされているのだ。

狂信者のもつ説得力は、彼が自分の駆使するレトリックを、ロジックであると誤信して、相手にせまるところから来る。そして相手を、その誤信の中にひきずりこんでしまうことで説得に成功する。それとちがって花田の方法は、レトリックをロジックと混同するところがない。あくまでもロジックから区別されたレトリックとして、自覚的に展開された思想であり、そういう思想として、日本の思想史に独自の位置を占める。

狂信者が、「こう考える他にない」とつよく相手にうったえかけて、現実にたいするただ一つの視座に相手をしばりつけようとするのと対照的に、花田は、「ああも見えるし、こうも見える」と言ってのらりくらりと見方をかえてみせることをとおして、現実にたいして人間のもちやすい固定した視座から相手を自由にしようとする。

私はプラトンのアカデミアを思い出す。周知のごとく、アカデミアの目的は、主として政治家の養成にあったが、そこで何よりも不可欠のものとされていたのは、数学の知識であった。事実、プラトンは、危機に臨む若い国王に、まず幾何学の学習を要求した。何故か。その理由は簡単である。数が自然的存在から区別されることによって誕生し、数学が自然学との紐帯を絶ちきることによって、はじめて生成したからだ。したがって、数学的存在は、自然的存在を超え、これを一つの特殊の場合として含むような普遍的存在となり、その結果、数学は自然学《フイジツク》と形而上学《メタフイジツク》とを媒介することとなる。すなわち、数学の成立によって、科学と形而上学とは、それぞれ独自の領域を所有することとなるのだ。むろん、プラトンが、政治家に数学的教養を要求したのは、数学を把握させることによって、形而上学のいかなるものであるかを、かれらに明瞭に把握させたいためであった。かれらの意見によれば、政治家は、つねに形而上学者であるべきであった。しかし、我々のルネッサンス人たちは、プラトンとは反対に、数学を通過することによって、逆に科学のほうへ行ったのである。自然からの解放を望み、実践の合理化ではなく、合理的実践に終始しようとすれば、科学を科学として厳密に把握する以外に方法はない。とはいえ、我々にプラトンの愚を嗤《わら》う資格はなかろう。すくなくとも政治家にたいして、数学を推薦したかれの眼には、科学と数学と形而上学との区別が、はっきり映っていたにちがいないからだ。しかるに我国では——殊に我国の政治家は、いまだに科学と形而上学とを混同しており、徹底的に科学的でもなく、十分に形而上学的でもなく、政治的自然に翻弄《ほんろう》されながら、ただ騒然と右往左往しているにすぎないではないか。

（「アンギアリの戦」）

この最後の文は、いま読むと、戦後の左翼知識人の動きをさしているかと思われるほどだが、これを書いたころの花田は、「この道しかないのだ」と言って現実のある一つの解釈に日本人を追いこもうとする戦時下の政治的動向にたいして、その呪縛から何人かでも解こうとしていたのだ。

戦後の理想はだんだんにおとろえて、いまは死にかかっている。ルネッサンスに題材を借りたこの小説で筆者の言うように、衰亡の時に再生の力をまなぶことがないならば、戦後の日本は思想の名にあたいするものをうんだとは言えない。戦後思想の衰亡は、その再生の力をつくる一つの機会だと言える。

終りに一つ、この本を読んで、はっきりしないことは、再生するクラヴェリナが、死に到るまでのクラヴェリナと同じものか、どうかだ。死に到るまでの苦い経験がクラヴエリナの再生を少しずつ不活潑なものにしてゆくかもしれない。戦後の日本を考えると、そのような縮小再生産が、つづくような気もする。それでも、意地でもつづけるほうがよいように私には思えるのだが、やがて、死に到るまでの記憶が新しい活動力としてあざやかにかえってくる時が、あるのだろうか。

加藤芳郎――無意味にめざめよ

『ベンベン物語』というのは、へんな漫画である。こういう作品が、他の国にあるかどうか知らない。

その一「初ウンの儀式」によると、主人公は正月元旦にフロック・コートを着て便所に入り、「新年の歌」をうたいながら用をすましたあとで、便所の下のまどから手をのばして、するすると旗をあげる。その旗は、日の丸にあらずして、トイレット・ペーパーを横からながめた図案だという。

これほど便通を大切にするというのは、一つの哲学を支える根本理念である。

主人公は、クソを肯定することから、人生全体を肯定する道に進みでようとするのである。クソはさりげない人生のひとこまであるが、それを深くあがめることをとおして、人間全体を理解する方向に転向することができる。いわば、世界をもちあげるためのテコの支点である。

おなじ『ベンベン物語』の中のもう一人の主人公ウン野ウン吉さんは、イタズラおもちゃ「ウンチ」をつくって四十年、ついに人間国宝に指定されるが、そこにくるまでには彼なりに悩みもあり、行きづまりもあった。その行きづまりを打開するきっかけは、温泉宿のうら山で偶然に見つけた見事な野グソだった。内助の功をたたえられる彼の妻は、その記念にと、野グソの碑をたてる。

人生の意味は何か？　学問の意味は？　芸術の意味は？　と問いつめてゆく時、かえって意味は、逃げてゆく。野グソの意味に考えを転じる時に、人はかえって人生の意味を見出すかもしれない。まっすぐに人生の意味を追求する哲学のすじみちは、明治の一高生藤村操以来、多くの青年を自殺に導いた。人生の無意味さにめざめて、これを肯定するいとぐちを得る時、新しい人生の視野がひらける。

加藤芳郎の人生の理想は、生活の中の一点をみがくことにある。

『ウマイゾヘタクソ物語』では、細君と一緒に寝ようとしてひじてつをくった亭主が、妻のそのひじてつの力をみがきあげてオリムピック選手に仕立てる計画をたてる。そしてまず、ひじてつをオリムピック種目にくわえようという運動をはじめる話である。『オレはオバケだぞ』には、ハナクソほじりの趣味をみがきあげる男あり、ヘソのゴミとりの趣味をみがきあげる男がいる。『千匹の忍者』には、貧乏ゆすりの研究をしている男がいるし、自分の家の物置のびんの中に一年こもって、忍者酒をつくっている男もいる。石を庭において露天風呂をつくり、細君をさそってことわられる忍者もいるし、この夏はお城の天守閣の屋根でハダをやこうと計画して、その目的だけのために城にしのびいる女忍者もいる。

ちんちろりんと風流になく珍らしい水虫を大切に飼っている男がいるし（『オレはオバケだぞ』）、屋根からもってくる雨のしずくを外にはじき出して道行く人をうつ、雨だれつかいの名人もいる（同上）。こういう趣味はいずれも、貧乏をたのしむこつみたいなものと言えるかもしれない。貧乏の原因をたつためのたたかいから眼をそらす、反動的な政治思想と言えるかもしれない。しかし、同時にここには、テレビ広告のペースにのって自分の生活水準をあげてゆかねばならぬ気ぜわしさからの自由があり、ある種の生活上の理想がある。

加藤芳郎にとって、理想の社会とは何か？　それは、人びとそれぞれが自分の趣味に生きるような社会である。自分の生活の一点に関心をもって、それを自分なりに工夫したのしんでいるような社会である。『あやふや部落』その九「親分冬眠の巻」で、こじきがさつまいもをもって来ると、ちょうどそこに落葉がたまっていたので、やきいもをつくろうと思って、たき火をはじめる。すると、たき火の中から、にゅっと足が出る。

「やきいものお化けが出た」

と、こじきは、びっくりして兄貴分のこじきのところにとんでゆく。二人で、もとのところにかえってくると、へんにふくらんだものが出ている。

「これがやきいものお化けだって。やきいもの味がするかどうか、かじってみればわかる」

そこでがっぷりとかみついてみると、それは人間の尻だった。出て来たのは、かれら二人の親分にあたる人。

「あっ、親分!!」

「やきいも、やきいもって、うるせえじゃねーか!!　こうみえても冬眠のけんきゅうしてるんだ。しずかにしねえか!!」

と、親分は、かんかん。

「そんなにやきいもが食いたかったらこれで買ってこい」

と彼は、いくらかのこぜにを子分にくれて、

「もう冬眠のじゃましにくるんじゃねーぞ!!」

と、もう一度、土の中にもぐりこむ。しばらくして、子分はまたもどって来て、地上に出ている親分の尻にまたかみついて、

「親分もう百め、おごってよ」

と請求するわけだ。子分たちにくらべて、親分には、一段すすんだ研究心があり、それが理想化されている。

こういう人物は、やがて長編連載漫画『オンボロ人生』の中に群像としてたちあらわれて、かれらのおりなす人間関係をとおして、作者の社会的理想を表現するに至る。

そういうユートピア共同体をつくるまでに行かない場合にも、人と人との日常のつき

あいの中で、ふとユートピアのかけらが見えることがある。初期の作品に『食客モンさん』というのがあって、この主人公モンさんは、兄貴が嫁をもらったので家を追いだされて、住むところがない。敗戦後まもないころだから、住宅難は深刻である。こうもり傘一本を手にして道を歩くうち、その傘をたてて見て倒れる方角に進むことにする。やがて見知らぬ年始客についてある家に入りこみ、おとそをごちそうになってそこに住みつくことにする。やがて一年はめぐり、また正月が来た。モンさんは、アルバイトに、ほんものの猿が不足の折から、猿のぬいぐるみを着て親方のたいこで年賀のおどりを見せて歩く。

「正月をオーバーなしではたらけるアルバイトとは、ありがたいよ」

とモンさん。しかし、ある方角にむかうと、急にしりごみしはじめる。

「なんだい、そんなところでてれちゃ、しようがないな……ええッ、ここの家に居候《いそうろう》しているんだって。そんなならなおさらだ。ふだんのご恩がえしのつもりで、おどってこい!!」

と、親方は、猿のモンさんを門の中におしいれる。テケテン、テケテン。モンさんが、やけになっておどると、一家はよろこぶ。とそきげんの親父は、

「はっはっは、こりゃけっさくだ!!　わしも、こういうものを一ぺん着てみたいものだな」

いっぽう、門の外では、親方がテンツクたいこをたたきながら、待っている。

親方「だいぶ、よろこばれているようじゃないか」

そこに、猿が烏帽子をかぶっておどりながら出てくる。

猿「こりゃおもしろい……」

親方「そうさ、なれてくりゃ、おもしろいもんだ……」

とはげますと、猿は、

「ゆかいだ!!」

とおどりながら、道を歩いて行く。そこにモンさんが平服を着て出て来て、

「親方、ご恩がえしに、ちょっとここの主人にかしましたよ」

『あやふや部落』(『講談倶楽部』1954年)より

住宅難の時代に見ずしらずの若い男をおいてくれた恩がえしに、この貧しい青年は、一家の主人にとってまれな底のほうからの気ばらしの機会をつくる。人と人との出会いには、このような形にとらわれぬ誠意のうけわたしの可能性があるのだ。

加藤芳郎は、人それぞれの底に眠っている欲望を透視する。その欲望が自由に生きた時にどうなるかを描く。だから、加藤の線をとおしてあらわれる世界は、今日の

日常の世界によく似てはいるが、この日常の世界とは一ミリか、二ミリくるったところにあるはずの架空の世界である。その故に、この作者の描く世界は、深刻な事件であっても不思議にのんびりした空気があり、日常の俗事であっても何やら神秘的な韻律をもっている。

加藤の線は、それぞれの人間の底にある各人特有のおばけ性をうつす。『オレはオバケだぞ』は、これまでに連載五百回くらいか、毎回独特の表情のおばけを登場させて、よく種がつきないと思うが、これは日ごろ加藤が人を見る時、その人なりのオバケを見ることでデッサンをつみかさねて、ぼう大なストックをもっているからだろう。

忍者というものも、ひとたび忍術で自分の日常性をかくすと、その日常性の底にかくしていた本来の姿を自由に見せてかったつに歩き出す。そのスタイルを『千匹の忍者』として、千人分、それぞれの人間のなりたい忍者のスタイルとして、加藤は描く。かつての立川文庫の創造した忍者は、真田十勇士の中のせいぜい二人、他のをいれても十人くらいだったが、千人の個性ある忍者を描くというのは大へんなことだ。彼のペン先からあらわれる忍者は、立川文庫や講談のような型にはまった英雄ではない。それぞれが、あまり現実ばなれして偉くはならず、もとの人なりの平凡さを保ちながらそれをもっと自在なものへとおりまげてゆく。

人間のもつ怪物性は、忍者とか化物とかにかぎらず、現代の都会の風景の中にも見出される。『何が何して何とやら』第十話「電気うなぎのはなし」もその一つ。「アマゾンの電気うなぎ」とあだなされる男と、「メスの電気うなぎ」とあだなされる女とが、アパートの屋上で対決。電気はいなずまをよんで、ピカッ、ピカッ、ゴロ、ゴロ。試合が終った時オスはついにメスの軍門にくだり、彼はそれからというもの、彼女の『電気せんたく機』となって奉仕したという。これなぞは、男女の愛を極度に単純化して、電気の作用になぞらえてかいたものだが、かえってこの種の個性をかざりなしによくとらえている。

加藤芳郎の漫画は、われわれの前に、まず一つのへんな形をおく。その形から、連想は読者の心中で雲のようにわいてくるわけだが、作者は、この形の意味はこう解釈してくれないと困るなどとは言わない。いろんな連想のふりはばの中で、何か特に重大な意味が大きく読者の心に育ってゆき、それが印象として残る。

詩人片桐ユズルは、ボブ・ディラン作のフォーク・ソング「風に吹かれて」を分析して次のようにのべた。

「山は海にあらいながされるまで何年存在しうるか？
自由をゆるされるまでに、ある種のひとびとは何年かかることだろう。
自由をゆるされることは、山でさえ海にながされるのだから、いつかはできるという希望なのか、山が海にながされるほどとおいことだという悲観的観測なのか、まったく正反対のこたえがありえる——という、あいまいな歌だ。」（片桐ユズル「デフォーク・ソングは、ただの政治的宣伝にすぎぬという立場から言えば、はがゆいばかりのもので、広場に何時間もたってフォーク・ソングを歌うというのは、政治的目的から見て、ひまつぶしに過ぎない。しかし、片桐の評価では、「山は海にあらいながされるまでに何年存在し得るか?」と歌う人は、歌いながら、絶望から希望までの意味のふりはばが自分のうちにあらわれるのを感じ、そのふりはばの中から誰に命令されたのでもなくこの瞬間の自分の決断によって、自由をめざす行動をえらぶことに新しくかける。この決断の自由の生じる場を、フォーク・ソングがつくる。

加藤芳郎のようにナンセンス漫画をかく人が、どれほどに政治漫画をかいているかは、作品をほとんど全部見て、はじめて知ることができた。彼の政治漫画は、すでにかたまってしまった政治的判断を、絵でわかりやすくかいて提供したというふうなものではない。ナンセンス漫画としての道を歩きとおすことをとおして、あらわれてくる政治漫画なので、ナンセンスというのは、ある種の不敵な政治性をもっているのだ。その政治性は、前にのべたボブ・ディランの「風に吹かれて」のもつ政治性とよく似ている。加藤の漫画を見る読者は、それをとおして彼自身が自由に同時代の政治について考えていると感じ、何かの政治思想をおしつけられていると感じないであろう。

『ウレシイ連中』には、「勇敢なるＢＧ」という一枚漫画がある。若い娘がフスマをしめきって、たたみにすわり、スエーターをおしあげて腹もあらわに、ヘソに筆をさして、習字の練習をしているところ。ふるえる筆つきの「平和日本」という文字が見える。彼女はフスマの外に顔をむけて、

「いま誰も入ってきちゃダメよ‼　会社の忘年会の余興のオケイコ中なんだから……」

　今の日本は、忘年会でヘソで字を書くようにのんびりした平和をたのしんでいる。これではダメだということなのか。いや、この平和を大切にしようということなのか。ヘソで書いた字だから、あまり力が入らないで、平和がふるえている。いまの日本の平和のように不安定ではないか、とか……。連想はかぎりなくひろがる。私は、こういう漫画こそ、政治漫画だと思う。

『まっぴら君』は、昭和二十九年一月にはじまったから、もう十五年半つづいている。占領以後の日本の同時代史としてのひろがりをもっている。

「名前は？」

「真っ平御免二十五歳」

と、登場にさいしてこたえたのだから、もう四十歳で、中年に達しているわけだ。はじめのころのように、自分でかけまわって事件をおこすというのでなく、近頃では、人の起した事件を見て記録するという客観性をそなえて来た。それでも、自分はもともと何だったか？　とみずからの主体性を問うこともあるらしく、戦後十九年目の八月十五日には、「全国戦没者追悼」と題してこんな漫画をかいている。

黙とうする中年男。さげている頭の上に涙が数滴たれてくる。おどろいて、彼が上を見あげると、そこには蜃気楼がうつっていて、大地にさかさにぶらさがった十九年前の彼が国民服、ゲートル姿で、鉄カブトをせおって涙をこぼしているのだった。その涙が、今、無為のこの中年の男の頭の上から落ちて来る。夢かまぼろしかは知らず、この個人と個人との対話。

私がこれまでに見た漫画の中のすばらしい漫画の一つである。

加藤芳郎は、大正十四年六月二十五日、東京にうまれた。八人兄弟の六番目。渋谷中幡小学校にかようちに、「少年倶楽部」の『のらくろ』に熱中、漫画家志望のグループをつくって創作にせいを出した。小学校卒業のころには、先生から、みんな何になりたいかときかれて、彼ひとりは「漫画家」とためらわずにこたえたという。小学生の時の初心をつらぬいて今日まで生きて来たわけだ。その漫画へのうちこみかたは、非常なもので、もう一度うまれたらやっぱり漫画家になるという。『まっぴら君』第四二七一回には、主人公が六月のある日、朝おきてドライヤーをかけているところが出ている。釘のようなものがいっぱいユカにとびちる。しゃがみこんで虫眼鏡で見ると、カビだった。そこで、

「マンガにカビが生えないように六月いっぱい修業してきます。まっぴら君」

とはりがみをして、まっぴら君は、こうもりをかついで休みをとり漫画のコマのそと

に出て行く。

こんなふうにして、自分の技能のレヴェルを保つことに、細心の注意をはらって来た人だ。明治・大正を見ても、日本の漫画家は早くスタートして、早く消えてゆくが、中年に達して衰えを見せない漫画家として、珍しい存在である。

昭和三十四年、アメリカ国務省にまねかれた唯一人の漫画家として渡米したが、その後も、彼の漫画にもられた政治思想にはすこしの妥協もあらわれていない。彼の漫画は時として、『まっぴら君』第二二八二回のアメリカ兵日本人ごろしへのふうしのように、アメリカ兵もよむ英字新聞に転載されることがあるし、ヴェトナム北爆がはじまってから彼の「ヴェトナム戦争どろんこ美容」という漫画がべ平連の英文リーフレットに転載されて、アメリカおよびカナダでまかれたことがある。ワシントン・ポストにべ平連の出した反戦広告の署名人の一人でもある。

『オンボロ人生』は、加藤芳郎の社会思想をよく見せてくれる作品で、これは、戦後の東京にうまれたバタ屋部落「蟻の街」を理想化した長篇漫画とも考えられるが、『オンボロ人生』の女主人公は、「蟻の街」のマリア北原怜子にくらべるとはるかにユーモアのある性格で、殉教

『まっぴら君』（毎日新聞、1966年5月31日より）

者などではない。作者の回想によると、『オンボロ人生』のヒントは、むしろ、戦前東京都防衛局、戦後に東京都公園緑地課につとめていたころ、毎日あっていた中年のつとめ人たちから得たという。小学校卒業後、加藤は、昼間は東京私立駒込病院につとめながら、府立六中（今の新宿高校）にかよって卒業した。その防衛局と緑地課と二つの役所づとめが、加藤に、無能で平凡と見られている中年サラリーマンの中にひそむ、もう一つの人生への希望を観察させた。少年のころから、大人たち、老人たちの見はてぬ夢にたいして心やりのある人だったのだろう。こういう人が、みずから中年をむかえると、『モテモテおじさん』という愉快な主人公をつくりだした。

モテモテおじさんのイメージは、おそらくステテコという戦前的な下着からわいたのだろう。ある若い女優が、ステテコをはいた中年男を見ると、ぞーっとすると言ったことが、新聞や雑誌をにぎわしたことがある。このような若い世代の非難にたいする、中年の世代からのゆっくりした応答になっているのかもしれない。とにかく、少年のころから中年、老年の同僚に思いやりのあったこの作家は、自分が中年になった時にも、若さにたいするねたみをもたない。おれはもう若くないのだという口惜しさから来る意地悪な方法によってでなく、何となくふんわりとした感じで、中年・若年の男女関係をえがいている。欲望をふやかして手玉にとる仙術を身につければ、金もなく、見ばもよくない中年の男にも、らくらくとした人生の展望がひらけてくるものだ、ということを言っている。

『千匹の忍者』第一五三回に、山ずまいの老忍者がたのしげに何か箸でつまんではたべている。ノビルのヌタ。タラの芽の天ぷら。ワラビ、ゼンマイのおひたし。その他イロイロの木の芽や野草の料理。

「もうひとつ、忍者だけが味わえる季節のたべものをご紹介しよう」

そう言って、老人は、かごを手にして、すたすたと家を出て行く。野原には、かげろうがたっている。モヤモヤモヤモヤモヤ。

それをひとすじずつ、手でとって、タレをつくってソバのごとくに食う。

「食べたあとがホカホカユラユラしちゃって、ああいい気分」

老人は、空中に横になってたのしそう。これこそ、忍者の日常の生活芸術というにふさわしく、その極意を、加藤芳郎は、新聞や週刊誌をとおして、あまりにもせわしげな現代日本の人びとにつたえようとしているのだ。

動揺するガンジー

1　真理について

キーツは好きだが、「美は真であり、真は美である」というその言葉は、きらいだ。言葉の意味は、定義によって別になるのだから、そういう主張がなりたつように定義をえらぶということも、できるだろうが、私は、そういう定義の方法をえらびたくない。キーツからさらにはずれて言うと、「美は真であり、真は善であり、美・真・善は一つのものである」という主張を、（これがなりたつような定義のえらびかたが可能であることもみとめたうえで）私はとりたくない。

私の日常の経験から見て、ものごとの真実（であると私が思うもの）には、かならずしも美しくない（と私に感じられる）場合があるし、真実の知識（と私が思うもの）はかならずしも善（と私の考えること）のために使われない。真と善と美の観念の間にはずれがある。そのずれを重要なものとして考えてゆく方法を私はえらぶ。

エリックソンの『ガンジーの真理』という本を読んで、私が気になったのは、エリックソンが苦労をかさねてガンジーの説を解釈した果てに、真・善・美の一致に似た立場を、この本の結論としたことである。そういう立場は、ガンジー自身の思想ではあったかもしれない。しかし、そのような立場の含む困難を、もっとはっきりと書いてゆくべきではなかったか。そう考えると、ガンジーにたいしてだけでなく、ガンジー論を書いたエリックソンの思想にたいしても、いくらか不満を感じる。

『ガンジーの真理』というこの本は、一九一八年アーメダバドの紡績工場のストライキを支援してガンジー（一八六九—一九四八）のおこなった断食を中心として、それ以前とそれ以後のガンジーの精神史を書いたものである。この時、ガンジーは五十歳で、すでに南アフリカで明らかにされた非暴力的抵抗の方法を、インドにもちかえって全国的スケールで応用しようとしたのがこのアーメダバドの断食である。この事件のあとガンジーは、みずから六つの新聞に記事をおくって、自分の行動の重大性について注意をひこうとした。しかし、ガンジー六十歳の時に書かれた『私の自叙伝——私の真理の実験の物語』（第一巻一九二七年、第二巻は一九二九年）は、二十一日にわたるこの抵抗について一ページをさくのみであるし、このたたかいをある種の失敗と見ているのである。

エリックソンは、この事件にたいするガンジーの評価の動揺からさかのぼって、事件当時のガンジーの動揺をよみとっている。聖人の伝説は、ひとたびつくられてしまうと、石でつくった像のように不動の姿を人につたえようとする。伝説をこわして、こなごなの素材をもう一度しらべることから、動揺するガンジーの肖像をつくろうとしたエリックソンの方法は見事だ。

このアーメダバドのストライキ支援についてガンジーの評価がゆれうごいたのは、南アフリカでは、支配者の白人から差別されているインド人の移民の総意をガンジーの方法で結集してたたかえたのに反して、インドに帰ってこのアーメダバドのストライキにかかわると、ガンジーは、インド人から見て一つの身分のあるものなので、ストライキが長びく中で工場主ともくりかえし会っていることにたいして労働者側からの反感がわきあがる。ガンジーたちは自動車にのって見てまわり、工場主の家でうまいものをたべていたりしていて、しかも自分たち労働者には、工場主にたいする反感を持たずに非暴力の抵抗をつづけよと言う。そんなガンジーたちの集まりに出ることが、腹のへった自分たちにとってなんのたしになるものか。

ガンジーは孤立した。ガンジーの自叙伝では、労働者のガンジーにたいする反感は伏せられていて（ここにガンジーの動揺の痕跡が見られる）、労働者の間にストライキからの脱落者と、ガンジーとの共同の誓いにそむいて暴力的反抗にうったえる者が出てきたことだけが書かれている。このままでゆくと、ガンジーのたてた誓いはまもりきれないことになる。ガンジーの運動の未来もないであろう。この状況の中で、彼は、労働者の三十五パーセントの賃上げがみとめられないならば、自分は死ぬことも辞さないと声明して、非暴力の抵抗の一つとして断食に入った。それは、ガンジーが生涯に試みた十七回の無期限の断食の最初のものとなった。しかし、その断食は、後年の有名な断食のように、すぐさま大衆の共感をよびさまして一日一日がインド人全体の経験の一部になるというようなものではなかった。一九一八年三月十五日にはじめられたこの断食は、十八日にガンジー自身によって解かれた。この時の条件は、労働再開にあたって第一日は労働者の要求どおり三十五パーセントの賃上げ、第二日は資本家の回答どおりの二十五パーセントの賃上げ、第三日以後は調停委員会の決定したとおりの賃金が支払われるということだった。事実から言えば、調停委員会は、三十五パーセントの賃上げをすすめたので、結果は、労働者の要求どおりになったのだが、しかし当時の記録から見ると、ガンジーが断食をといて労働者の集会にのぞんだ時の態度は、暗かったという。

その理由は、誓いをたてておこなう民衆運動というものがどのようにむずかしいかが、あらためてガンジーにわかったことである。運動そのもののなかに、分裂のきざしが見え、反感が生まれはじめていた。ガンジー個人はかろうじて、死をかけての断食によって（三十五パーセントの賃上げの目標が達せられるまでゆずらないという）自分の誓いをまっとうすることができたが、それも、工場主との特定の関係に助けられて、達せられた。労働運動の指導者は、アナスヤ・サラバイと言い、紡績工場主アムバラル・サラバイの姉だった。そしてこの紡績工場主は、ガンジー塾に巨大な寄付をした人であり、ガンジー個人とその信奉者である自分の姉にたいする配慮から、最終の三十五パーセント賃上げの提案うけいれをしたかたむきがあった。このような特定の人間関係への依存の記憶は、ガンジーにとって、この断食の結果を、成功としてうけとらせなかったようである。

にもかかわらず、ガンジーの方法は、このアーメダバドのストライキ支援に、南アフリカの運動以後のもう一つの起点をもつ。十二年後の一九三〇年には、一つの地域の工場主にたいしてだけでなく、イギリス帝国を相手として、イギリス人による塩の専売法に抗して、市民的不服従の運動をはじめた。当時六十歳のガンジーは、ガンジー塾の七十八人の男女とともに一日十二マイルずつ二十四日間あるいて海に達し、ここで法をやぶって塩をとるという行動をおこした。この時、インド全体で何らかの仕方で塩をとって投獄されたものは五万人に及んだ。ベンガル州でいくらか暴力行動があった他には、イギリス側の暴力による弾圧にもかかわらず、この運動は非暴力でつらぬかれた。アーメダバドのストライキ支援においても、塩の行進においても、ガンジーの運動の理念は、サチヤグラハ（真理）である。

この真理という理念を、ガンジーは、インドの文化からゆずりうけた。真理には、ヨーロッパの科学のとらえるように、実証できる知識としての真理のレヴェルもあるが、ガンジーの真理とは、その知識を行動によって生かすことである。知識のレヴェルでは、真理は一つ一つの命題の真理を問うという仕方で、ある程度ばらばらにとらえることができるが、ある状況の下である個人によって生かされる真理は、その状況の下での一つの統一体であって、個別的な部分としてとらえることはできないし、状況から切りはなした抽象的原理としてとらえることもできない。ここでは、何の目的のためにその知識を生かすのかとか、その目的はあらゆる人間にとって（あらゆる生物にとって、あるいは生命をこえて）共通のものなのかという問題が出てくる。ガンジーの考え方では、人間の達しうる真理はつねに相対的なので、その相対性をこえておたがいがここで合意に達することができるという領域が、科学的調査と無私になる行とをとおして、見えてくる。そこには、たましいのひろがりがあらわれる。ガンジーは、「マハトマ」（偉大な魂）という呼名を自分の固有名詞とされることを嫌った。その理由として、「もし自分がマハトマであるとみとめるとしたら、私は他の人を小さい魂だとみとめることになるだろう。けれども、小さいたましいとは、自己矛盾をふくむ表現だ」と言ったそうだ。これは、ガンジーの相対主義、さらに相対主義をこえる方法を絶対主義につかずに見出そうとする理想をよく伝えている。この思想は、真理にたいしても適用されるはずのものだ。

だが、事実においては、アーメダバドの労働者支援の誓いと断食宣言に見られるように、ガンジーの方法は、しばしば絶対主義としてあらわれる。ガンジーの真理のとらえかたもまた、絶対主義的であり、固定的である。このことと、ガンジーの相対主義的真理把握の理想との矛盾を、エリックソンは、もっとはっきりさせたほうがよかった。

そこに、ほとんどさけめなしに真善美が一体としてある状態は、一つのまぼろしとしてわれわれを訪れる時がある。しかし、それをあくまでも、一つのヴィジョンとしてのみ許す心がまえを、われわれは平常からしっかりとやしなっておく必要がある。真善美がそこに完全に体現しているなどという主張を、国家にたいしても、教会にたいしても、個人にたいしても、許さない思想をつくることが、サチヤグラハの理念としてたてられるべきではないのか。

エリックソンは、ガンジーの真理把握の方法の特質を、虚無との接続の仕方に見ている。人間は、虚無にかこまれて、今のこのわずかなあいだ生きているのであるが、この自分をとりかこんでいる虚無をはっきり見すえて今を生きようとするのが、ガンジーの真理把握の方法である。今を生きるという他に、ガンジーにとって真理に近づく場所はない。だからガンジーは、問題を感じてある場所をえらんだら、しばらく、判断をとめて、資料をあつめる。その上で、ある時、私を去って、その問題にもっとも適切なしかたであたる道を見出そうとする。ガンジーにとって、自分の今の現実の中に生きているということ（アクチュアルであること）が、思想の真理性の規準となっており、この意味で、ガンジーの思想は、アクチュアリズムとも呼ばれる。自分が問題とした今の現実にたいして自分が生きる道をきりひらいてゆける思想しか、真理の名にあたいしないのである。その状態が終れば、その時の思想もまたガンジーからはなれる。別の場所でふたたび無の中から新しく真理を見出す努力がはじまる。自分をとりまくものが無であり、自分を支えるものもまた無だという自覚から力をひきだしてくるのが、ガンジーの真理把握の方法なのである。この考え方は、ヨーロッパのキリスト教の伝統とはちがう伝統に根ざしている。この意味で、ガンジーの思想は、現代の世界で西洋にたいして眼をあげて対する東洋の思想を代表する、というエリックソンの評価は、適切である。エリックソンによれば、この点で、ヨーロッパ人の中ではフロイトには共通したところがあるそうで、フロイトならば、「生命が非生命によって制約されているという自明の理を知るまいとしてさまざまな空想的な努力をすることから、ガンジーは人間を救いだす」と評したであろうと言う。この評価は、フロイトとガンジーの架空対話のような本としても読むことができるし、このような架空対話を心においてガンジー伝を書いたことからこの本の創造力があらわれている。フロイトは、ガンジーに対する批判の視点をも、エリックソンにあたえるのである。

2　非暴力について

不動のガンジーではなくて、動揺するガンジーの中に、ガンジーの思想の創造力を見出そうとするエリックソンの方法は、ガンジー五十歳の時のアーメダバドのストライキ支援の分析に終るものではなく、その時の動揺の根にあるガンジーの人格の不安定の根源を、その青年時代・幼年時代にさかのぼってとらえる。

ガンジーは、父親の命令で、十三歳の時に結婚した。このことは、生涯にわたって、彼にとっての「のろい」となった。性交がガンジーにとって罪と感じられるようになっただけでなく、彼を早婚にひきこんだ父親に対する不快の感情を、彼は隠そうとしながらも生涯にわたってもちつづけた。この事情は、ガンジー自叙伝の記述の仕方にも影をおとしている。

ガンジーの父は土侯国の首相で、生涯に四度結婚した。四度目で最後の妻が、ガンジーの母だった。その時、父は四十歳、母十八歳だった。四度目の結婚の時に、前の妻はすでに死んでいたようにガンジーは自叙伝に書いているが、実際には、三度目の妻はまだ生きていたのだ。このようにガンジーの頭に記憶錯誤が生じたことに、エリックソンは、精神分析上の意味をみとめている。ガンジーは、抑圧された彼の無意識においては、自分の父が色欲のつよい人だったことを恥じており、その父親が自分に早婚を命じて自分に色欲にふけることをしいたことを、父が自分にかけたのろいと感じていた。その結果として生じた子どももまた、彼にたいするのろいである。子どもにあてた彼の手紙は、しばしば冷酷であり、道徳的教訓にみちている。のろいの産物である子どもがのろいから解きはなたれるためには、人一倍の努力をしなくてはならないとガンジーは感じたのだった。

子どもとの関係において、ガンジーは自分の父との対話を生涯にわたってつづけてゆく。父にたいしてはかくされていた敵意が、子にたいしては、いくらかあからさまな道義的要求としてあらわれてゆく。そこには、人間的なあたたかさは、あまり見られない。ガンジーの長男は、南アフリカの人権闘争にさいしては先頭にたって運動をしたが、やがてアルコール中毒になり、一種の性格破綻者として死ぬ。ガンジーは子どものころ、父のつかえていた土侯の写真をとりはらって、そこに自分の写真をおいてふざけたという。そこには、父のつかえているものの位置に自分をおいて、父につかえさせようという、競争の動機がふくまれていたのだろう。ガンジーがやがて、首相であった父とはちがうタイプの政治家になろうと努力したことのうしろには、父を越えようという動機がはたらいていたであろう。彼が全インド人の信頼を一身にあつめる教祖になろうとして修業と組織をつみかさねたことには、父との無意識的相剋に根ざすある種の異常さが見られる。意識的な意図に反してガンジーをむしばんだ無意識的な意図が、彼を絶対主義的指導者にしたと言えると、私は思うが、ここのところまでエリックソンはガンジーを追うことがないのが私には不足と思える。

全インド人の解放に自分をささげてから、ガンジーは性交を断った。にもかかわらず、彼は、寒くてがたがたふるえるからと言って、七十七歳から七十八歳のころには、自分の体をあたためるために女性とねている。このことは、ガンジーの信奉者のあいだにも、かなりの不安をもって語りつたえられたらしい。それより以前に、ガンジーが自分の育てていた少女（ガンジーの妻の縁者）と同じ部屋にねたり、またおなじベッドにねたということと、そのあとの話とが混同されて、「ガンジーは若い姪とねていた」といううわさになったものだそうだ。晩年のエピソードについては、ガンジーは、

「こうすれば、まだジンナー（インド回教徒の指導者でパキスタンの初代総督となった、ガン

ジーの対抗者）には勝てるぞ」

と言ったそうで、そこには、女性とねて性交をせずにすごすことが活力を養うという カーマ・スートラゆずりの衛生思想とともに、絶対主義的な権力意志をよみとることも できるし、女性への抑圧された欲望の表現と見ることもできるし、解釈はわかれる。し かし、どういう解釈をとるにせよ、ガンジーが性交そのものを断ったとしても、性的欲 望を生涯もっていた人物であることは推定できる。そうすると、自分の子どもをふくめ て、自分の監督下にある若い少年少女にたいして、つねに性的に純潔であることを要求 し、少年少女たちが水浴びにゆくにもひとりでついていって監視したことを自分で記述 しているところなどには、自分が抑圧している欲望によって手痛いしかえしをうけてい るガンジーを見出す。

ガンジーは英語をつかって演説する時にも雄弁だったそうだが、演説中に絶句したと つたえられる時がいずれも、「私はコンシーヴする（考える、妊娠する）」と言ったすぐあ とだったというのは、注目にあたいする。ガンジーの心の底に、とくに性的欲望に関し て、自己にたいしてくわえられた暴力行為があって、その暴力性のゆえに、自分の子ど もや妻や少年少女にたいしてくわえる道徳的禁圧としての暴力性があらわれてくる。ガ ンジーの非暴力の思想の底にあるこの暴力性に気づき、ガンジーの非暴力性をさらに発 展させることができることを、エリックソンはめざしている。

ガンジーよりも広い視野にたって、エリックソンはコンラート・ローレンツの研究を引いて、次のようにのべる。動物の社会では、ライオンにしても狼にしても、空腹な時に他の動物をおそって食べる時の他には、他の動物をあそびに殺すということはない。この意味では、非暴力性は、動物のレヴェルで、人間よりもはっきり習慣としてあらわれている。動物はまたそれぞれが種としての意識をもっていて、同じ種に属するものを殺すということは少ない。ところが人間は、みずからを一つの種として意識することがなく、たえず種ではないグループを種として見たてては、それを敵として攻撃したり惨殺したりする。これは「擬似種化」(pseudo-speciation)というべきもので、これから自由になる道を、人間は、むしろ人間以前の動物の中にあった非暴力性をよびさましつよめることをとおして新しく見出すことが望ましい。そのような道への先達の一人として、エリックソンは、ガンジーを見たのである。

ガンジーの真理把握の方法による非暴力思想が、彼自身の精神的起源によって制約されているとしても、人類が人類という種としてこの地球上に生きてゆくための一つの道を開いたことはたしかだ。

エリックソンの方法は、ガンジーを動揺する状態においてとらえる故に、ガンジーの思想におけるさまざまな可能性のふりはばを示すことに成功した。ガンジーの進んだ道が、絶対主義、教条主義、自他にたいする禁欲の強制による暴力性の徴候を示したとしても、動揺するガンジーは別の道をきりひらく可能性をもっていたということが、わかる。非暴力の思想は、ガンジーの考えたような禁欲的な指導者の集団によってになわれる以上に、政治に背をむけてふつうの日常生活をしている大衆によってになわれている。政府の言うままに敵を殺すことに関心をもつことのできない大衆が、今日、世界のいろいろの場所にあらわれていることは、ガンジーの思想が、ガンジーにとって意外なうけつぎの可能性をもっていることを示す。

新島襄――大洋上の思索

1　動機の形成

メリー・シェリー夫人が一八一六年に書いた『フランケンシュタイン』ほどにおそろしくはないにしても、つくる人の意図とつくられたものの運動とのあいだには、どんな場合にも、きっと何かの対立がうまれる。つくられたものが、つくった人の意図をこえてはるかに偉大なものになることもあるだろう。つくられたものが、つくった人の意図にそわずに、つくられたものにありがちの機械的な運動形態をとる場合もあろう。どんな場合にも、つくった人の意図を、つくられたものの現状から、一度ひきはなしてとらえることが、つねに新しく必要とされる。

新島襄は、なぜ同志社をつくったのか。この大学をつくるという仕事に、どういう望みを、彼は託したのだろうか。この問いに答えるために、彼の生涯をたどりなおしてみたい。

新島襄は、一八四三年二月十二日（当時の暦では天保十四年一月十四日）、江戸の神田一ッ橋通り小川町にある安中藩の邸内にある新島家で生まれた。父は民治と言い、六両外二人扶持。中流の藩士だった。書によって藩につかえていた。祐筆職である。襄も、書を習うように命じられたが、途中でやめてしまった。十五歳の時に祐筆の補助役に任じられ、十七歳の時に祐筆職代勤に任じられ、父の留守中には父のかわりに家で手習いを教えたりしたが、この種の仕事をこのまない。十三歳の時に『十八史略』を読んで項羽の伝記に啓発され、兵書を読みはじめ、軍事科学に興味をもった。この興味はしぜんに蘭学にうつり、やがて英学にうつった。北海道にわたって海外脱出の手がかりを得るまで、新島の勉強の中心は軍事にあり、その習得のための補助手段としてオランダ語、英語、算術、代数、幾何、航海学などをまなんだのだった。

十八歳の時から、藩の許しを得て幕府の軍艦教授所にかよい、十九歳の時には生徒組長におされている。その次の年、二十歳の時には、後に東郷平八郎が幕府海軍随一の勇将と激賞した艦長甲賀源吾の塾に私費で入って西洋の海陸の兵学および測量用の数学を勉強しており、しばらく船にのって航海術の実習をした上で、二十二歳になると、五稜郭築城とシベリアむけ航海で名高い幕府側の兵学者武田斐三郎《あやさぶろう》の塾に入って航海兵学をまなぶ目的で函館にむかう。

これまでのところ、新島の学問の動機は、一八五三年（嘉永六年）、ペリー提督の率いる米国艦隊とプチャーチン提督の率いるロシア艦隊とが幕臣にあたえた衝撃によって、つくられたものといえる。欧米の軍事力は圧倒的につよく、幕府側は、おろおろするだけだった。何とかしてこのおくれを、勉強によってとりもどさなければならぬと、多くの武士たちは考えた。その武士たちの一人が、新島だった。

「今ニシテマナバズンバ時ヲウシナワンコトヲ恐ル」

と、新島は、早くも一八五八年（安政五年）十六歳の時に家老尾崎直紀あてに手紙を書いて、自分に勉強をさせてくれとたのんでいる。日本と欧米のあいだに戦争がおこるかもしれないし、欧米との交渉について考えを異にする諸藩のあいだにたたかいがおこって内乱になるかもしれない。そうなってからでは、勉強しても、もうおそい。今のように切迫している時勢の下では、一刻も早く勉強しなくてはならない。どうかそのための便宜をはからってほしいという手紙である。一刻も早く勉強しなくては、という切迫した向学心は、今日の日本では想像することさえむずかしい。だが、この切迫した向学心こそ、新島をして、祐筆としての父の職務をつぐ生きかたからはなれさせた力だった。何のための勉強か。それは、自分の属している藩のためというよりも、また自分の藩のつかえる幕府のためというよりも、藩をこえ、幕府をこえて日本の国を守るための学問である。こう考える時、新島の思想は、しぜんに、脱藩浪士たちの考え方に近づく。新島は、藩主や家老をとうとび、彼らから愛されていたが、藩主や家老の命令をそのままうけとってただ従うという型の忠臣ではなかった。一八五六年、十四歳の時に、新島は藩主のめがねにかなって最年少の藩士として蘭学の講義に列席することができた。ところが藩主がなくなり、その弟が藩主になってからは、書道をならわされたり、記録の保管を命じられたり、行列の護衛を言いつけられたりで、仕事にいやけがさしてきた。一八五九年、十七歳の時には、四両二分、一人半扶持の給料をもらうようになったが、自分の発意で蘭学の勉強をつづけようとして、仕事をなまけたために上役からしかられている。一八六〇年には、藩主について上州安中城にはじめて行ったが、護衛の役はいやになり、家老にたのんでやめさせてもらっている。藩の命令からはなれて、自由に勉強するために脱藩したいと望んだが、この時にはまだ実行できない。一八六三年には、勤王の志士の一人になろうと考えた。しかし、自分の家族一同のつかえている板倉家は徳川家譜代の大名なので、一家のことをも考えて、決心がつかない。このことに思いなやんで、健康を害するに至った。この前の年には、幕府老中のもち船である快風丸にのせてもらって、航海術実習のために備中の玉島まで行った。その帰りに兵庫に上陸して、わざわざ湊川まで行って楠木正成の碑にまいっている。

「これにおいて手あらい口そそぎ、廟前《びょうぜん》に拝すれば、何となく古《いにしえ》を思いおこし、嗚呼忠臣楠氏之墓と記したるを読みて一拝し又読みて一拝、墓のうしろにまわり朱氏(朱舜水)の文を読めば、ますます感じ、涙ながさぬばかりなり」

と、新島は「玉島兵庫紀行」に書いた。二十歳当時の新島の志は、明治の新政府をつくろうと努力していた勤王の志士たちと同じところにあったと言えよう。

一八六四年（元治元年）、新島はまだ甲賀塾に籍をおき、同時に、駿河台の川勝という人の家塾に住みこんで、英学の勉強をしていた。旧暦の三月七日、航海術の本を読んでいて、わからないところができたので、アメリカ漂流から帰ってきて英学の権威となっていた中浜万次郎にじかにたずねてみようとして、神田駿河台の坂をくだる途中、備中玉島まで一緒に行った快風丸の仲間にあった。同じ快風丸が、今度は北にゆき、サハリンの方向にむかうということをきいた。友達は一緒にゆかないかとすすめる。新島はいそいで藩主の許しを得て、この船にのりこんだ。

「ああ、天われをすてざるか。わが業の成否、この一挙にあり」

これは、ついに藩主の許可を得た折に、新島の叫んだ言葉であった。「わが業の成否、この一挙にあり。」この場合の「わが業」とは、単純に「わが家業」と理解してよいだろうか。北海道ゆきの話が出る前に、川勝塾で新島のつくった詩が一つのこっている。

その中に、

「男児《だんじ》おのずから蓬桑《ほうそう》の志あり
五洲にわたらずんば、おおよそ休まず」

という句がある。「蓬桑の志」とは、クワの弓とヨモギの矢で天地四方を射るという行事から、男子が天地あらゆる方角を旅してまわることを意味する。五大大陸をくまなく歩いてみたいという志を、ここにのべたものである。この詩をうしろにおくと、快風丸にのって函館までゆき、武田塾に入ることの許しを藩主から得た時、すでに、この機会をとらえて、海外にわたろうという望みが、新島の心中にあったと推定される。

だが、なぜ海外をひろく見てきたいかということになると、それは、自分の国を、海外からの圧迫から守るためという国家主義的な目標につきる。

函館につくと、新島は、すぐ武田塾にゆくが、武田斐三郎は旅行していていない。そこで、函館にいる外国人にじかに英語をおしえてもらうことを考えつき、ロシア人の神父ニコライのところで英語と日本語の交換教授をすることになる。新島は、そのころ眼を病んでいた。ニコライの紹介で、ロシア人の経営する病院にいって、治療をうけた。その時のことを、「函館紀行」の中でのべている。

「さてこの病院は魯国《ろこく》の天子よりすべてのまかない料さがるによって、日本医者（十分の八、九まで）の病家の貧富を見わけ薬をさしひきするとちがい、こじきのごとき貧なるものにも病気しだいにて高価の薬をあたえ、ただ病気全快しそのものの魯人をしたうことを望むばかりなり。右ようの手あつきとりあつかいなれど、いっさい謝金を要せず。まったくほどこしのためなり。しかし、人びとみな全快を得ば、ある品物にて医者へ謝するよし。日本政府たておきし病院は、魯の病院とはあい反し、くいものよろしからず。（俗吏これによって糊口《ここう》をなす。）病人第一要するところの薬よろしからず。（医者これによって糊口をなす。）それはさておき、薬を調合し病《やまい》を視察する肝心《かんじん》なる医者は竹林より来るゆえ院中ははなだ寥々《りょうりょう》のよし。（掃除ゆきとどかず。衣類も時どきかえず。ほどこしの主意、何にあるや。）それに相違し、魯の病院には、病人、院に満充し、かよい病人はおよそ五、六十ほどなり。

予《よ》せつに嘆ず。函館の人民、多年、魯の恵救《けいきゅう》を得ば、わが政府を背にし、かえって汲々《きゅうきゅう》として魯人をあおがんことを。ああ魯の長久の策をわが政府察せざるは何ぞや。ここに堤堰《ていせき》あり。水これを破ることすこしばかり。しかし、すこしばかりなるをもって早くこれをおさめざれば、水ついに全堤《ぜんてい》を破り、田地をあらし、人家をながし、人民を害するにいたらん。ああ、わが政府、早く函館のすこしかけし堤《つつみ》をおさめざれば、ついに魯国の水、全提をついやし、人民、水にしたがいながれ、百方それをふさぐあたわざるにいたらん。（ああ、われの嘆息は、ゴマメのはぎしりとおなじことか。）」

一刻も早く海外に出て西洋の科学と技術とをまなんで帰り、日本国家の独立を守るために役だてようという、函館出発までの新島の動機は、その生涯をつらぬくものとしてはたらきつづけた。しかし、彼が日本をはなれ、大洋上に一年半、はたらきながら考えるあいだに、その動機は重要な改作をうける。

2　動機の転生

幕府の海外留学は、その動機と方法によって、四種に分けることができる。

第一種。漂流経由。動機―文明見聞。方法―漂流。渡航滞在費は自己の労働ならびに海外人の寄付。鎖国のころから、何人かの日本人は、毎年、十一月と十二月、季節風におしながされて、海外に漂流していた。その中で、外国で勉強してから日本に帰ってきたものに、中浜万次郎、浜田彦蔵たちがいる。

第二種。幕府留学生。動機―佐幕。方法―幕命により派遣。渡航滞在費は官費。榎本武揚、西周、津田真道、高橋是清。

第三種。藩留学生。動機―勤王。方法―藩による派遣。渡航滞在費は藩の御用商人が調達。薩摩藩から森有礼、吉田清成。長州藩から伊藤博文、井上馨、井上勝。

第四種。脱藩留学。動機―勤王。方法―脱藩。渡航滞在費は自己の労働ならびに海外人の寄付。未遂の人として吉田松陰。一八五三年には、ロシアの軍艦にのって海外にわたろうとしたが、ロシアの軍艦の出たあとで長崎についたので成らず、一八五四年には、

留学の型

方法／動機	自分の労働と海外人の寄付	官費
中立	1. 漂流	
佐幕		2. 幕府留学
勤王	4. 脱藩	3. 藩留学

アメリカの軍艦にのって出てゆこうとして、とらえられた。一八五九年に安政の大獄に連座して死刑に処せられた。

新島の場合は、第四種の脱藩留学に属するもので、未遂に終った吉田松陰の行動を実現したものと言える。しかし、松陰の時からすでに十二年たっており、幕府の統制力もゆるんでいたので、むしろ、第二種、第三種に近い面さえあった。安中藩は、幕府の譜代であり、幕府方の教育施設および軍艦を新島が利用することを許し、これを新島は渡航への踏台に使った。安中藩は、藩として、新島の教育を援助した。彼が函館から行方しれずになった後にも、彼の父から藩の大目付あてに「せがれ七五三太《しめた》（新島の幼名）函館にて修業の期限きれたるも、なお未熟につき一ヶ年継続」の許しをねがい出ており、慶応元年（一八六五年）旧暦五月十二日付でゆるされている。このころ新島はすでにマニラを出てボストンにむかっていた。

新島は早くも一八六三年、二十一歳のころ、デフォー著『ロビンソン・クルーソー漂流物語』の日本語抄訳本を借りてよみ、この本に熱中している。同時に、中浜万次郎、浜田彦蔵らの漂流者の海外見聞談にも、興味をもち、みずからをも漂流者の位置においで、世界実見の空想をたのしむことがあった。二年後、はじめてアメリカにつき、船から上ってボストン市内を見てまわった一八六五年七月二十四日、彼はワシントン街の本屋に入って見て、本棚に『ロビンソン・クルーソー漂流物語』を見出した。とぼしいふところから一ドル五十セントを投じて、特にこの本一冊を買ってかえるところに、この本への愛着がうかがわれる。漂流者クルーソーの生活は、多くの点でその後の新島の生活の手本となった。新島は、まだキリスト教徒としての洗礼をうけないままに、翌月からクルーソーにならって毎夜祈ることをきめる。勤王の運動の中にすでに十分の精神の根をもつ人々、あるいは藩の政治の中心の位置をすでに占めて、藩政と深い結びつきをもつ人々、たとえば井上馨、伊藤博文、森有礼などとちがって、新島は、日本脱出後日本の既成組織から自由になった自分を見出す。その精神の位相は、漂流者の境涯にきわめて近かったと思われる。

新島の「函館脱出の記」は、左のような絵ではじまる。神官沢辺数馬の家で送別の宴をもうけてもらい、快風丸の乗組仲間で松山藩士塩田虎尾のうしろから、その従者にばけて沢辺家を出てゆくところである。

「予《よ》みぎふうのていゆえ、けっしてあやしまざると思えり。予、塩田と手をわかち、筑島《つきしま》におけるポルタの家のあたりへまいりしかば、そのあたりにある小さき家にて、

「函館脱出の記」より。

ある人せきばらいをなせり。予、彼の予が履声《あしおと》をきき、予を見んことをおそれ、雪駄《せった》をぬぎすて、たびはだしにて宇之吉（註、富士屋宇之吉。筑島にあるポルタというイギリス商会につとめていた。ポルタとは、ポーター）の部屋へしのびいれり。しかして雪駄のことを談ぜしかば、彼、早くとびだし、かの雪駄をとりきたれり。」

武士の従者に仮装して、やみの中をこっそり出てゆくところ。見知らぬ人のせきばらいにおどろいて、雪駄の音をさせてはいけないと、雪駄をぬぎすてて、たびはだしで友人宅にしのびこむところ。これらは、新島の留学が、どれほどの冒険であったかを示している。

宇之吉の部屋で、脱出の手はずを一時間

ほど相談し、夜ふけになってから、新島と宇之吉はひそかに裏口より、荷物をもって出かけた。岸につないである小舟にのり、宇之吉がもっぱらこぎ、新島は、ほおかぶりをして舟底にねころんでいた。港内で見とがめられたら、外国の商船にこっそりかよっている女のふりをするつもりだった。

函館に来てから、わずか二カ月。このあいだに、国法をおかして日本の外に出ようという自分を助けてくれる友人たちを見出したことを、新島は不思議と思い、感謝している。

新島の「函館紀行」、「函館脱出の記」、「函館よりの略記」などを読むと、ロシア人の神父ニコライや土佐出身の神官沢辺数馬、長岡藩士菅沢精一郎、ポーター商会の富士屋宇之吉など、そこで今あったばかりの人々が何の報酬をも求めずに、この無名の青年のために力をかしてくれることが、別の天地の歴史を読むような感じをあたえる。だが、新島の人柄を通して接した世界は、このような性格をもつものにかえられたのである。函館脱出後、新島の死ぬまで、世界は新島にとっていつもそのような性格をもっていた。

新島は、江戸をたつ時、二十五両のお金をもっていた。その後、函館までの長い航海と、函館滞在とで、一両二分までに財産がへってしまった。一両二分のお金をもって、世界に出てゆこうというのである。何という不用意。新島は、自分の持物を整理し、海外でいらぬと思うものを売りはらって、二両二分を得た。（この時、両刀は、不用とはまだ思わなかった。）これであわせて四両。その中で、今度の海外渡航について世話になった富士屋宇之吉にかりた金ののこり一両二朱をかえそうとしたが、宇之吉は、うけとらない。そこで四両の全財産をもって、海外に出かけることとなる。

一八六四年（元治元年）七月十七日、新島は、アメリカ船ベルリン号にのって日本をはなれる。新島の旅の目的地であるアメリカに一八六五年七月二十日に着くまで、まる一年の航海が、彼を待っていた。「日記」を通して、彼の思想をたどろう。

はじめは、じゅばんを洗うのも、つらかった。武士としての身分から言って、自分の家にいた時には、自分の着るものの洗濯をしたことさえなかった。出帆して六日目には、じゅばん三枚を洗ったことについて、なげいている。「父母をして、この辛苦《しんく》をしらしめば、四《し》行《こう》の涙潜々《なみだせんせん》ならん。」しかし、こういうつらさを知ることもまた学問の一つとあきらめた（このあたりは、むしろ、それまでの苦労しらずの身分を思わせ、今日のわれわれには不思議にうつる。海外留学への出発にあたって多くの苦労を新島は想像したにちがいないが、武士としての身分をはなれた条件での苦労のことは、想像の外におかれていたようである）。

三日目、四日目、五日目のころまでは、船から、遠く日本の風景が見えた。房州の沖をすぎ、遠州の沖をすぎ、六日目にはまなじりのきれるほどに眼を大きくひらいても、もう山を見ることもできなくなった。この日、じゅばんを洗ってつかれはて、故郷の安楽なくらしを思いだすことしきり。どちらをむいても、言葉の通じないことが、重くるしく感じられる。数年前から英語を勉強してきたとはいえ、このころの新島の英語は、ひどいものであったらしい。三カ月もたって、べつの船にのりうつってから、前の船の「ペートル」船長が、自分の国外脱出を助けたことについて日本との条約に反するとおこられて、船長の位置を追われ、イギリスにむかったという話を、日記にしるし、自分のために、前の船の船長をこんな目におとしいれたことはすまなかった、他日、学問をおえてから彼に仕えて、恩がえしをし、罪をつぐないたい、と書いている。一カ月をともにした船長の名を、それも、セイヴォリーというのをペートルとききちがえておぼえているのは、日本語と英語の音韻体系のちがいが、新島にとってどれほどの負担であったかを示している。これでは、船中で、ほとんど話は通じなかっただろう。

「われいま言語通ぜざるゆえ、むなしく支那人の指揮をうけり。しかし他年かれらをして豚犬のごとくならしめん。」

英語のできる中国人のことが、ひどくしゃくにさわったようだ。この気風は、この時だけのものではなく、この航海日記前半に一貫してあらわれる。

年末にインドシナにまわり、サイゴンについたころ、ヴェトナム人の顔形が色くろくしてきたないこと、この土地の中国人、インド人の家が小さくて、掃除しないゆえにくさいことだけをのべている。船はさらにフィリッピンのマニラにまわり、ジャワ島にまわる。ここでも、新島は、ジャワの人々が、フィリッピン人とおなじ種類で、歯を黒くそめ、頭に色のついた布をまき、見苦しい風俗だとのべている。

中国、インド、フィリッピン、インドシナ、ジャワについてのこのようなとらえかたは、おなじころの一八六〇年に幕府使節の従者としてアメリカにゆき、帰りにこの地方を通った仙台藩士玉虫左太夫の日記とは、ずいぶんちがう。玉虫は、万延元年九月十八日の記事に、次のように書いた。

「かつ支那人は英人に役《えき》せらるること、犬馬のごとくにして、汚穢《おわい》労銀の事は、支那人かえってこれをつかさどる、あたかも崑崙奴《こんろんど》（黒人奴隷）のごとし。その地の産にて、他に役せらるることのごとし。傍観切歯《ぼうかんせっし》にたえず。」

「いまその形勢を見るに、広東《カントン》第一の鎖鑰《さやく》は澳門《マカオ》・香港《ホンコン》の二島にあり。しかるに澳門は葡国（ポルトガル）に奪領《だつりょう》せられ、香港は英属となり、万一《まんいち》事ある時は、広東地方浸々《しんしん》として蚕食《さんしょく》せらるべし、勢《いきおい》ここにいたって臍《ほぞ》をかむといえども、何《なん》ぞおよぶべき。」（玉虫左太夫『航海日録』）

新島には、植民地とされたアジア諸民族の苦しみを自分のものとして感じることが、できない。それは、新島が、日本の国家の利益にだけ心をしばられていたことから、来ているのだろう。日本国家の利益を中心にして考える時、新島にとって、アジアが完全におっこちてしまい、欧米諸国は、あこがれとおそれとの二重の興味の対象として、彼の視野を占領した。

八月二十二日、新島は、船長からあとひと月もしたら、イギリス艦隊が、日本にせめてゆくだろうということをきいた。どういう理由で、イギリスが日本を攻めるのですか、ときくと、日本人がイギリス船を砲撃したし、あるイギリス人を斬り殺したからだ、それだけでなく、日本に外国人を近づけない法律があるということも理由の一つだ、と聞かされた。これにたいして新島は、次のような感想をのべた。

「三百年の太平のあいだにやしなわれたひっこみじあんの気風を、このさいすててしまって、人々が力をあわせて英国人とたたかうならば、たとえイギリス兵が日本兵をやぶったとしても、日本国民はイギリスに降伏しないだろう。そうすれば、英国人は、日本人をほろぼしつくすということはないし、日本をとることはできないだろう。だから、何度かのこういうたたかいをへた後に、やがて日本はこつぜんとして一個の強国になるだろうと、私は思う。」

この考え方は、つよい希望にうらうちされているだけでなく、幕末の日本にあてはまる診断だった。このような情勢判断と志において、新島は、幕末の情勢下に明治新政府を準備した井上馨や伊藤博文とほぼおなじ思想をもつ人であった。その志は、日本が、欧米におしつぶされないような「一個の強国」になることにあった。このような井上・伊藤的な思想から、航海の途中で、新島は、はなれてゆくことになる。

考える場所によって、考え方の性格がかわる。陸の思想と海の思想とは、しぜんにちがってくるものだ。海の上にいて、海から陸を見ること一年のあいだに、新島にとって、陸地の一部分である日本のそのまた一部分である一つの藩の風習が、遠いささやかなものに感じられてきた。海の思想は、青一色をながめてくらしているために、また天を見てくらしているために、陸の思想よりも、はるかに普遍的である。こうした毎日の考えのつみかさなりの上に、聖書の言葉が急に新しい意味をもって彼の心の中に生きて来た。

海に出る前の一八六三年四月に、新島は、借りていた漢文聖書抄訳本の中に「天父」という文字を見つけて、感動したことがある。その感動は、尾をひいて彼の心の中にのこっていた。肉親の父と母とからはなれ、父と母へのなつかしさがたえがたいほどの痛みとなっている、この海上の日々に、天父という文字は、前よりもさらにあざやかな感情をともなって彼の心の中にあらわれた。一八六四年七月二十八日、新島は、船員から聖書を借りてきて、読んだ。

「今日セーロル（註、水夫のこと）より借りたる耶蘇教典を読むこと、すこしばかりなり。実に帰郷の上、ふたたび父母にあいたる心地あたかもかくのごときかと思われ、心のよろこび、ななめならず。」

この記事に先だって、

「昨日髪をきること五寸強。今朝かくのごとき髪となれり。」

として、小さな自画像を描いている。日本の風習をすぐに全部すてることは、できなかった。まず、その手はじめとして、五寸ほど髪を切った姿で、聖書を読んだ時、突如として、彼の心の中に一条の光がさしたのだった。

六日あとの八月三日には、のこりを全部切りおとして、ここでチョンマゲから自由になった。しかし、髪にはまだ未練がのこっており、一部は自分で保存し、他の一部を海に投げて、もし海の水に霊あらば、これを日本の父母におくりとどけてくれとたのむ。

船が揚子江の入口に達した時のことだった。

八月十一日、ベルリン号からワイルド・ロウヴァー号にうつる。八月十四日、新しい船のテイラー船長に、大小のうち長刀のほうをおくって、アメリカまでのせていってもらうことをたのんだ。船中でこの日から、船長室つきのボーイとなってはたらくことになった。九月十日には、船長から英語の聖書をもらったが、まだこれをたやすく読むことはできない。やがて十二月になって、船が香港に入った時、新島は、自分がすぐに理解できる漢訳聖書を手にいれたいと考えて、その資金として船長に、自分の小刀を八ドルで買ってもらう。こうして新島は、武士としての身分をあらわすあらゆる象徴をすてた。はじめに、函館から船にのりこんだころは、英語をおしえてもらう時に、教え方に侮辱を感じて、刀をぬいて相手を斬ろうと思うことさえあったが、そういう武士としての感情から、新島はすでに自由になっていた。

自分の名前も、もうこのころには、なくなってしまった。「新島七五三太」とか「新島敬幹」（十五歳で元服の時につけられた名）とかで彼を呼んでくれる人は誰もない。彼はまず、名なしの人間であり、やがて、ゆきあたりばったりに「ジョウ」と呼ばれるようになった。

八月十三日の日記に、テイラー船長の言葉として、“I shall call your name Joe.”（私は君の名をジョウと呼ぶことにしよう）と記してある。後に彼は、「ジョウ」が「ジョウゼフ」の略であり、ジョウゼフとは、旧約聖書中の人物で、ユダヤからエジプトにうつって重きをなし、やがてユダヤ人の同胞をエジプトにおいて救う役割をはたす人の名前であることを知ってよろこんだ。このワイルド・ロウヴァー号の船主で、やがて新島の米国滞在中の費用一切を出してくれたハーディーの名前をもとって、新島は、ジョウゼフ・ハーディー・ニーシマと名のるようになる。日本に帰ってからも、新島襄と名のり、もとの七五三太や敬幹にもどることはなかった。

自分を何と呼ぶかは、自分についてのイメージをどのようにつくるかの手がかりとなるしくみであり、自己をどのように意識するかは、その人の人生観・社会観・世界観の一切を支える一つの土台石である。新島は、徳川幕府支配下の日本の安中藩士、六両二人扶持、祐筆の職にある新島家のあととりとしての新島敬幹に対して期待されるこまかい行動と思想の規則からいったん切りはなされた、名なしのXとして、自分を大海の上に見出し、それがうたがう余地のない一人の人間であり、そういう人間としてまわりの見知らぬ人々とくみあわされて、海の上の共同社会を支えてゆくことができることを発見した。日本の封建社会の細則をとっぱらってしまって、原初的な要素から人間社会のルールをまなびはじめるという彼の新しい出発は、新島の思想に大きな影響をもつ。こうした条件が、一年あまりのあいだ彼の中に深くきざみこまれたからこそ、幕末において新島は、当時の欧米文明を、単に電話電信とか大砲の発達としてでなく、その社会の成立の約束から根本的にまなぶことができたのである。

香港に上陸して買った漢訳聖書を毎日、読んでゆくうちに、新島は次の一行にゆきあたった。

「蓋神愛世甚至以其独生之子賜之俾凡信之者免沈倫而得永生」
(けだし神は世を愛することはなはだしく、そのひとりごをもって、これをたまうにいたる。およそ信ずるものをして沈倫をまぬかれ、永生を得しめんためなり。)

この一行が新島の心にしみわたってゆくにつれて、故郷の景色や父母の姿形にたいする痛いほどのなつかしさは、人間すべてにたいする故郷、人間すべての父母への献身にかえられてゆく。土地によってちがう習慣をもつ中での特殊な郷土への愛を通して世界を見るのでなく、永遠にゆるがない普遍的な価値の体系の中に、世界の一つ一つのできごとが位置づけられ、日本もまたその中の一つの部分として見えるようになった。海をへだてて日本を考えるという条件そのものが、望遠鏡によって対象として日本をとらえるという、函館出発までは考えることのできなかった別の見方に新島をつれだした。

船はインド洋を経て、アフリカの喜望峰をまわり、大西洋をこえて、一八六五年七月二十日、ボストンについた。函館を出てから一年と三日。新島は、すでに別の人だった。

3　動機の実現

明治維新にたいしてどのように反応したかを通して、日本の現代思想史上のほとんどの人々の位相をも測定することができる。新島襄が、明治維新にたいしてとった反応は、おくれ反応であることを特色とする。おくれ反応とここで言う時、心理学の術語としての延滞反応（Delayed Response）の概念を転用することにしたい。延滞反応とは、刺激があたえられても、すぐに生じないで、時間をおいておこる反応のことである。明治維新の変革という事件がおこったことをしらされると、その変革についてすぐさま判断をまとめ、その変革を支持するか、反対するかの行動にうったえることを、すぐさまの反応とよぶことにするならば、その変革についての判断を（部分的、あるいは全体的に）留保し、しばらくたってから行動にうつる仕方を、おくれ反応とよぶことにしよう。

一八六八年（明治元年）二月二十一日、新島は、一月二十七日付の横浜通信紙によって日本の動乱を知った。三月十二日付の手紙で、彼は父にこの動乱は事実かどうかを問うている。このころ、三月に入ってから、不眠症になやみ、四月に入ってからリウマチがでてきたため、しばらく学校を休み、教授の自宅においてもらって保養する。おなじころ、維新の動乱をきいた幕府系留学生高橋是清は、ただちに日本に帰ることを決意した。薩摩藩から留学していた森有礼は、一時は残ることを考えたが、英人オリファントの説得によって、日本に帰る。高橋も森も、ともに労働によって生計をたてることができたが、動乱にさいして直ちに日本に帰りたいと考えることが、かれらにとっては自然だった。新島は、思い悩んだ末、すぐには帰らないことを決意する。この反応のちがいが、政治的人間と文化的人間との分れ道だった。

その前の年の弟への手紙に見られるように、新島は、この変革をよろこばないではない。そして、一つの藩への配慮とか、佐幕とか勤王とかいう形での忠誠心をなおも心中にもってはいるが、それらの忠誠心をこえた原理への忠誠心を、もっとも大切なものと考えるようになっている。

一八六七年（慶応三年）十二月二十四日、弟、新島双六への手紙。

「皇国の形勢大に変換せし趣《おもむき》承《うけたまわ》り候。是は乃ち開化の兆なるべし。政府（徳川幕府のこと）数万の兵、一の長州を如何《いかん》ともしがたきおもむき、実に笑うにたえたりと言うべし。兵制の変ぜしよしなれども、兵を以て国は立ちがたし。予が箱楯（函館）よりアメリカまでの日記は、阿萱（母のこと）への書中に略記し候ゆえ、ここにのせず、かつ米利堅《メリケン》の形勢は飯田君（飯田逸之助）への書内に略記せしゆえ、先生に付それを知り得べし。予が今日、哲（弟）に望む所は左の条々にして、甚だ行いやすき所なり。

一　日本で申す君に忠は、我が至聖救王ジィエージュスの論ずる忠と大に違い候ゆえ、一朝夕にかたりがたし。さりながら信義を以て主君朋友に接し、愛敬を以て父母諸姉と接せば可ならん。只今日偽を以て人に接せぬよういたしたく候。

二　漢学はただ支那歴代の事をきわむるによろしく候えども、孔孟の道を以て国を立てんとするは大なる誤《あやまり》なり。これに依て、予が哲に望む所は洋学を攻むるにあり。若《も》し解西所（開成所）にて洋人に付き学ぶを得ば、先ず英語にて用話する事を専務とすべし。それより文法書・算術・点竄・幾何学・度量学・西洋一般の歴史、かつ各国の歴史を攻むべし。（但し洋書の儀は飯田君へ相談いたし、君公より御買上に相成候よういたしたく候。且つ杉田君に相頼み、解西所より拝借すべし。）然《しか》し右の数術に打越《うちこゆ》る一書、新旧約全書を尤《もっと》もよろしとす。これは日本にて禁制なれども、上帝『造物主宰』の造を受《うけ》たる我々共、是非共読まねばならぬ書なり。

三　日本語にて誰れにも読めるようなる文を綴る事を注意すべし。日本人の斯《か》くも漢字を用ゆるは大なる誤《あやまり》なるべし。

四　詩作（漢詩）に暇を費やさぬよういたしたく候。

五　酒を一切のまぬよう、あまり煙草も呑まぬよう、酒煙の脳を害する事は、現に見え申さず候えども、その身体を害する事、一手一足を切るより甚だし。如何《いかん》となれば、脳は人間の記憶思慮の源にして、宜しくそれを害せぬよう注意すべし。

六　部屋を毎日掃除すべし。ある支那人の塵中《じんちゅう》に座して、天下を掃除すべきとの大口、至愚と言うべし。部屋を清浄にし、度々空気変換する事、実に養生の一にして、書生輩の最も注意すべき所なり。かつあんかを床内に入れぬよう。空中の酸素、炭火に接すれば炭酸と申す気となりて、人間を害する恐るべきの至りなり。かつ七日目十日目には、襦袢《じゅばん》・褌《ふんどし》等を換《か》うべし。何卒半風子《しらみ》をして衣上に逍遙《しょうよう》せしむるなかれ。かつ、な漬・たくわんのごとき、消化し難きものは一切食うなかれ。度々豚の赤肉を食せん事を要す『然し大食をきらう』。毎日一二里ずつ逍遙せん事を望む。熱《あつ》き湯に入るは宜しからず。

七　窮すといえども、志を屈するなく、只成業の上、国家に寸力を尽すを要すべし。右の条々、哲幸いに之を守りなば、子に於て幸甚々々。（傍点鶴見）

千八百六十七年十二月二十四日　幹

弟　哲　机下」

維新当時に書かれたこの手紙の中に、すでに新島の維新にたいするおくれ反応の思想的根拠が明らかにされている。一年間の大洋上の生活と思考は、主体の性格を根本的にかえた。主体の性格がちがうところに、同じ刺激をあたえれば、ちがう反応があらわれる。高橋是清、森有礼の歩む道と新島襄の歩む道は、すでにこのころから明白に分れていた。

一八六九年五月十日、父あての手紙の中に、新島は、他日自分を明治の変革にかかわらせてゆく行動の方向について、のべている。

「さて、小子儀は少々当今勇ましき勤王の若武者と相違し、兵書等を学び、功名を求むる志更にこれ無く、唯だひとえに聖人の明道を修め、我国人をして、人間闕《か》ぐべからざるの道を知らしめんと存じ、かつ此度の変化に付、蒼生塗炭にまみれ候由承り候間、如何してか国益を起し、民の租税を省き、人々その生命を安ぜん事を望む。但し国益を起すに付《つき》小子いささか策無きに非《あら》ず。」

新島は、欧米文明成立の原理によって日本を見ようとした。この原理を日本につたえることが、根本的な仕方で、日本の国をよくする道だと考えた。このような原理的な仕方での西洋化は、かえって、自分が西洋人になる道をこばませ、自分の生れた日本に帰ってゆく情熱をかきたてる。一八七〇年、アーモスト大学卒業のころ、新島に米国の国籍をとることをすすめるものがあったが、新島はこれを受入れぬ。米国に帰化した上で日本に帰ってきた浜田彦蔵の思想と新島の思想の構造上のちがいがここに見られる。浜田の場合には、英語とか新聞とか貿易のように、米国の文明の現象的な面にたいする関心のもちかたが中心であり、新島の場合には、米国の文明をなりたたせている原理の面にたいする関心のもちかたが中心である。

一八七一年（明治四年）、新島は、日本政府に国禁をおかして海外渡航したことの許しをこい、五月十九日付で、「米国留学申しつけ候こと」という書きつけをもらった。米国駐在の小弁務使森有礼は、これまで新島の学費を出していたハーディーに、これまでの費用の概算書を出すことを要求したが、新島はハーディーにその概算をおくらないようにとたのんでいる。この費用を政府からもらうことによって、それからあとは政府の命令のままにつとめなければならぬようになることをおそれたのである。新島は、維新政府からはなれて、独立の場所で自分の勉強をつづけたかった。日本からの使節が来た時にたのまれて、米国およびヨーロッパを案内し、とくに教育制度についての報告書をつくるが、つづいて官につくことをことわり、米国に帰ってアンドウヴァー神学校でキリスト教を勉強。日本帰国にさきだって、一八七四年十月九日、バーモント州、ラットランドのアメリカ伝道協会海外伝道部第六五回大会で、キリスト教主義の学校を日本につくりたいという志をのべ、即座に五千ドルあまりの寄付を得た。

一八七四年十一月二十六日、新島は十年七カ月ぶりで日本に帰った。ただちに学校設立の仕度に着手し、一八七五年十一月二十九日、京都に「同志社英学校」をひらいた。一八八四年から、大学設立のための準備にかかり、その開設を見ないで、一八九〇年一月二十三日、大磯でなくなった。

日本にキリスト教主義の学校をつくる仕事は、さまざまな人々を結びつける新島の才能をまって、はじめてできることだった。日本脱出前の函館の二カ月間にあらわれたその人間結合の能力は、日本帰国から死に至るまでの十五年間により大きな規模で発揮される。新島の生きていた時代に同志社建設の仕事に大きな影響をあたえた人々には、次のいくつかの流れがある。

まず、アメリカ人の協力者たち。学校の教師として新島を助けたデイヴィス、ラーネッドなど。この人たちは、その言行から見て、南北戦争時代のアメリカの精神を代表する人々だった。アメリカの政治上の独立は、一七七六年だが、このころにはまだアメリカ国民の文化はヨーロッパの文化の一部分と感じられていたし、また実際にそうでもあった。マシースンが「アメリカのルネッサンス」と呼ぶ南北戦争直前期にいたって、エマスン、ソロー、ホーソン、メルヴィル、ホイットマンがあらわれ、文化におけるアメリカ的なものが明らかに結実する。アメリカ精神の独立についてのそのような自信を背景として、その精神を日本につたえようとする一群の人々があらわれたのである。南北戦争は、これによって奴隷制度の廃止をなしとげたという点で、新しい自信をアメリカ人にうえつけた。今やアメリカ人は国の外に植民地をもたないだけでなく、国の内部に「植民地」をもつこともない。ヨーロッパ諸国とは別の、潔白な仕方で、その文明をアジアにつたえることができる。とくにラーネッドは、資本主義の暗い面をかくすことなく批判し、経済学と聖書との二つをもって、日本を教化しようとした。創立期の協力者たちを通して、アメリカ史のもっとも自由かつ公正な時代の精神が同志社に流れて来たのである。

次に、明治の新政府の成立にさいしてしめだされた人々の考え方が、同志社の中に流れ入って来ている。「同志社」とは、もともと、新島襄と山本覚馬両名の結社を呼んだものであり、山本は京都府顧問（後に京都府会議長）で、自分のもっている土地を学校の敷地として提供した。

山本覚馬は、会津藩の藩主松平容保が京都守護職となった時、主君について京都に来た。蘭学を学び、砲術にたけており、独特の鉄砲を工夫したりした。王政復古のさいに、とらえられて薩摩屋敷におかれた。早くから眼を病んでおり、このころにはめくらに近くなっていた。座敷牢の中で、山本は、官軍が会津をせめ、鶴ケ城を落したというわさをきいた。会津の戦争では、父権八、妹の八重子、その夫の川崎尚之助が、籠城してたたかった。八重子と母とだけが生きのこって、京都に覚馬をたよって出てくる。維新後、京都に府がおかれた時、山本は府の顧問にむかえられ、眼が見えないままに文明の制度の見とり図を太い線でしっかりとひいた。東京に先だってととのえられた京都の教育制度、医療制度は、山本の助言によるものと言われる。新島は、山本に助けられて京都に同志社をつくり、やがて山本の妹八重子を妻とする。山本の母は、同志社の舎監となり、山本の妹（今は新島夫人）も、教師としてはたらく。山本一家が、新島の同時代観に影響するところは大きかった。会津落城後、薩長の藩閥政府によって追いおとされた人々の感情は、しぜんに新島の思想の底にしみ通っていった。

第三に、新島のひきつけた年若い協力者たちと学生たちがある。日本の思想史は、初期同志社出身の人々をよそにしては書くことはできない。新島の生きていたころの学生たち、深井英五、徳富猪一郎、徳冨蘆花、元良勇次郎、大西祝、柏木義円、新島の死後、その残光によって同志社にひきつけられた山川均、高畠素之、安部磯雄、馬場恒吾、これらの人々がなぜ同志社に来たか、何を同志社から得たかは、同志社の歴史を再検討するためにいつか、研究される必要があろう。ここでは、新島の教育理念をおぎない、そこから新しい力をひきだす可能性を示した人として、湯浅治郎のことを書いておきたい。

湯浅治郎は、一八五〇年（嘉永三年）、安中に生れた。味噌しょうゆをつくって売る店の長男だった。一八七八年三月三十一日、新島が安中教会設立の式をおこなった時に、洗礼をうけた。同志社の理事として新島を助け、新島のなくなった後に、同志社の財政をうけもつために、国会議員を辞職して京都にうつり、二十年間、無報酬で同志社のためにはたらいた。彼の思想を示すもっともすぐれた例の一つは、一九一四年、日本の組合教会が朝鮮総督府から機密費をもらって朝鮮に伝道にゆくことに反対したことである

（実際には、寺内正毅総督から斎藤実総督にかわるあいだに機密費の提供はうち切られた。すると、日本組合教会は、朝鮮の教会は今後朝鮮人の自治にゆだねると称して、手をひいた）。この時、日本組合教会総会で日本人牧師の朝鮮伝道に反対したのは、おなじく新島の直弟子であった柏木義円と湯浅治郎だけであった。キリスト教の伝道を、日本政府の帝国主義政策の道具としてはいけないというのが、反対の論拠であった。湯浅、柏木に見られるこのような政府批判は、新島歿後の同志社からあらわれた安部磯雄、山川均らの社会主義の立場からする帝国主義批判とむすびつく視点をつくっている。函館脱出直後の新島の日記の中に、アジアの諸民族にたいする共感のすくないことを前に書いたが、新島の公平な正義感をうけついだ湯浅、柏木らのその後の思想的発展の中に、アジアにたいする関心が当時の日本政府を批判する仕方であらわれて来ていることは、おもしろい。

ここにとりあげた以上三つの流れは、南北戦争当時のアメリカの理想主義にしても、明治維新直後の佐幕派遣臣の視点にしても、日本政府の支配下にくみこまれた朝鮮人への共感にしても、いずれも明治の現政府にたいして無批判に従い、時代の現主流に便乗してゆこうという考え方をこえるものであった。これらの人々はいずれも、明治新政府の風呂敷につつみこまれることのなかった人々だった。脱藩前の新島の考え方が、明治新政府をつくった人々の富国強兵思想とへだたりのないものであったとしても、脱藩後の一年あまりはすでに出発点とはちがうところに新島をつれ去っていた。そして、大洋上に新島をおとずれた新しい見方は、帰国後の彼のこうした人々との協力に支えられて、同時代を批判する力をもつ学問研究の場所として同志社を設立させた。

新島の「同志社大学設立之主意之骨案」には、すでにつくられた政府の大学と別個に民間の大学をつくるべき理由として、「我ガ同胞ヲシテ維新ノ民タル品格ニ叛《そむ》カザラシメ」んとすることをあげている。その民間大学は、この趣意書起草当時数年後にせまっていた国会開設にそなえて、明治の政治をになうにたる自主的判断力のある人物を養成することを当面の目的としているとともに、今はじめても教育の効果はゆっくりしかあらわれないという自覚によって抑制されていた。

「欧洲大学ノ設立ハ開明ノ第十九世紀ニアラズシテカエッテ未開暗黒ノ八、九世紀ヨリ十五、六世紀ノ間ニアリ。マタ、カノ世紀ニマキシトコロノ良種ハ、今ノ世紀ノ好果トナルコトヲ明証センガタメ左ノ一表ヲカカゲタレバ、サイワイニ一覧ヲタレタマエ。」

そうして、「英国大学ケムブリッジ、一二三一年ノ創立ニカカル」にはじまる長い別表が終りにおかれる。この別表をイギリス、スコットランド、アイルランド、ドイツ、オーストリア、ハンガリー、スイス、イタリア、スペイン、ポルトガル、オランダ、ベルギー、デンマーク、スウェーデン、ノルウェー、ロシア、ギリシア、フランス、アメリカ、と読んでゆくと、同志社は若いという気がしてくる。同志社大学をつくることは、新島にとって急を要する仕事だったが、同志社大学を通して「維新ノ民タル品格」にそむかない人物をおくりだして「ワガ日本ヲ泰山ノ安キニオク」ためには、数世紀の年月が必要であると、この創立者は考えていた。

参考文献

『新島先生書簡集』同志社、一九四二年。
『新島先生書簡集・続』同志社、一九六〇年。
『新島襄先生年譜』同志社、一九五九年。
『同志社五十年史』同志社、一九二五年。
徳富猪一郎『新島襄先生』同志社、一九五五年。
森中章光『新島先生と徳富蘇峰』同志社、一九六三年。
魚木忠一『新島襄』同志社、一九五〇年。
岡本清一『新島襄』同志社、一九五二年。
渡辺　実『新島襄』吉川弘文館、一九五九年。
青山霞村『山本覚馬』同志社、一九二八年。
武田清子『人間観の相剋』弘文堂、一九五九年。
A. S. Hahry, *Life and Letters of Joseph Hardy Neesima.*
J. D. Daris, *A Sketch of the Life of Rev. Joseph Hardy Neesima.*

難破と周航

留学していたころのことを思い出そうとして、手もとに何も記録もないし、写真もないので、ふと思いついて、おなじコンコードのミドルセックス校の初期の卒業生だったコンラッド・エイケンの自伝を古本屋でさがしてきて読みはじめた。どこかにコンコードの町のこととか、そのころ——一九〇〇年代のミドルセックス校の寮のことなどが書いてあるだろうと思ったのだが、そんなことはそこにはなかった。『ウシャント』（一九五二年）というのが、エイケンの自伝の題名で、それは、ブルトン海岸の沖のイル・ドサンというフランス語の名をもつ島のイギリスよみなのだそうだ。そこに舟が近づくとあぶないので、そこに向って航海する船はいつも、ウシャントの存在をおぼえておかなくてはならない。いつも、それに向って行き、それをまわってかえる一つの到達できないめじるしになる。

エイケンは、一八八九年にジョージア州サヴァンナでうまれた。父は医者。母は牧師の娘。やさしい両親の下でそだったおだやかな美しい日々だった。十一歳の時、ある朝、何か言いあらそいがあって、父親が三つかぞえるのがきこえ、それからピストルの音が二つした。エイケンが、両親の部屋に行って見ると、そこに二つの死体があった。エイケンの弟二人は、ペンシルヴァニア州フィラデルフィアの家庭にもらわれてゆき、コンラッド・エイケンはマサチューセッツ州ニュー・ベッドフォードに住む曾祖母にひきとられてそだった。

ジョージア州サヴァンナにあった家、そこで少年の時にひとりで両親の死体を発見した場所は、エイケンにとっては、もうかえってゆくことのできないところだった。しかし、その後どこに住んでも、その部屋は、エイケンにとって、いつもそこにむかっていってはかえってくるたえざる周航の目的地となった。生の中心におかれた恐怖の場所。現実にその場所は、もうない。しかし、心の針はつねにそこをさしており、そこにむかってゆこうとし、難破することなしにかえることができないのを知ってそのまわりをまわるだけでまたもどってゆく。そういう周航が、エイケンにとって、彼の生活であり創作でもあった。

『ウシャント』を読んだ時に、私の心に浮んだのは、エイケン自身の自伝以外の詩や小説のことではなく、私のミドルセックス校のころの記憶でもなく、石原吉郎の文章である。

人はそれぞれウシャントにあたる場所を自分の地図の中にもっているだろう。だが、今、私が自分の体験ではなく、石原吉郎の体験記をウシャントから考えるのは、この五十年近く私が生きて考えて来た場所と、石原吉郎の書いている場所とがあまりかけはなれているからだ。私の考えることのできなかったことが、その場所にははっきりとあり、私のふつうに考えていることの意味を、その場所がはっきりさせる力をもっているからだ。

石原吉郎は、敗戦後にソヴィエト・ロシアにとらえられ、戦争犯罪人として二十五年の刑をうけた。敗戦の時に日本兵五十三万人が捕虜となったが、そのうち五万人が死に、三千人が行方不明となった。石原によれば、人間らしく生きたいという徳性をすてきれないものは、すべて死んだという。食糧をわずかしかあたえられない条件の下では、人間であることをやめて動物として適応することが必要とされた。その後、さらに三千人が、極東軍事裁判とは無関係の「かくし戦犯」としてとめおかれた。その中の一人として石原はスターリンの死によって恩赦があるまでソヴィエトの強制収容所にとどまり、一九五三年の十二月三日に東京にかえってきた。

ソヴィエトの強制収容所で何がおこったかを書いたあとで、石原は、日本にかえって平穏な生活にもどってからのほうが苦しかったと言う。

「苦痛そのものより、苦痛の記憶を取りもどして行く過程の方が、はるかに重く苦しいことを知る人は案外にすくない。」(「強制された日常から」『日常への強制』構造社、

一九七〇年）

サンフランシスコの講和条約のむすばれたあくる年にかえって来て、石原は、自分がソヴィエトで強制労働をしてきたことが、今の日本の日常生活と何のつながりもないと感じた。身におぼえもないのに戦犯に指定されて強制労働をしている間、彼は自分が日本の国民の身代りに進んでなろうという気持でたえてきたが、その感情は、今日本にかえってここでくらしてみると、同じ時代を生きて来た日本本土の日本人と何のつながりもないのだった。本土の日本人は、親戚も友人も、もう戦争のことは忘れていた。

「あきらかに、べつなかたちでの失語の段階に、私は足をふみいれていたのである。」

石原は、久しぶりに気がねなく何でも話せる境遇にもどった。この戦後の日本というところは、戦前の日本の軍隊とはちがうし、スターリンの下のソヴィエト・ロシアの強制収容所ともちがって、何でも自由に話せる。しかし、ここで毎日はなされているおたがいの言葉は、どれほど、自分の中の深い部分をつたえることができるか。

「饒舌のなかに言葉はない。言葉は忍耐をもっておのれの内側へささえなければならぬ。」

石原がソヴィエトの強制収容所の生活について書いたことは、社会主義国家の中にどれほどの人間蔑視の制度があり得るかの証言であり、強制収容所で死に追いつめられたもの同士が微妙な形でおたがいにたいしてリンチをくわえるに至る被害者自身の人間蔑視についての証言である。そういう証言以上に、私にとっておそろしいのは、それらの証言を石原が戦後二十六年後の今日まで、この日本の日常生活の中で自分の中に保っていることである。

「経験とはある人におこった何事かではなくて、自分におこったことについてその人が何をするかなのだ」とオルダス・ハックスリーは言ったが、強制収容所の日常を、今日の日本のサラリーマンとしての日常の中に保ちつづけるという行動におどろくのだ。それは、とくに何かを外部にむけてするというような行動ではなく、人にむかって声高に何か言うという行動でもなく、自分の内面にむかって言葉をほりつけるという行動である。沈黙の中に生きる言葉でなくては、言葉にどれほどの力があるだろうか。

『ウシャント』の作者は、自分自身の難破の場所をまわって、くりかえし航海するものとして人それぞれの人生をとらえたようだ。その周航という考え方は、今の私には、自分の内部だけのことには感じられない。もとほど、自分の内側と外側の区別がはっきりしなくなってきたからかもしれないが、自分の周航の内部に他人の周航が入りこみ、その他人の周航の内部に自分の周航が入るように、輪がつらなってゆく感じがある。周航と周航との間にサインがかわされるというふうにも言えよう。

他人のいる場所が自分の場所になるということはない。しかし、自分にとっての自分の難破の場所にさえ、人は現実にもう一度ゆきつくことはできないのだ。


ひと月ほど前、田中正造が一八六九年（明治二年）に牢獄から釈放された時に住んだ地蔵堂のあとに行ってみた。

少年の時に名主になった田中正造は、自分の領主の六角家の用人が、若殿様の新宅をつくるという口実で財政を悪化させるのに反対して、仲間とともに反対運動をおこした。その結果、六角家の邸内の牢獄にとじこめられ、明治維新後に牢から出されはしたが、ふとどきだというので、自分のもといた栃木県小中村から追放された。そこで六角家の領地を出て、小川一つへだてた井伊家の領地に移り、地蔵堂をかりて寺子屋をひらいた。そこには、昔からあったと思われる榎が今もたっている。

そこからほんのひとまたぎの川をへだてて、自分のうまれた村をながめて、田中正造は自分の全力をつくした六角家改革運動が失敗したことを考えただろう。しかし、失敗したからと言ってこの種の改革運動から手をひくということはなかった。その後の彼には、岩手県での凶作対策と上役暗殺容疑での投獄、足尾銅山の鉱害にたいする抗議と弾圧が待っている。形としては彼のしたことで成功したものはないと言ってよい。だが、最初の難破が次の難破へとしっかりと接続している。その意味で、彼の生涯は一貫した構造をもっている。

現在を救えと彼は説いたが、彼のめざすものが、明治政府の政策としてそこに実現するようなものでないことを知っていただろうと思う。

伊藤博文とか山県有朋とかは、足尾銅山の鉱害について田中正造がくりかえし抗議した時の政府の首班である。伊藤、山県ともに、田中正造とおなじように軽輩から身を起した人びとだが、かれらにとって明治政府は何としてでもこれをまもるべき成功作と見えただろう。同じ明治の初年に、自分の努力が失敗に終り今では手のほどこしようもない生れ故郷を川一つへだててむこうに見ていた田中正造は、伊藤や山県とはおのずからちがう明治時代への予感をもっただろう。その予感のちがいが、それぞれのかなり長い生涯の終りまではっきり見てとれる。

伝記について

石母田正の『歴史と民族の発見』正・続が、一九五二年、五三年に出て、自分の母親の側から現代史をとらえることを教えた。母親の眼によって歴史をとらえるという方法は、そのころたくさんの人びとの心をとらえた。国民文化会議が発足したのは五五年の夏だった。そのすぐあとのあつまりに、厚生省の女子事務員のつくった母の歴史の絵巻物が分科会の壁いっぱいにはられていたことを思い出す。母親の眼から見た明治百年の歴史だった。あの絵巻物は今どこにあるのだろうか。

日本で普通に祖先というと、父方の祖先だけをいうけれども、母方のほうを、母のそのまた母というようにたどってゆくと、どうなるか。系図のはっきりしている近衛家をとって見ても、藤原鎌足から四十六代目の近衛文麿にとって、その先祖は、鎌足であるといって言いつくせるものではなく、農民であったと言うほうがはるかに正しいことになると思う。

私たちが日本で父方の姓を名のるということの中に、まどわされるいとぐちがあって、伝記を読む時にも、書く時にも、それが制約となってあらわれる。日本の習慣からみて、ある人の父方の系譜は、何代か前までさかのぼれても、母方のほうはさかのぼることがむずかしい。しかし、そういう努力は、できるはずだし、やがて、そういう流儀で伝記を書くほうが普通になる日が来るだろう。

アレクス・ヘイリーの『根』(一九七六年)という本は、今の日本人が自分の祖先へとさかのぼる時に出会う困難にくらべて、けたちがいに複雑な困難をこえて、自分の祖先が、どのようにしてアフリカから奴隷にうられてきたかをしらべ、北米からアフリカへと自分の起源をたどっている。これほどの仕事をなし得るという事実は、今後の伝記の書かれかたを日本においても大きくかえてゆくだろう。

誰でも似たようなものだと思うけれども、私は自分について考えて、自分にもっとも大きなかかわりのあった人びとについて書くことはできないし、自分自身について書く時にもあらゆる部分をあきらかにすることはできない。それにもかかわらず、他人について考える時に手がかりになるのは、自分が自分についてもっているだいたいの考えであり、自分が自分の身近に見ることのできた何人かについての考えである。

歴史上の人物の伝記を読む時に、書かれた文字を肉づけてゆくのは、自分の内部にたくわえられている自分をふくめて何人かの人びとについての考えである。伝記を読む場合にもそうだし、伝記を書く場合にもそうだろう。歴史上の人物について書かれる伝記でさえも、その伝記の読者にとってあらわれてくる人間像は、公にのこされた痕跡(文献や記録）と読者自身の人間についての実感との交錯の結果としてあらわれてくるものだと言える。

もちろん、伝記である以上、公の痕跡として残っている資料を考慮にいれなければならず、それらを道しるべとして、一つ一つ確実に通過していくことを必要とするけれども、痕跡をとおして全体像をえがくには想像の助けをかりる他ない。そしてその想像力の部分として、伝記作者（そして読者）自身が深いかかわりをもった特定個人の肖像が重要な役割を果たす。アレクス・ヘイリーのように、数世紀前の民衆まで伝記をとおしてたどりつくことができない場合にも、伝記を読む（あるいは書く）という体験は、伝記に書かれない人びとの肖像を呼びさますことなしにはあり得ない。

矢作勝美は『伝記と自伝の方法』（七一年）で、明治以来の日本の偉人伝をひろく見て、それらをつまらないものにしているのは、翁としての伝記を書いたからだという。ある人が会社をおこし、功なり名とげて○○翁と呼ばれるようになって引退する。その翁となったところでその人をとらえて、そこから過去の出来事をその人の（翁になってからの）都合にあわせて見てゆく。それでは、過去の出来事が、おこったその時にもっていた意味の流動性はうしなわれてしまう。それぞれの時代の出来事は、いまだ翁でなかったころの主人公の内部にながれこみ、彼の人がらをつくっていったであろうし、彼をかこむさまざまの人びとが彼の内面をつくることに力をあらわしたろう。しかし、翁になってからでは、主人公は一個の完成した銅像であって、その内部に同時代の事件や他人が入りこむ余地はない。戦前の日本には町の目にたつところには銅像があり、その多くは馬にのった軍人の銅像だった。そういう銅像をつくるやりかたで伝記を書くのでは、他の人間との交渉からきりはなされた肖像になってしまう。

ジャン・ゲーノの『ジャン・ジャック・ルソー』(六二年)は、フランスがナチス・ドイツにやぶれその協力者となった時代に、絶望の中で書き進められた。ルソーをよりどころとし、ルソーの生涯をもう一度自分の中で生きてみることの他に、することはないように彼には思えた。その時、彼は、ルソーがそれぞれの時に彼自身について知っていることと以外には知らないように工夫して同時代の資料を読んだという。二十歳のルソーについてしらべたとすると、そのあとに彼におこることについて何も知らないように(というよりは考えないように)と注意をはらった。そのように段をあがるようにして、ゲーノはルソーの生涯をもう一度たどっていった。ゲーノの伝記の書き方は、矢作の述べた翁の伝記の正反対の極にあり、幼年期、少年期、青年期の、ゆれ動く心理をとおして主人公の肖像と同時代の肖像をえがくことができた。少年のルソーは、二世紀後の日本のわれわれの少年時代に通じるもの、青年のルソーはわれわれの青年時代に通じるものをもっている。

歴史上の人物は、うまれてからの長い年月の間にであったさまざまな人びとがその内面に入ってくることをとおして彼ら自身になり得たのであり、それらの人物について書かれる伝記もまた、人と人とが会う場所としてあらわれる。

白夜のラップランド——スウェーデン

方向の感覚が、つよくないので、三〇回たずねたことのある人の家に行こうとして三一回目にまたまちがうことがある。それはめずらしいことではないので、シェルドンの体質学には、筋骨によって表皮の守られていないものの特長と書いてある。たしかに、小学生のころには背が一番低かっただけでなく、目方が男女を通じていちばん軽かった。

そういうものにとって、世界は迷路だ。迷い迷い、いつも歩いていることになる。家や学校にゆくおなじ道が、突然、これまで見たことのない別の場所になってくる。

そういうこどものころの感じが、おとなになってから久しぶりにもどってきたのは、北極圏内で白夜を迎えた時で、いくら夜がふけても暗くならない。湖のむこうに点々とあかりはついているが、空は日本ならば曇っている日の午後三時くらいのあかるさをいつまでもたもっている。雲のむこうには、深いかば色の夕焼のようなものさえ見える。右左がわからないだけでなく、時間のタテヨコがわからない。時間がとまっていて、おしても動かないように感じる。世界を見失なった自分がここにいる。見失なわれた自分にとってこの世界は何か。

野原には、とき色の花が、あざやかに、道の両側をかためている。くらいなりに、とき色がはっきりと見える。

人はいるのだが、声はない。風景におされて、言葉がなくなるのだろう。無人の町のようだ。夜、十一時。キルナで。


ここには自然があるというだけではない。湖に近く、段をなして高い丘があり、そのふもとに工場の建物がいくつか見える。これがスウェーデン最大の地下鉱脈から鉄鉱をほりだしているところで、この工場が、湖をへだてて見える山々と対立している。

かつては、このあたり一面が、ラップ人の行きかう領土だった。冬は、そりにのって当時のヨーロッパ人の考えおよばぬ速さで広大な平原をかけめぐり、夏は、のんびりと、トナカイをあそばせて草のあるところにとどまって日だまりをたのしんでいた。トナカイをふやし、トナカイの乳をのみ、トナカイの肉をたべ、トナカイにひかれて行ききする彼らのくらしを支えるには、広い領土が必要だった。

西欧の歴史書に彼らが登場するのは、西暦一世紀で、ローマの史家コルネリアス・タキトゥス（五五？——一二〇）の著書『ゲルマニア』（九八年）である。その後、彼らの領土が、ヨーロッパ人の法律の上で幾つものちがう国家に分けられたあとでも、冬は雪にとざされた北極圏に国境線をひいて杭をうちつけるわけにもゆかず、見張りをたてるわけにもゆかず、この広大な領土はラップランドと呼ばれつづけ、ラップ人が自由にゆききするにまかされて、二〇〇〇年がすぎた。学校でならった世界地図では、ロシア領、フィンランド領、エストニア領、ラトヴィア領、スウェーデン領、ノールウェイ領となっていても、その区分は、ラップ人にとってはないにひとしく、事実上はなかったのである。日本でくらしていると、国境がそのまま、この日本では私たちを封じこめているので、世界各国もおなじように国境ごとに封じこめられているのだろうと、こどものころには思っていた。しかし、私のこどものころだった大正から昭和のはじめのころにはまだ、ラップ人は、六つの国の国境をこえてゆききし、彼らの文化の同一性を保つ、共同のくらしをつづけていた。しかし、そういうくらしにも、第二次世界大戦のあとになって終りが来た。

トナカイ放牧をもとにするラップ人のくらしにはひろい土地がいるが、その土地の下に、鉱物資源がうもれている。それをほりおこすヨーロッパ人の活動は、ラップ人の活動をせばめ、その生活様式をとりあげてしまった。

「私たちがもし、昔のようにトナカイを追って雪の中を自由に動くくらしをしていることができるなら、どうして、都会に住みついて、品物をうったり、料理屋ではたらいたりするくらしをえらぶでしょうか」

と、ラップ人のおばさんは、言った。

アーサー・スペンサー『ラップ人』（一九七八年）によると、現在のラップ人の総人口は、三万五〇〇〇人。そのうち二万―二万二〇〇〇人がノールウェイに、八〇〇〇―一万人がスウェーデンに、三〇〇〇―四〇〇〇人がフィンランドに、二〇〇〇―三〇〇〇人がソヴィエト・ロシア領に住む。人種の起源は不明なままに、ラップ人らしい体型というものはあるそうで、背が低いこと。男は五フィート（一メートル五〇センチ）、女は四フィート六インチ（一メートル四〇センチ）くらい。足はみじかく、しかしヨーロッパ人の信じているようにがにまたではない。髪は濃い色で、ブロンドのものもいる。顔は西洋梨の形。鬚はまばらでうすく、皮膚はオリーブ色。眼は茶色、または灰色。青いのもいる。眼の形は細くなく、眼の下のたるみはない。老年にいたるまで、つよい視力を持つ。

ラップ人と、ここまで書いてきたが、ラップ人自身は、みずからをサーメと呼ぶ。サーメ人の文化は、およそ二〇〇〇年つづいている。サーメの言語は、いくつもの地方語にわかれていて、おたがいに通じにくいけれども、共通の言語とみなされている。ハンガリー語、フィンランド語と近い。サーメ人の人種としての起源については、いろいろの説があるが、ヨックモックのノールボテンス博物館長、アンデルソン氏は、東方説をとると言っていた。氷河時代からこの土地に生き残った人びとだという説もあり、この説によると六〇〇〇年前からサーメ人は現住所にいるということになる。

ヨーロッパ大陸の工業の影響は少しずつ彼らの文化を封じこめていった。十七世紀ごろから、サーメ人の住む土地の下に銀がうまっているという説がひろまり、彼らが追いたてられる原因となった。しかしこのころは同時に、サーメの文化がもっともさかんな時で、トナカイ放牧が盛大におこなわれていた。スウェーデン王はサーメ人に対して好意を示した。一七七八年の法令によってサーメ人はトナカイ放牧の必要に応じて、自由に国境をこえることを許された。

一九〇〇年ころからサーメ人の土地はさらにせばめられた。発電所がつくられることで、トナカイ放牧に打撃をうける。サーメ人の多くが、トナカイとともに生きてゆくよりは敵方の水力発電所ではたらく道をえらんだ。お金というものにならされると、トナカイとのくらしではお金が手に入らないので、不自由を感じるようになったからである。

しかし、ヨックモックで会ったサーメ国民高等学校の先生によると、

「サーメがトナカイをはなれるのは、はなれないと食べてゆけないからなんです。トナカイとのくらしの中には、自由があります」

トナカイ放牧の上にたったサーメ人のくらしが、今後もう一度さかんになるという見とおしはない。

今は夏で、キルナとその南のヨックモックの近くにあるサーメ人の家には、数人の老人と年おいたトナカイがのこっているだけで、今も放牧をつづけている壮年のサーメ人は、トナカイの群をつれて高地の草原に出かけている。

土をつみあげてつくった三角の山形の空家と、その前につながれてねそべっている老

トナカイとは、サーメ文化の現状をあらわす。

今では、もう高地の放牧についてゆけなくなって、老いたトナカイとともに日なたぼっこをしている老サーメ人の歌は、レコードにふきこまれてのこっている。ジョイクと呼ばれるその歌は、しわがれ声で、はなしているのか、うたっているのか。私たちの社会では老人になると、あまり歌をうたわなくなるものだが、ラップ人の間では、年おいても歌う習慣がのこっているらしい。若いころに雪の上をまっすぐに遠くまでソリにひかれて走っていった思い出。それを、かすれた声で、ためらいがちに歌う。はるかな昔の自分が豆のように、遠ざかってゆくのが見える。

トナカイをかうほどのサーメ人は、ひとりひとりが自分の人がらにあったジョイクをもっていて、あつまりの時にうたうそうだ。歌は、自由に省略され、ある時にここがおち、ある時にはここがおちるのも形式として許されている。このジョイクの他に、ラップ人には、自分たちの過去にもどる方法はないという。

ウルテヴィスのことをまたうたおう
ウルテヴィスには断崖があった
トナカイの呼び声がきこえる
それから仲間のそりの鈴の音が
私の歌声とまざってきこえる

トナカイを呼べ、ウルテヴィスで、
ナアナアナア
トナカイのやわらかい角をなでよう
ウルテヴィスの春にもえでる柳の枝のような

（ヨックモックのジョイク）

ラップ人にとってのラップ人は、ラップ人以外のものにとってのラップ人とはずいぶんちがうだろう。ローマ帝国がイタリアを本拠として成長し、そのへりがヨーロッパ北部に接するようになってから、小人についての伝承がおこった。ローマ帝国の内部に住む諸国民から見ると、その外の闇の世界に住む国外の民、つまり非国民は、姿をかくして活動することのたくみな小人に見えた。南方そだちのローマ軍指揮官の眼では、とらえにくいくらしで、雪におおわれた森林の、その木の根の下に穴をほり家をつくって住むこびとと考えられた。

時にはウサギのようにすばやく、雪の上を移動する赤い帽子をかぶった小さい人びと。ヨーロッパ人の想像の中に住みついた小人は、赤い帽子と赤いコートを着て、白いひげをたらした小さい活発な老人たちで、ラップ人の服装を思わせる。しかし、それは、あくまでもラップ人の外の人びとの中にいきるラップ人の肖像である。

外のものにとってのラップ人と言えば、トナカイとの共同生活は、すでに農業と商業と、わずかな手工業をもつようになっていた北欧諸国民にとって、きらくであるとともにみだらなくらしに見えた。ノールウェイ、スウェーデン、デンマーク、フィンランドだけでなく、イギリス人もまたスカンジナヴィア半島北部の海岸線まで来て、ラップ人ととりひきをしていた。海賊気分ののこっているエリザベス朝までのイギリス人ならともかく、紳士淑女の体面を重んじるようになったその後のイギリス人にとっては、ちらっと見ただけのラップ人の風俗はうらやましく、またみだらなものだった。

キリスト教は、神が人間と動物とをはっきりと分けてつくったものとしており、動物と人間の区分線をこえることをゆるさない。ところが、ラップ人の間では、あとで殺して食うとは言え、トナカイをだいたり、一緒にねころがったり、何ともいやらしい愛しかただ。博物館で見たスケッチには、その自由をうらやむ気分があらわれていた。

スウェーデン人オシアン・エルグストロム（一八八三―一九五〇）が一九三〇年代にかきのこした『熊祭り』の連作においても、熊をころしたあとで、酒をがぶのみして裸の女とだきあい、最後にはいてたおれて女に介抱してもらう、ハメをはずしたライフ・スタイルがえがかれている。

このようなとらえかたは、現在のラップ人にとって心外なようである。

サーメ国民高等学校の女の先生は、

「日本がラップランドから輸入しているものがありますよ」

と言う。

「となかいの角なんです。それを、日本人は強精剤として使っているそうですよ。日本の驚異的な経済復興はこの力によるんです。」サーメ人の間では、それは強精剤として使われてはいないそうである。

雪の下に住む小人の絵等で、ラップ人は、私の中に入ってきた。黄金が道にまでしきつめられている国として日本がヨーロッパ人におぼえられたのと、おなじように見当ちがいだった。

その後にラップ人についておぼえたのは、社会学者ロバート・レッドフィールドの『小さなコミュニティー』（シカゴ大学出版部、一九五五年）を共著者のミルトン・シンガーが出版前にもってきてゲラの形でよませてくれた時で、その中の、ラップ人の哲学の記述に心をひかれた。レッドフィールドの協力者のミルトン・シンガーは哲学者で、その助けで、この本は、哲学の方法上の区分が慎重になされている。

この本の中に、もっとも徹底したプラグマティストとしてのヨハン・トウリ（一八五四—一九三六）が出てくる。プラグマティズム以外の哲学の類型についても言えることだろう。観念論、唯物論、独在論、プラグマティズム、実存主義というような区分をしたのは職業哲学者であるけれども、これらの哲学者はわりあいにふつうの生き方をしているので、区分法を提案した人と呼ぶべきで、むしろ、独在論を生きている人、プラグマティズムをみずからの哲学としている人は、哲学者とはちがうところに求めるほうがふさわしい。

ヨハン・トウリは、その意味で、ウィリアム・ジェイムズよりも、ジョン・デューイよりもプラグマティストだったと言える。トウリにとって人生とは行動であり、トナカイにかかわる行動である。彼の内面生活は、トナカイをどう世話するか、狼からどのようにトナカイと自分たちを守るか、その他には、雪にとじこめられている間と雪のないあいだの行動の手順についての思想にみたされている。たくさんの物語を知ってはいるが、その物語がそのまま真実かどうかについてはうたがわしいと思っている。

物語のおおかたは、ジョイクという歌いものをとおしてよみがえってくるのであり、ジョイクそのものが、情景についての歌というよりも、情景を呼び出す道具である。しかしジョイクを道具としてあてにしているわけではない。むしろトナカイをそだてる行動の形、ミルクをとる方法などが、現実を行動そのものによってたしかめてゆくのだから、そこに哲学の基本がある。

サーメ人にとっては八つの季節があるそうで、それぞれの季節に対して、どうするかが、大切だ。一口に冬といっても、雪の質がかわるので、雪と氷の性格に応じてちがう呼び方があり、ちがう行動の方式がある。この意味ではラップの歳時記は、日本の俳諧歳時記とちがって、生きるための行動方式を分類してしまっておく歳時記である。

ヨハン・トウリは、学校にゆかず、サーメ人の哲学をつたえる本を書いた。筆跡は見事である。それは、系統だっていて、とくにプラグマティズムはだしの行動本位の人生観と世界観をのべていることで、欧米人をおどろかした。

この文章のはじまりにもどろう。西欧の哲学史は、完全な覚醒ということをめざし、さめよ、さめよ、もっとさめよという理想で自分をはげましてきた。だが、完全に目ざめるということは、それほどねうちのあることか。ねむりこんではいけないのか？　ねむりこまない組織は、銀行から国家にいたるまで何らかの非人間性を身につける。ヨーロッパ哲学のめざした完全な覚醒ということにも、第一にそれが可能かどうか、第二にそれが実現できるかぎりに追求されるとしてその努力にあたいするかどうかが問われてよい。

いくら完全に覚醒したとしても、ここがどこかどうかを、私たちはどのくらい知ることができるのか？

哲学史を勉強したヨーロッパ人は、カントとスピノザのちがいをとても大きなものと感じる。しかし、カントもスピノザも、人間の哲学としてとらえる見方もまた、あり得る。若くして死んだスピノザはともかく、カント自身は、老年の日々、ここはどこだ？という哲学を生きたのではないか。

ヨハン・トウリをひとりの哲学者として世界の哲学史の中におくというレッドフィールドとシンガーの構想に動かされたのはもう三〇年近くも前で、そのころ私は老境にあったわけではないが、いまやひとりの老人となって数日をラップ人の故郷ですごし、何人かのラップ人（サーメ人）と会い、トウリの著書にふれてみて、トウリとラップ人がその中で一つの位置を占める世界哲学史が書かれる日が来るだろうし、それが何かの意味を米国人、ロシア人、日本人にもつものとして普通に読まれる日が来るだろうと思うようになった。

Ⅲ　家のなかの夢

仲六と父

本を四つに分けることにしている。
(1) わかる。そしておもしろくない本。
(2) わかる。そしておもしろい本。
(3) わからない。しかし、おもしろい本。
(4) わからない。そしておもしろくない本。

その本がよくわかり、しかもおもしろくない時には、なるべく二度は読まないことにしている。そして、話題にもしない。このことは、あまり、論争にくわわらないという私の方針のもとになっている。私は、自分が批判される場合、これはきくべき議論だと思う時の他には答えない。そうでない時にも、丁寧に答えている人の根気には感心するが。

わかる、そしておもしろい本は、なるべく読まないようにしている。しかし、気がめいった時など、そういう本によりかかるということもある。デュマ作・黒岩涙香訳『巌窟王』（『モンテクリスト伯』）とか、ヒルトン著『ランダム・ハーヴェスト』（註。邦訳『心の旅路』）などという小説は何度よんだかわからない。相当ばかばかしいと思って読んでいるのだから、（本の内容はわかるとしても）なぜそれでおもしろいのかは自分でもよくわからない。

わからない、しかしおもしろい本というのは、なるべく傍においで、読むことにしている。そこのところが、私の読書の主な領分だ。

わからない、そしておもしろくない本。これについては、好奇心をもっている。好奇心がなくなったら、自分は終りだという恐れをもっているので、わからなくておもしろくない本を、時々、努力してのぞいてみる。努力の結果、わかってつまらない本になることもあるし、わかっておもしろい本になることもある。わからなくておもしろい本になることもあるし、わからなくておもしろくない本にとどまる場合もある。何度か読んで、しかも、わからなくておもしろくないところにのこっている本が、私にとっては、開拓線に相当する。そういう本の系列によって、自分の思想がふちどられているような気がする。

夏目漱石の小説は、私にとって、わかっておもしろい本だった。小学生の時に全集を読んでから、何度も、読んで来た。あまりよくないと言われている小説、たとえば『三四郎』などが、私にとっては『巌窟王』のようにおもしろかった。『行人』という作品も好きだった。だが、はじめに書いた原則にしたがって、なるべく漱石は読まないということにして、この二十年ほどは過ぎた。

今度、二十年以上もつづけてきた教師をやめることにきめたので、何となく『夏目漱石集』という本を買って来て、読みはじめた。久しぶりで読む漱石の小説もおもしろかったが、この本の終りにおかれた夏目伸六の「父夏目漱石」という文章がとくにおもしろかった。これも昔よんだことがあるのだが、漱石の息子は不肖の息子だという漱石門下のおこした妙な悪宣伝が頭にあって、心を開いて対しなかったのだろう。今度読むと、伸六という人が漱石と同じく微妙な感受性の人であることがわかる。父に漱石をもったので、自分が何事かをしようという功名心をそがれてしまった人ではないだろうか。

伸六はこどもの時、兄とともに見世物につれていってもらったそうだ。軍艦をうつ射的の前で、兄はいったん、うつといってたったものの、「はずかしいからいやだあ」としりごみしてしまう。父は、

「それじゃ伸六お前うて」

という。彼もまた、

「はずかしいからいやだあ」

と言って、父の外とうのかげにかくれようとすると、父はものすごく怒って、彼をつきたおし、縁日の見物人のたくさん見ているなかで、ステッキでうちたおし、下駄ばき

の足でけったりふんだりした。

泣きながら、家にかえったあとで、なぜ、同じことをした兄と自分とのうちで、自分だけがこんな目にあわなくてはならないかを不満に感じたという。ところが、二十数年たって、父の全集をひろいよみしていた時、こんな文章にぶつかる。

「……私の小さい子供などは非常に人の真似をする。一歳違いの男の兄弟があるが、兄貴が何か呉れと云えば弟も何か呉れと云う。兄が要らないと云えば弟も要らないと云う。兄が小便したいと云えば弟も小便をしたいという。総《すべ》て兄のいう通りをする。丁度その後から一歩一歩ついて歩いている様である。恐るべく驚くべき彼は模倣者である。」

この文章を読んだ時、伸六は、二十数年前の父のひどい怒りを思い出した。明治のはじめの日本人にして、夏目漱石は、西洋文明の模倣のわだちにおちいらないようにと全力をつくして生きていたにちがいない。この生のもっとも深い動機にこどもがふれた時に、あの狂気のような反応がおこったのだろう。そう考えて、伸六は、父を理解したという。

こんなきちがいじみた父親だから、平生、伸六は、父に気をゆるしたことがなかったという。四歳、五歳のころ、はだかになって父とすもうをとっていても、警戒心をとくことがなかった。八歳の時、父の死目にあった時にも、警戒心をとくことができなかった。

「隣に並んだ姉達は、いつの間にか声をあげて泣き始めていた。

その泣声が聞えたのか、父は又急に眼をあいた。

『泣くんじゃない、泣くんじゃない、いい子だから』

父のこんなやさしい声を聞いたのも、私はこの時が初めてだった。しかしその言葉を聞いた時、私は決して泣いてはいなかった。悲しささえも感じていなかった。自分の気持を少しも知らぬ父に対して、私が初めて薄々《うすうす》後めたい済まなさを意識したのも、やはりこの時が最初だろう。父はその夕死んでしまった。」

すまないという感じは、父の死後、その印税によってくらしてゆく彼のその後の生涯に大きな影響をあたえる。

私は、この文章を読みながら、伸六はけっして、漱石にたいしてすまないという感じをもつべきではないと思った。漱石自身も、伸六の文章を読んだなら、同じ感情をもつだろう。親子兄弟だから警戒心を解いてつきあわなければ罪を感じるというような考え方を、われわれは、ひきずって生きる必要はない。他人とつきあうように家族ともつきあえばおのずから、別の家がひらけてくるし、その時、家はもっとたえやすいしっかりしたものになると思う。

つづいて、夏目鏡子夫人の『漱石の思い出』を読んだ。これも、実に重みのある本で、三十何年か前に、同じ本を読んだ時とちがって、とても面白かった。私には、小宮豊隆著の『夏目漱石』よりも、はるかに、この本のほうがおもしろい。小宮をふくめて、漱石門下といわれる人々は、病人としての漱石の側面を無理にかくして、優等生化して漱石を書くことでかえってその存在感をうすめている。鈴木三重吉、森田草平などをのぞいて、漱石門下は、日本の政府のあたえる番付をうけいれてそのわくの中で生きる人々となった。漱石門下の漱石らしさは、彼が番付の外に生きる道をあえてえらんだところにあるのだが、その狂暴な動機を、いわゆる漱石門下生はとらえることがなかった。

いくらか偶然のことで、夏目伸六、夏目鏡子の回想録を読み、そこからもう一ぺん漱石の作品にかえってゆく道を見つけた。漱石の作品は、家の問題に悩んだ人の記録であるとともに、家においての活路について書いてある本だと思った。

義円の母

柏木義円の母は、仏教の信者だった。一八七一年（明治四年）七月、廃藩置県にさいして、越後与板藩からこれまで代々武家として待遇されてきた西光寺柏木家の処置を柏木家自身にまかされた時、士分を捨てて仏家となることを選んだ。戸主である義円は十二歳だから、この選択は母の意志による。その後、義円は仏教からはなれてキリスト教徒となり、やがて群馬県の安中教会の牧師となったが、母のようは、七十九歳でなくなるまで仏像にむかって朝夕のつとめをかかさなかった。義円の「母の死について」（一九〇八年）という文章によれば、彼女はこんなことを言っていたそうだ。

「基督教は善き教なり、我れにして仏教を信じ居らざりしならば必ず基督教を信じたる可きも二心は宜しからず、既に弥陀の本願に依って救われ居れば其れに安心なり。」

自分の意志で仏教ひと筋に尽きる道を家のために選んだのに、自分の子どもが仏教からキリスト教にかわるについてはその自由にまかせ、みずからは子にしたがってキリスト教におもむくことをせず仏教を守りつづけるという、思想の道すじがここにある。

数日前に多田道太郎に教えられたことだが、他人に思想を強制せず、ただ人と人との間をつなぐというのが、女の思想の独自の方法だそうだ。柏木義円の母は、その方法を見事に現わしている。

母親はしばしば、家のメンバーをさりげなくつなげている。おたがいが結びつく上で、いくらかたりないと思うところでだけ、何も言わずに足し前を出している。メンバー各自の眼からは、自分の独自性によってこの家がなりたっているように見えるかもしれないが、そうではないことに思いいたる時が来る。

柏木義円のキリスト教思想、そのキリスト教を支えとして軍国主義時代にも終生かわらなかった非戦の思想と社会主義のすぐわきに、それらとほとんど何も関係なく、しかもそれらの思想を日本の伝統につなぐものとして義円の母がたっている。

一八九二年（明治二十五年）、義円が同志社予備校主任となって数学と作文を教えていたころ、義円の母は郷里から出て来てこのキリスト教の学校の学生寮の世話をしていたことがある。このことは、義円の母が、キリスト教徒としての息子にたいしてだけでなく、息子と信仰を同じくする若い人々にたいしても、心をひらいて接していたことを思わせる。

私の妻が群馬県の富岡のうまれなので、そのこどものころのアルバムに群馬県の教会の人びとが、としよりもこどもも一緒にうつっているものが一枚（西毛信徒大会、一九三五年）あり、その中に晩年の柏木義円もいる。土地の人の義円についての思い出は、私のきくことのできたところでは、「良い人だった」ということにつきるようだ。このアルバムにうつっている人々の間には、柏木義円を非戦論によって記憶する人はすくない。非戦論の思想家としての柏木は、まったく無意味だったのだろうか。無力であったとは言えよう。しかし、無意味だったとは思わない。

群馬県の地域社会で柏木義円の生きた仕方は、その母の生き方によく似ている。彼は、死の直前まで、「上毛教界月報」を出しつづけ、おそれるところなく非戦を説いた。同時に、戦争支援の側にたつ人々をも決して敵意をもって見ることなく、誠意をもって尽した。彼に接した人々の間にのこったのは、彼の誠意ある生き方の記憶である。しかし、彼の非戦の思想は、そのような誠意ある生き方の一部としてあったのではないだろうか。そう考える時に、非戦論の思想家としては柏木義円が、地域社会においてまったく無意味であったとは思えない。

順序を逆にして、もし彼が一貫した非戦論によってだけ知られ誠意ある人としては記憶に残っていないとしたらどうか。それでは義円の定着の仕方は、総合雑誌上の評論家と同じになり、彼が京都とか東京でなく、群馬県安中町に生きたことの意味は薄れる。私たちは、思想に、他をおしつぶすような力を求めすぎる。もちろん、それも思想の力の一種だけれども、その種の力だけを重く見ると、宣伝力といっしょくたになってしまう。そうなると、テレビを占拠しているものの思想が最大の思想ということになってしまう。学生運動の場合などでは、最も大きい声を出せるものが、最大の思想家ということになろう。そういう規準からすれば、非戦の思想とか、非暴力の思想は、重要な思想にはなり得ない。

だが、自分とちがうものに恐れず近づき、ちがうものをつなぐはたらきをするという思想のはたらきは、ちがう思想を理解することもなしに力でおしつぶすというやりかたとはちがう、おもしろい役割をになっている。日本文化の重層性のふんぎりのわるさの中には、そのような理想が含まれているように思える。

柏木義円の母の思想、それをうけついだ柏木義円の思想には、これまで十分にかえりみられなかった日本思想の面目がある。

親子相撲

自分をまきこんでゆく老いというものに私は関心をもっている。

老いていった先人の文章をあつめて、本をつくった。その本に何をえらぶかを考えているうちに、森鷗外の「妄想」と森於菟《もりおと》の「耄碌寸前《もうろくすんぜん》」とが手もとにのこった。

「妄想」は前にも何度か読んだことがあり、鷗外の中でも心にのこる作品である。しかし彼がそれほどの老境にふみこまずにこの小品を書いたという事情もてつだって、いかに彼が勉強してきたか、いかにひろく読んできたかを書きこんでいて、てらいがある。ハルトマンとかマイレンデルとか、あの本も読んだしこの本も読んだと幾つもの珍しい名前が、みじかい文章の中に、星のようにちりばめられている。それに対して、彼の長男である森於菟の文章には、いさぎよい断念がある。

森於菟（一八九〇―一九六七）は、かぞえ歳七十三歳の時にこの文章を書いた。彼は台北帝大医学部の解剖学の主任教授をへて、東邦大学の医学部長をつとめ、停年退職した。

その彼に、

「今から好きな研究がお出来になりますね。御自分の研究所を御建てになりますか」とお世辞を言ってくれる人もいた。しかし彼には、そういうお世辞をうけいれないだけのけじめがあった。それは、こどもの眼から見ても偉大な人であった父の姿を見て、自分が凡庸な人間であることを知っていたからだ。

自分は医学者としても大きな仕事を残さなかったし、思うところあって文学者にもならなかった。そして自分の頭脳の現状が、研究どころではないことを知っている。

「これからの私は家族の者にめいわくをかけないように、自分の排泄《はいせつ》機能をとりしまるのがせい一杯であるらしい」

そのような自己認識は、彼を不幸にしない。

「私はある種の老人のように青年たちから理解されようとも思わない。また青年たちに人生教訓をさずけようとも思わない。ただ人生を茫漠《ぼうばく》たる一場の夢と観じて死にたいのだ。そして人生は模糊《もこ》たる霞の中にぼかしきるには耄碌状態が一番よい。というのはあまりにも意識化され、輪郭《りんかく》の明かすぎる人生は死を迎えるにふさわしくない。活動的な大脳が生み出す鮮烈な意識の中に突如として訪れる死はあまりに唐突すぎ、悲惨である。そこには人を恐怖におとしいれる深淵と断絶とがある。人は完全なる暗闇に入る前に薄明の中に身をおく必要があるのだ」

「諸君は増殖する細胞を失った老人にとって死は夢の続きであり、望みうる唯一の生かもしれないと一度でも思ったことがあるだろうか。若者よ、諸君は私に関係がなく、私は諸君に関係がない。私と諸君との間には言葉すら不要なのだ」

老いについて書かれた森鷗外と森於菟との二つの文章を読みくらべて、私は森於菟に軍配をあげる。不遜《ふそん》ではないかという自分の内心の声に対して、おそらく森鷗外もおなじ判定をしただろうというもうひとつの声がきこえる。

仁木靖武『戦塵』を読んで

星野芳郎から電話で、是非読んでくれと言って、仁木靖武著『戦塵』という本の名をつたえてきた。

別に何のためということもない。ただ読んでほしいという気分がつたわってきた。一年に一度も会わない年もあるくらいのつきあいだが、電話をかけてきて、これを読んでくれというくらいだから名著なのだろうと思った。

しばらくして、著者の夫人仁木武子氏から本がとどいた。著者は故人であり、その遺稿を自費出版されたものである。

仁木靖武著『戦塵』(発行者・仁木武子　一九八一年九月二五日発行)には、自分が戦場に行った時の気持、戦場で自分が見たこと、したこと、戦地からかえってきてからの感想が、かざりなく書いてある。かざりなく書くということは、文章を書く人にとって、達しにくい一つの理想で、文学を職業にしている人でもむずかしい。

戦中の残虐行為は、とくにその動機を書くのがむずかしく、あとからの自己正当化やあとからの悔恨とまぜて記す誘惑にまけやすい。そこの難所をこの『戦塵』は、こえている。

仁木靖武（うまれた家の姓は大久保）は、徳島の人、大正三年一〇月一五日うまれ、昭和一三年九月一五日に召集され、陸軍二等兵となる。

出発が明日にせまった晩、靖武は、なかなかねつかれず、しめつけられるような気持をかみしめていると、フト人の気配を感じた。フトンから顔を出すと、母がしょんぼりすわっていた。

「母さん、何か用かい」

「うん、ちょっとだけ」

しばらくそのまますわっており、やがて、両手をさすりさすりきりだした。

「妙なことをきくけんど、腹たてたら困るけん」

「何をいったい聞きたい？　おかしい母さんやな」

「ほんまに怒れへんか？　それやったらきくけんど、お前好きな女があるのとちがうか？」

不意をつかれてしばらく黙っていたら、たずねた母のほうが、はじらってもじもじしていた。

「ぼくにそんなかいしょがあるもんか、うそいえへん」

「そうかい、そんならええ。ただな、母さんはな、もしやと思うただけなんじゃ」

「もしあったら母さんはどないするつもりじゃ？」

「ないものをあったらというたって……あってもどないもせえへん。ただな、お前が可哀相や思うてな。聞いておきたかったんや」

靖武は独立歩兵第七十八大隊に配属され、広東近くに上陸する。隊長は松井少尉で、かつて機密費三十万円をもらって広東周辺の隠匿物資をあつめて司令官から感状をもらった。相当の悪人であり、ふとっぱらで部下の心をつかんでいた。隊長はあずかった軍事機密費の残り五万円をかえさずに将校行李の奥にしのばせており、部下とともに飲み歩いて、その恩恵は一等兵までに及んだ。内地帰還までに、あますところなく金を使いきって、もとの貧乏少尉にもどっていたという。

「とにかく、すばしこい奴が生き残るんだぞ！　お前達に要求する第一のものは先ず動作が敏捷なことだ。その後のことは少々どっちであっても構わない……自分の命を守るためには又自然とそうなるわい、しかし死んでからではおそい。これだけは経験したやつは生きておらんから理屈にはならん。つまり死んではどうしようもないってことだ」

と言って、細かいことではしからず、整列などについてはきびしくなかった。

敏捷をかく下田一等兵がゲリラにつれさられ、死体でみつかったころから、不気味な空気がたちこめる。スパイ（と言われる中国人——私注）がとらえられて、その首をきることになった時、松井隊長は名刀虎徹でみずから切った。

「隊長はこの首を胴の体の上に乗せると愛用のカメラで記念撮影である」

しかし、部隊全員を守ってくれるこの部隊長への兵士の信頼は、ゆるがない。この部隊がスパイ容疑でとらえた住民にたいしておこなった拷問は多種類におよぶ。

「とにもかくにもと私は、殊更、前置して云いたい事は、

『戦争であったからやれた』

感想としてはたった一言につきると思う。

如何なる報復の手段としてでも再現すべき事ではない。一思いにバッサリ松井隊長の刀の錆になる方がむしろ安楽死であると私は思った」

衛兵勤務の靖武には捕虜刺殺や拷問の任務はまわってこなかったが、ある日、その番がきた。

隊長の友人の海軍大佐が遊びにきている時に、スパイ（といわれる人――私注）の処刑がきまり、それを切らせてくれと海軍大佐が申し出た。大佐はきりそこなって、軍刀がツバ元で折れた。

「大久保、突け！　とどめをさせ！」

と松井隊長は靖武に命令した。

「なにをぐずぐずしとるか。命令じゃと云うとるのがわからんか！　突けッ」

彼は目をつむったままこの六十あまりの老中国人にむかってゆき、第一刺突、第二刺突とくりかえした。老人はこときれた。

慰安所についても、彼は、自分の妻子のためのこの記録にかくさず、自分の行動を記

す。

「どのようにさげすまれても私はこの説をまげない。つまりだ。兵隊も人間である。生きている限り求める事は権利みた様なものである」

敗戦後に日本が経済大国になってから、誰にたのまれたものでもない、かざりのないこの戦記を書いたという事実そのものが、彼の戦争への態度をつたえる。この記録を読んだ彼の子孫は、ふたたびおなじことをくりかえしたいと思うだろうか。

記録の終りに彼は、戦後現在の立場からの感想をつけくわえた。

「子の名、妻の名、母の名を呼びながら死んでいった戦友を思う時、二度と戦争はすべきでないと思う。たとえ原水爆に国中がさらされても、せめて妻や子供達と一緒に死ねる事は最悪中の最大の幸福だとさえ考える。何主義であろうと言論に自由がある限り吾々庶民は明朗であり得る。道徳教育もさる事ながら、私の子供の道徳教育は私が責任をもってするつもりである。画一的な教育はたとえ内容がよくても遠慮したい。自分の子供達が成長したあかつき、これを読んで父が青春をすりへらして戦った戦争というものの実態を理解し、自分の人生のしるべとしてくれればと思う。生れてきて本当によかった、いい人生であった!! と思うことのできる生涯をそれぞれに送らせてやりたい。ともあれ私の小さな怒りや悲しみはやはり昔のように時とともにうすれ、より大きな運命の波に呑まれてしまうことであろう。私は私なりに、くりかえされてゆく歴史の動きをジッとみつめるより、しようがないように思う」

大久保靖武は、戦死した従兄弟、仁木恒彰ののこした妻仁木武子と昭和二八年に結婚し、その三児を自分の子とした。どちらの姓を名のるかについて、彼は妻（になる人）に言った。

「あなたが大久保姓に入籍すると三人の子供も名義変更しなければならぬ。自分は五男だし、僕一人が仁木となればよい。大切な母の実家の姓を名乗ることに何のわだかまりも持たない」

靖武が結婚後に最初に買ったものは仏壇だった。子供たちに、戦死した父を忘れさせてはならないという考えからだった。香川県白鳥まで家族四人で法事に行った。

「僕が入っても、従兄弟同志だからケンカもしまいな」

「男は自分のお腹を痛めて子供を生まない。父ちゃんと云ってくれれば、それが我子である。あかの他人ではなく従兄弟の子だ。僕の血も何％かはまじっている。人間は弱い存在だ。神ではないのだから、今僕らの子供ができれば、愛情の密度はかならずその子に濃くなる。そうなっては子供たちにむごい。子供はほしいが、男らしくキッパリあきらめるよ」

成人した長男は次のように書いた。

「僕の記憶に実の父は少しもありません。が、お父さんは時折亡い父の話をしてくれました。又だまっておこづかいを時々くれました」

さまざまな対――例解結婚学入門

「蒸発」

一九六六年ごろ家庭から父親が姿をくらます例があいついだ。「蒸発」という言葉ができた。東京の大手総合商社の本社部長I氏は突然いなくなった。テレビ・ディレクターがさがすと東京から遠くはなれた金沢の間借りの部屋にいた。仕事一途で何の趣味もなかった彼を旧制高校の同級生が自然薯掘りにさそった。丹波の山道で、「ここを掘れ！この下に自然薯が出る」と言われて夢中で掘るうちにI氏の心中で何かがひらめいた。自然薯掘りには上をむいて歩き、木々のあいだにムカゴを見つける。その下にイモはある。極意は、一本のヒゲも切らずにイモを掘りだすことにある。

西日のあたる部屋に本など一冊もなく、部屋の隅にさがってヒザをかかえてすわり、自然薯掘りの秘訣をといた。おなじときに東京の家で妻は、夫は女と逃げたと信じていた。（吉田直哉「ゆきてかえらぬ話」『文藝春秋』一九八六年九月号）

釣り合い

晩年、母はよく父の写真をながめていた。

「和ちゃん、わて、うっかりしてました。お父さんが亡くなりはって三十年も経ちますわな。わてが死んで、お父さんの写真と並んだら夫婦に見えませんで。これはおかしな具合だっせ。あんたどない思いなはる？」

アルバムを娘にもてきてもらって、

「おました、これだァ。この写真引き伸ばしとくんなはれ」

昭和十八年当時の町内婦人会でとったものらしく、全員白のかっぽうぎの上に、国防婦人会と書かれたたすきをななめにかけている。

「どうするて、決まってますがな。わてが死んだ時に額へ入れる写真だァ。お葬式がすんでから、部屋にお父さんと並べて掛けても、これなら丁度釣り合いがとれてよろし」

「この写真は三十年ぐらい前のでしょ」

「年数なんかどうでもよろし、夫婦に見えんことには一対になりまへん」（高森和子『母の言いぶん』鎌倉書房）

愛情とあきらめ

グループ「わいふ」編『性――妻たちのメッセージ』（径書房、一九八五年）から。

話はしないが仲の良い夫婦というのが数多くいるのかどうか。答えはノーであった。夫婦で話す時間が一日十分以内のカップルは、おたがいの性関係が気まずくなる。一時間以上言葉をかわすカップルはそうではない。

母親べったりの夫をもつ妻の八二・六％はこういう夫とふたたび結婚したくないと思っている。三十代には、家事を手伝ってほしい妻が多い。妻がフーフー言いながら夕食のあとかたづけやこどもの世話をしているところへ、新聞だお茶だと命令するような夫とでは、たのしく性行為に入ってゆくことはできない。

「愛している」と言ってほしい妻は、全体の二％にすぎない。この中には、その日常に愛情表現があると感じている妻と、あきらめている妻との両極がある。「話をすればけんかになることが多かったのでもうあきらめている」五十一歳。

浮気心

中年の夫が妻と自分の浮気心についてしっかりと対話する。「夫が浮気をするのは、妻がまじめすぎるからであるが、かの女が他人でないからである。こういうわけで、浮気とは、他人としての異性と対話することである」

これに対して妻は、亭主を、自分の相手ではない彼（第三者）として見ることを好まない。夫にはそれが気づまりで、

「馬鹿なことを言うな。おれは、これからだって浮気をするだろう。だいいち、いつい

つ死ぬかもしれない」。死ねば彼になると言う。

「生きている人間がおれは死ぬかもしれない、なんて言っているのは滑稽もいいところだわ。あたしゃ、おまえさんが、あたしより先に死ぬかもしれないということぐらい知ってるんだ。しかし、あたしはどんなことがあっても死なせてやらないつもりでいるんだ。これが喜劇というものなんだ」（福田定良『女の哲学』法政大学出版局、一九六七年）

同志愛のゆくえ

雑誌『わいふ』一九八三年二月号の読者へのアンケート調査。回答総数は二百六十一通。二十二歳から七十三歳まで。婚外交渉は妻としてすべきでないと考える女性は二割に満たない。婚外交渉の経験をもつ人は六人に一人。それに罪悪感をもつ人は四割。三十八歳高校非常勤講師の回答。

「私は、最初の男とはいつも議論したり本を読んだりで、しまいには性交もしなくなった。若いころの私は、男と女には、そして人生にはもっと大きなテーマがあるべきだと思っていた。共通の目的、共通の仕事、同志愛こそ最高のものだ、と。その男は他のいわゆる女性らしい女性と逃げてしまい、私は今の夫と結婚した」、三年間にわたる婚外交渉。

「結果的に、私の場合婚外交渉は自分をふり返るいいチャンスであり、そういうことに遭遇できて幸せだったとさえ思っている。ただ夫を非常に苦しめてしまったことは、どうしようもないことであり、今でもどうすればよかったのかわからない」

身のちぢむ思い

一九八〇年と八一年に雑誌『モア』誌上でアンケート調査をした報告書から回答総数は五千七百七十通で、日本全国のあらゆる規模の市町村からよせられているという。

「五十一歳〜現在＝四十五歳頃から徐々に妊娠の恐怖から解き放され、主人の精神的な苦痛はまったくなくなり、全身をもって性生活を謳歌している現在である。主人六十歳。週一回オーガズムを感じています」

「六十歳と五十二歳の夫婦は、まだセックスを楽しんで夫婦仲は円満です。襖ごしに、二十九歳で離婚して家にかえってきている娘が、五歳の女の子と寝ています。二階には二十六歳の長男が独身男性として寝ています。私どもだけがセックスを楽しんでいます。オーガズムを、あの二人にも味わわせてやりたいと、そのたびに身のちぢむ思いをしている現在です」（モア・リポート編『モア・リポート』集英社、一九八三年）

失敗の意味

戦前・戦中にくらべて、いまの日本で離婚はかるくなった。テレビで身上相談の番組をひきうけるミヤコ蝶々・南都雄二、京唄子・鳳啓助は、離婚が世間に知られてからも番組からおりることなく、前よりもしっかりと視聴者の問いにこたえられるようになった。失敗をとおして人生の智恵がふえてゆく機微が視聴者に理解されるようになったからだろう。「これから結婚する人、いま倦怠期にある人、そして酸いも甘いも通り越した、いぶし銀のような味のあるご夫婦、そういう人たちが、笑いの中に、（テレビ出演の）終った後で、夫婦とは一つの道を歩くことが何でもないようで、一歩一歩踏みしめて味のある、でも一歩間違えば、むずかしいものだなァと、見る人の胸に何となく残すのが、私のやってきた『夫婦善哉《めおとぜんざい》』（二人で司会してきたラジオ・テレビ番組）の趣旨でした」（ミヤコ蝶々『おもろうて、やがて哀《かな》し』鶴書房、一九七八年）

いのちのサイン

「戦時中でしたが少女時代の友人に、お豆腐屋のSちゃんがいました。Sちゃんをとおして、彼女の両親の働きぶり、夫婦の対応を、自分の両親とひきあわせて考え、たいそううらやましく感じたものです。当時のお豆腐屋さんといえば、早朝の三時か四時ごろから、夫婦とも一緒になって働くこと、商売から店の掃除に至るまで、夫婦間の上下のない協力関係に、心を打たれたのでしょう。結婚するなら、お豆腐屋さんになりたい、という考えがありました。

『オーライ、コウシャ、オーライ』運転手さんは、車掌さんのサインを信頼しきって、いきをあわせ一体となってたくさんの生命を運びます。（略）夫婦でもなく、まったくの他人である男女が、信頼しあうなかで、生命をあずかる仕事が可能というのは、美し

いかぎりです」（柴田道子〈一九三四―七五〉「労働――愛のかたち」『ひとすじの光』朝日新聞社、一九七六年）

透明な意識

「ひとたび（ぜんそくの）発作が去ると、いや苦しんでいる最中はなおのこと、生きていることはやっかいなことだ、ひとりでは生きられないものだと強く感じる。私は常に思うのだが、生死のぎりぎりのところで感じる、あの透明な意識を実体として持ちつづけられないものだろうか。自分をしめつけていたたががはずれ、自分というものが無のような、とてつもない広がりを持つような、そんな気持である。淡白というのだろうか、それでいてほのぼのとしている。後年この感情を、性愛が持っている本来的なものに似ていると思った。これは私の個人的な感想であって、エロスとはどろどろとした執念とている人もいる。性愛は所有も征服も不可能なゼロの地帯と思う。そこを根に私たち男女は、意識界を発展させ、何らかの歴史的集積にかかわろうとする。今日私たちの性交渉は、性愛から遠く、もの的関係に向かわされている」（柴田道子「対の可能性」同前）

はかりにかけて

松原敏夫（一九〇五―八七）は、兵庫県にうまれ東京に出て区役所につとめ、定年後引退して小説を書いた。定年後に妻を失ない、年金があるので、再婚をすすめられ、ふとその方向に心のむく時もあったが、そこで立ちどまる。

「私は妻を亡くしてから七年間、淋しい、不自由な生活を送って来たが、その代りに、自由にふるまって来ることが出来たのも事実である。私は思いどおりのその日その日を送り、思いどおりに金を使って来た。容かいする誰もいなかった。妻が亡くなってから、十数冊の個人雑誌を出し、二冊の小説集を自費出版した。妻が生きていたら、こんなことは出来なかったろうし、出来たとしても、その間に、多少の紛争は免れ得なかったであろう。私はこの七年間に、自由な生活に馴れ切ってしまった。今更再婚して、束縛されるのは御免こうむりたい」──（松原敏夫「再婚話」『話さなかった話』ふらて社、一九八六年）

家の内と外――ミヤコ蝶々と南都雄二

日本の雑誌や新聞に身上相談があらわれたのは、池内一の探索によると、一八八〇年（明治十三年）二月五日創刊の『交詢雑誌』においてである。「遺産を処分するのにどのような分配法をとるのが適当か。」「子供をどのような学校に入れたらよいか。」など、明治に入ってから欧米にならって日本の制度がかわったので、新しい時代に生きてゆくための助言が求められたのだろう。

はじめは、相談のおおかたは、工業・経済・政治・法律・宗教・商業・理学・文学・地理・歴史・農業についてだった。今のように、家庭についての身上相談が主になるのは、一八八六年（明治十九年）九月十五日に発行された『女学雑誌』第三十五号に創設された「いえのとも」という欄においてであるという（池内一「身上相談のジャンル――新聞雑誌の歴史から」、『芽』一九五三年九月・十月合併号）。

以来、百年におよぶ歴史をもつ身上相談が、新聞雑誌の上でもっとも大きな紙面を与えられたのは、大正時代から昭和戦前にかけてで、このころから、身上相談解答者は日本社会で重きをなした。『朝日新聞』には山田わか・三宅やす子・野上弥生子・平井恒子・前田多門、『読売新聞』には河崎なつ・丸山鶴吉・賀川豊彦、『東京日日』には菊池寛・村岡花子、『時事新報』には石井満、『報知新聞』には吉岡弥生が、身上相談欄の解答者になった。『主婦之友』その他の婦人雑誌も、身上相談を重んじた（判沢弘「解答者の哲学」、思想の科学研究会編『身上相談』河出書房、一九五六年）。

判沢弘の論文は、戦前の身上相談解答者の代表として山田わかをとりあげて経歴を紹介し、「日本の社会には育ちにくい珍しい巨木が繁ったものである」と結んだが、その理由は書かなかった。当時、山田わかが存命であったための遠慮であろう。どのようにしてこのような巨木が育ったかの記録は、さらに二十年後に山崎朋子によって書かれた伝記『あめゆきさんの歌――山田わかの数奇なる生涯』（文藝春秋、一九七八年）を待たねばならなかった。

山田わか（一八七九―一九五七）は、明治十二年十二月一日神奈川県三浦郡久村に生まれた。農家の三男五女の三女だった。久里浜尋常小学校でつねに首席をしめていたが、四年生で終り、一度結婚したが離婚。傾きかかった生家を助けたい一心で米国にわたり、だまされて娼婦にされ、十八、九歳から二十五、六歳までシアトルのイースタン・ホテルに住み、「アラビヤお八重」という名で知られた。新聞記者立井信三郎に助けられてこの境涯からはなれ、サン・フランシスコに逃げたが、ここでふたたび「桜屋」という売春宿に売られた。ここから逃げて娼婦救済施設「キャメロン・ハウス」に入った。おなじ土地で山田嘉吉のひらく語学塾に通い、十四歳年長の山田と結婚して、一九〇六年(明治三十九年)、二十七歳の時に日本に帰って来た。山田は、滞米二十年におよぶくらしの中で日本語を書く力を失い、日本語では二冊の著書(『西洋料理大全』『社会学概論』)があるばかりだが、滞米九年で日本語から離れることのより少なかった妻を教育して、彼女が女流評論家として立つ道をきりひらいた。妻の最初の仕事は、アフリカ出身の女権運動家で性科学者ハヴェロック・エリスの友人として知られるオリーヴ・シュライナーの「三つの夢」の日本語訳を雑誌『青鞜《せいとう》』に発表したことであった。

山田嘉吉をとおして、わかは、オリーヴ・シュライナーの女性解放思想だけでなく、女性中心の社会観をもつスター・ウォードの社会学、エレン・ケイの母性保護の社会思想を学んだ。わかには『恋愛の社会的意義』『家庭の社会的意義』『社会に額《ぬか》づく女』などの著書もある。その思想的裏付けは、青鞜社解散後に彼女が参加した母性保護の運動、母子寮建設、売春婦更生寮建設にあらわれるとともに、身上相談解答を、その場しのぎの才覚におわらせることなく、一つの思想的立場からの一貫した発言の場とした。未亡人にむかって独身を守ることをすすめる旧来の立場に対して、山田わかは断乎、再婚をすすめる。彼女が家庭を大切とする理由は、家庭が、野蛮なる男性を女性とおなじ文明人のレヴェルまでひきあげる場所であり得るからだ。このような主張の背後には、夫から教えられたシュライナー、ウォード、ケイの思想だけでなく、在米時代の売春婦としてのみずからのにがい体験があった。

彼女はそれを恥じてはいない。夫山田嘉吉が売春婦時代のことについて語るのを禁じていたので、夫の在世中は黙っていたが、夫の死後、米国にわたって更生施設キャメロン・ハウスを訪れ、もと彼女が売春婦としてはたらいたことのあるシアトルにおもむいて日本人にむかって講演をしている。彼女をおとしめる男たちのヤジを黙らせるだけの力を、この人はそなえていた。山崎朋子の会った元田清子という七十六歳の女性によれば、それは、次のことばであった。

「わたくしは、皆様の前に立てる女ではございません。しかし、わたくしは生まれ変りました。そうして、地獄から生まれ変って来た女だからこそ、ここに立って、皆様にお話したいことが胸いっぱいにあるのでございます。」

昭和三十二年九月六日、山田わかは心筋梗塞のために七十八歳でなくなった。売春婦更生施設の建設がその最後の仕事だった。

山田わかを主な担《にな》い手とした身上相談は、戦争時代にだんだん紙面が小さくなり、やがて消えた。自分の家庭の中で個人が悩む問題は、戦争をおしすすめる国家の立場からは不要であり、というよりは望ましからぬものであり、そういう悩みに新聞紙面をさくことは戦争批判に力をかすことでもあったからである。最後の身上相談が『読売新聞』に出たのが一九三七年七月、『主婦之友』に出たのが一九四一年七月、『東京新聞』に出たのが一九四四年三月。『朝日新聞』ではもっと早くなくなっていた。

身上相談そのものは新聞とともに消えたわけではないし、新聞や雑誌とともに始まったわけでもない。佐木秋夫が指摘したように、江戸時代の末から新しく教団をつくった新興宗教は、身上相談の解答者の役をになっていた。天理教の中山みき、大本教の出口なお、くだっては踊る宗教の北村サヨは、自身が家庭の問題に悩んだ中年の主婦として宗教をおこした人びとであり、家庭のことに悩む女性がもってくる問題をうけとめる力をそなえていた。

一九四五年（昭和二十年）の敗戦は、新聞の身上相談をつぶした国家権力のひとまずの挫折であり、その時までに身をよせかけてきた秩序がくずれた時である。ひとりからひとりへと、さまざまの機会をとらえて、身上相談がくりかえされた。易断・占い・宗教団体、そのあとに新聞と雑誌に身上相談欄が復活した。だが、これまでになかったことが戦後におこったのは、漫才の世界から、身上相談の一つの様式があらわれたことだ。

身上相談と言っても、それは、幕末の天理教の中山みきのところにもっていったような身上相談のもってゆきかたとはちがうし、大正から昭和に本多静六とか山田わかに解答をたのむ身上相談のもってゆきかたともちがって、自分が自分にむかって問い、やがて自分で答えを見つけるのを公開の場でするという方式。自分たちの家庭のことを雑談するうちに、問いかつ答えの方向を自分で出してたしかめるという流儀である。精神療法でいう非指示的相談の方法が、テレビを通して漫才師を仲介として実現した。それだけ、江戸時代・明治時代・大正時代に比べて、昭和の戦後が民主的になっていて、身上相談においても、解答者よりも問題の当事者が語りかつ笑って自分の方向をつかむスタイルが身についてきたとも言える。この場合に、話をひきだす仲介者が、蝶々・雄二にしても、唄子・啓助にしても、ともにおたがい同士の結婚に失敗して別れた夫婦であるということが、特別の力になっている。

この形をまずつくった蝶々・雄二組のミヤコ蝶々のことを書こう。

ミヤコ蝶々（本名、日向鈴子）は、一九二〇年（大正九年）七月九日、東京小伝馬町に生まれた。両親の離婚により、父とともに一九二四年から神戸に移り、関西で育った。父は神戸デパートの家具部につとめながら、元町のあたりに小さい家具屋を開いた。道楽は新内をうたうことと寄席芸人をまねいてさわぐことだったそうで、娘を芸人にしたいと考えた。思いきって店をたたみ、七歳の蝶々を座長にして旅まわりの一座を組んだ。初舞台は九州の炭坑町の劇場で、そこで蝶々はこんな安来節をうたったという。

〽タコにホネなし、ナマコに目なし、わたしゃ子供で色気なし――

旅まわりの一座の子ども座長だから、何でもやらざるを得ず、安来節を手はじめに女剣劇・歌舞伎からバレエまで何でも手がけた。なかでも漫才は、親子でやるのとちがって、他人とやるので、それがいい勉強になったという。

日米戦争下の一九四二年、蝶々に吉本興業からさそいの手がかかり、それを機会に一座は解散した。蝶々は二十二歳の時、十七歳年上の漫才師柳枝にそれまでの妻と別れてもらって結婚し、敗戦後は柳枝劇団に加わって焼け残った地方都市の劇場をまわった。その劇団に新入りの弟子として加わったのが、後の南都雄二で、蝶々より四歳年下、入った頃は二十二歳だったという。

蝶々の夫の柳枝は、結婚後も浮気がたえず、たえかねた蝶々は家出をして弟子の雄二と一緒になり、柳枝との六年の結婚をうちきる。しかし離婚の傷はいえず、漫才師仲間につきかかるようになり、ヒロポン中毒で妄想が生じて精神病院に入った。

新しい相手を見つけて漫才に出ていたが、それでは自分の生活上の相方《あいかた》である南都雄二のほうは、影のうすい存在になってしまう。このあたりは、漫才師の芸と実生活との虚実いりみだれた交流の微妙な点にかかわり、結論として蝶々は、つねに他人と組んで漫才を舞台にかけるという、これまでの自分の芸道の規則をまげる決心をした。蝶々自身の語りによると、

ところが、どうしても鈴夫君（雄二）が、人目にはヒモ的存在にしか見えません。前からそのことは鈴夫君にとっても悩みの種でした。

その頃は、いまのように誰でもマネージャーを連れて歩いたものではなく、まして名もない私一人にマネージャーなどいるはずがありません。私も気兼ねするし、鈴夫君もこんなことをいつまでもしておれん。何かしなければと、悩んでいました。と、そんなある日、柳家三亀松師匠が、私たちに、

「あんた方どうして夫婦でやらないの。他人とやっちゃ、ギャラも半分ずつだし、気兼ねもしなくちゃならないし、やっぱり二人でやんなよ」

と、いってくださいました。

私にもそれはよく分かってはおりましたが、小さいときから他人とばかりやっておりますと、どうしても、親子や夫婦でやるのが、前にも書きましたように、妙に労《いた》わり合いするので嫌でした。

しかし、もう、そんなことをいっていられない状態です。ちょうど、その頃から伊勢方面を巡業する、名古屋の庄村さんという興行師の方が一座を持たれるというので、お願いして入座させていただくことになりました。

津の曙《あけぼの》座で鈴夫君は初舞台を踏みました。

（ミヤコ蝶々『女ひとり』鶴書房、一九六六年）

前に芝居に出たことがあるとはいうものの、漫才師として初出演の雄二に、はじめからうまくことばがはこべるわけがない。ここから、実生活だけでなく、舞台の上でも姉

女房という型ができてゆく。若い燕という実生活の形をみずからすすんで漫画にしたてて、観客にわらってもらうという決心である。

私がいくら「もっと上を向いて」といっても、下をむいて、赤い顔をしてろくに返事もいたしません。ただ黙って、大きな服を着てうろうろしているばかり――。それには私も困りました。舞台を降りてきては次の舞台に出るまでの間、また稽古のやり通し。とにかく返事を軽くさせることから教えねばなりません。終《しま》いにはラジオを聞かせ、何か偉い方の講演や、いろんなお話があると、まずそれに相槌をうたせることを勉強させました。

話の合い間に、「ハァハァ」「なるほど」「そうそう」と、いろんな返事をさせます。それが同じ返事にならないように、彼もよく勉強してくれました。（同前）

エンタツがアチャコをどづいたように、蝶々も雄二をよくしかった。着せられた大きな服をいやがって雄二がやめると言いだした時、蝶々はこんなふうになだめすかしたという。

「そんなやめるなんていわんと、やってくれな困る。私かってあんたになんとか一人前になってもらおうと一生懸命やねンで……。そら稽古のときは、女の癖に、女房の癖に、生意気なと腹の立つときもあるやろ。しかし芸とはそんなもんや。まだあんたは私が教えるからええ。私は他人に、もっともっときつい教えられ方をしてきたんや。そやから出来るだけ、優しく教えてはいるつもりやけど、どうしても怒るときもある。そんなことでいちいち挫《くじ》けては、こっちも駄目になる、誰でも始めは素人やないか。こんなもの、坂道を登ってるようなもんや。私は子供のときから登ってる道やから慣れてる。素人のあんたの手を引っ張って、急な坂道を登ってるんや、あんたもしんどいやろけどついて来て――。私のこの手を離さんと。（中略）しっかり手を握ってやって行こう。そのうち、きっと、あんたもやれるようになる。そうなったらもうそんな大きな服はきせへん。いまは体のほうから合わさんならん服やけど、もう、ちょっと、辛抱してくれたら、服のほうから体に合わさせるよって、頼むからやって――」　（同前）

雄二は蝶々と互角にやりあう漫才師にそだった。同時に、実生活においては、蝶々の不得手な銭勘定から出演交渉までをとりしきるマネージャー役となり、芸と実生活の双方で対等の協力者となった。そのころ、雄二に浮気以上の相手があらわれ、その人に子どもが生まれたこともわかった。はじめは、寝台車の中でつかみあいの喧嘩になるほどお互いの間があれたこともあった。蝶々はそのころ、二人で司会していた『夫婦善哉《めおとぜんざい》』というラジオ・テレビ番組をうちきることを考えた。

しかし、ここは戦前と戦後の報道陣のちがいであろう。ひいては、戦前と戦後の受け手大衆のちがいであろう。朝日放送は二人の離婚を知ってからも、『夫婦善哉』の放送を続けたし、二年後に離婚をテレビで公開してからも、二人はこの番組を続けることができた。テレビに向かう人びとは、そこに蝶々の苦労と器量を、そして雄二のだらしなさと人のよさを見て、この二人に、さまざまの夫婦から身上話をひきだす適性ありと判定した。大きな失敗をした二人を前にして、自分たちの心の中をさらけだすことができるという気やすさである。漫才自身の歴史から見れば、失敗によって自由な境地をきりひらく漫才本来の面目が、そこに新しくあらわれたものと言える。

『夫婦善哉』は一九五五年にラジオ放送で、一九六三年からテレビで始まり、ともに一九七五年まで、ラジオで二十年間、テレビで十二年間続いた。その間に、ラジオで毎週一回に三組、テレビで毎週一回に二組の夫婦の身の上を聞いたのだから、たいへんな数の身上話の集大成となった。蝶々と雄二は、日本中の夫婦が自分たちの身上話をぶつける相手となり、室内庭球の壁の役割をテレビとラジオを通してつとめたことになる。蝶々自身のことばでまとめてみると、

これから結婚する人、いま倦怠期にある人、そして酸いも甘いも通り越した、いぶし銀のような味のあるご夫婦、そういう人たちが、笑いの中に、終った後で、夫婦とは一つの道を歩くことが何でもないようで、一歩一歩を踏みしめて味のある、

でも一歩間違えば、むずかしいものだなアと、見る人の胸に何となく残すのが、私のやってきた『夫婦善哉』の趣旨でした。

（ミヤコ蝶々『おもろうて、やがて哀し』鶴書房、一九七八年）

放送に出場する組が、自分たちの身上相談をテレビやラジオの数分の枠のなかで、自問自答するというわけには、なかなか行かなかったであろう。だからこそ、蝶々・雄二のような仲だちが必要だった。蝶々が書いているように、心中直前の夫婦があらわれたこともあり、テレビの本番で喧嘩になって放送終了後に離婚した例もあるそうだ。身上相談としてのはたらきは、むしろ、テレビとラジオにあらわれる幾組もの実話をききながら、みずからの生きかたについて自問自答するラジオとテレビのきき手の内部にあった。

『夫婦善哉』の長い歴史の終りに先だって、南都雄二は病気になり、一九七三年三月十九日、四十八歳でなくなった。その芸名は、蝶々が台本を持って行っては彼に「これは何という字」ときいたところからついたという。蝶々は、小さい時から旅まわりの一座の座長をつとめていたので学校にゆくひまがなく、字が読めない。しかし字を読もうとする意欲はつよく、何度も人にきいて台本を読みくだした。蝶々のために台本を書き、また『夫婦善哉』の出演者の予選に加わって構成を指揮した秋田実はそのように述べている。

相棒の南都雄二の病死以後も、蝶々の創造意欲は枯れることがなく、自伝をもとにしてつくったミュージカル『女ひとり』に出演したり、自分自身の語りと歌によって長いテレビ番組を構成して独演したりした。蝶々の主演したテレビ・ドラマ『極楽家族』（NHK、一九七八年）は、今日の繁栄の中にとりのこされる老夫婦の側から社会を見たすぐれた番組で、見る人々の心にしみとおった。

蝶々が人びとの心をとらえたのは、自分がそだてた男を他人にゆずり、男が病気になり、死んでゆくそのはかなさをふくめて彼を最後までいつくしんだ、その人柄によってである。そこには、男を見る時にもその虚飾と失敗をもとに見る眼があり、そのようなくだらない部分をふくめておもしろがり、助ける態度がある。蝶々のつくりだす語りの中には、家の中にすえられた眼だけでなく、家からはみだしたもののもつ、家の外の眼もはたらいており、家内主義と実際主義をかねそなえた自在な視点が、蝶々に家庭相談の司会者としての力を与えている。家の国際人と言ったところか。そういう役割のタレントは、唄子・啓助の京唄子とか、イーデス・ハンソンとか、戦後のマスコミではだんだんに厚い層になって、戦後大衆の需要にこたえている。蝶々は、はじめは南都雄二の力を借りて、後には彼女ひとりの力で、テレビを通して戦後を代表する壁画をえがいた。その芸の力は、彼女自身が言うように、大阪の仁輪加《にわか》（俄）から育った万歳の伝統によるものだった。それは狂言や歌舞伎などのように他人事を語る芸ではない。つくりばなしにまぜて、おそらくはナマの、蝶々・雄二の実人生上の夫婦喧嘩の断片を投げこんでみせる、漫才という芸の方法をかりた独特の身上相談の様式だった。

Ⅳ　名残のおもかげ

ヤングさんのこと

私は米国人に親切にしてもらった。そのおかえしに、彼らが占領軍として来てから、準占領軍として日本に滞在している間は、なるべく距離をたもち、批判をもって対したいと思っている。どれほど親切にしてもらったかの一例を書くことにする。

一九三八年の九月、私はマサチューセッツ州コンコードのミドルセックス・スクールという予備校に入った。生徒が百人くらいの全寮制の学校で、小学校を卒業してから大学に入るまでのさまざまの年齢のこどもがいた。その中にチャールズ・ヤングという私と同年の生徒がいて、そのお母さんがある年の夏休みに、私を下宿人として、ひきとってもいいと校長まで申しでたということだった。こうして私は、一九三九年の六月はじめに、マサチューセッツ州ケムブリッジ市のヤングさんの家の下宿人になった。

ヤングさんの家は、三つの部屋から成りたっているアパートで、そこに一家五人で住んでいた。決して広い家ではない。その中の一つの部屋を、私のためにあけるという。夏休みの間、長男と次男とは、こどもたちのキャンプの世話ではたらきに出るから、その両人の部屋を使えばいいというのだ。

夏季大学に行く間、私は、兄弟の部屋を使わせてもらった。そのうちに、何とか私が大学の試験にうかったことがわかった。するとヤング夫人は、秋からの新学期にもここに住むことにしてはどうかとすすめた。ここに住むほうが、大学の寄宿舎に入るより、かなり安い。私は、私費留学生だったけれど、日中戦争のために、為替管理法という法律ができて、もう日本から新しく私あての送金の見込みはなく、今の持ち金でこれからの学費をまかなわねばならず、この申し出はとても助かった。

夏休みが終って、長男ケネス、次男チャールズ、長女ナンシー、ヤング夫人、その母のハント夫人、それに私という六人家族が三部屋に住むことになった。女性三人が奥の部屋に住んだ。次男チャールズはふだんは寄宿寮のあるミドルセックス予備校にいるが、休みで家にもどってくる時には、私と寝室は共有ということにし、私の部屋には寝台二つでその傍に小さい机をおいてそこで勉強することになった。

長男のケネスは、食堂兼居間となっている一室に折りたたみ式の寝台（コット）をおいて、皆が寝にいってからそこで寝ることになった。彼はハーヴァード大学政治学科を卒業してこの秋から、ミルトン予備校の先生になったところだったが、ナチスに追われて米国に来たもとドイツ首相ブリューニングがハーヴァード大学教授に迎えられたので、急にその助手に採用された。

ケネスの折りたたみ式寝台をかたよせたところで、お茶の会がよくひらかれた。決して大きくないその居間いっぱいに、人があつまって紅茶と、ヤング夫人手づくりのオレンジ入りパンをもらって、にぎやかに話した。自分の家が小さいからなどという言いわけは、パーティの席上でもいっさいこの家の人からは出なかった。

　そのころハーヴァードの極東部主任教授だったセルゲー・エリセエフ夫婦も、このお茶の会に呼ばれて来たことがあり、当時の論壇の旗頭だったマックス・ラーナーも来たことがある。私がいる間にヤング夫人の離婚手つづきが完了した。離婚が恥ではないということを私はヤングさんをとおしてまなんだ。彼女は保険の外交員の仕事もしていた。

　ハーヴァードの一年生の時の最初の試験（学期なかばの試験）に、私はＥという落第点を英作文の講座でとった。一年もあとになってあかしてもらったことだが、この時、ヤング夫人は、なぜ私にＥをあたえたかを、うけもちの講師にひとりで問いあわせに行ったそうである。生徒の下宿さきの主人のたのみで成績があがるということもないだろうが、前期期末試験ではＣにあがり、後期にはＢになり、年間を通じては、とにかく私にとって大学全期を通じて一番むずかしかったこのイングリッシュＡという課目をとにかくも優等できりぬけた。そのあとで、受けもちの先生に会いにいったほど心配したという話を、ヤング夫人からきかされた。それが、身びいきという立場からなされたものではなく、外国人学生の事情をはっきり教師に理解させようという動機だったことは、彼女の性格からよく理解できる。彼女は、成績のいいわるいで、人を評価することがなかった。長男のケネスは優等賞をとってハーヴァードを出て政治学部の助手になっていたが、次男のチャールズはまだ予備校におり、長女のナンシーは私より一歳下の十五歳だったが高校一年生だった。そういう差が人にあることはあたり前のこととしてうけいれていた。

期なかば試験でEをとったあとからだったかどうか忘れたが、この家の最年長のハント夫人の昼休みの時間に、私は本を朗読してきかせることになった。毎日二時間ずつ、二年間に七、八冊の大部の書籍を、私はハント夫人にきいてもらった。ノラ・ウォン著『星に手をのばして』、パール・バック『愛国者』、ウィリアム・ライオン・フェルプス『自伝と書簡』など。毎日のこの習慣をとおして自然に私の英語の力はついた。

この家では、私に内緒の話を隅で家族だけでしているのをきいたことがない。いつも私を家族のひとりとしてあつかい、家の問題について一緒に論じた。こういうことは、私のうまれついた日本の家では考えられもしないことだった。ここで私がたのしくくらしているのを、訪ねてきた東郷文彦が見て、自分もここに下宿させてほしいと、ヤング夫人にたのんだ。彼はすでに外務省の官吏で、在外研究員としてハーヴァード大学の大学院生になっていたので、私より高い下宿料をはらうことができたらしく、その後ヤング一家は、もっとひろいアパートに、私たち二人をつれてひっこしていった。

私はハーヴァードにいた三年間のうち二年間をヤングさんの家ですごしたことになる。二年目は、チャールズもハーヴァードに入って、この家は七人の大所帯になった。たのしくすごしたというだけでなく、この家の二年間は私の内部に何かをのこした。それは、戦争中に交換船で日本に帰って来て、米国を相手にたたかう国の中に生きている時にも、私の中にあった。戦後に、とくに朝鮮戦争からベトナム戦争の期間に、かまきりのおのくらいの小さいこぶしをふりあげて、米国におしまけまいと努力したのも、私がアメリカ人に対してもっている恩義のためだったと私は自分で解釈してきた。

ケネス・ヤングは、米国国務省の日本課長、極東局長、タイ国駐在米国大使をつとめた後、しばらく野にあった。米国が中国と国交を結ぶべきだという著書を書いて、外交政策の手なおしを説いたが、その実現を見ずに、七二年八月二十九日、心臓まひでなくなった。五十六歳だった。最後に私をたずねてきた時、家まで来たいというので、来てもらった。私の家の小さいのに少しもおどろかなかったのは、かつて彼自身が食堂の折りたたみ式の寝台でねていたことから言っても、当然のことだった。

今、何をしているかときくので、

「ベトナム戦争に反対する運動をしている」

と答えると、びっくりしていた。

「私が米国にいる時には、あの国がこんなふうになるとは思わなかった」

というと、彼は、

「自分も、思わなかった」

と答えた。話題をかえて、彼の近著にふれ、

「米国があなたの言うとおり、中国と国交をむすぶようになったら、あなたは最初の大

使として行くだろうね」

というと、

「君がそんなに低く評価している国の代表になるなんて言われても、うれしくはないよ」

ときりかえした。複雑な心境にあったと思われる。

九十歳をこえてハント夫人はなくなった。ナンシーもなくなった。八十歳をこえてヤング夫人は今もつとめに出ているという。私は自分の耳をうたがったが、数日前に日本に来た時、ケネス・ヤング未亡人パトリシアはそうだと言った。

私は一九四二年以来、米国にもどったことはないが、この三十五年間、いつもヤングさん一家の記憶をとおして、アメリカ人への感謝の気持を抱きつづけている。この人びとなしに、私は今ここにいることはできない。

大臣の民主主義と由比忠之進

1

戦争の末ごろ、汽車で大磯をすぎたことがあった。まったく偶然にむかいのプラットホームに吉田茂氏がいた。ひたいにほうたいをまいていた。なぜ白いほうたいをしていたのかも知らない。しかし、そのすこし前に憲兵隊に吉田氏がひかれていったのをつたえきいていたので、ひとりで駅に立っているこの老人の姿が立派に見えた。

戦争中に、吉田茂、馬場恒吾、渡辺銕蔵の諸氏にたいしてもった敬意を、私は、これからも忘れないようにしたい。

長い戦争時代に吉田茂氏を支えた認識の一部には、アングロ・サクソンは政治について公正な意見をもっているという判断があったと思う。そのことが、ドイツのナチス、イタリアのファシストと軽々しく手を結ぶ外務省の若手官僚について、苦々しい感情をもたせたであろう。

明治前半生れの生きのこりの人の中には、このような硬骨のイギリスびいきがいくらかいて、昭和に入ってからの全体主義理論（このころは官僚も軍人も「理論」をつくった）にたいしては不信の感情をかくさなかった。かれらの心の中には、堅固なイギリスの伝統というブイがあり、そのブイにかれらの世界状勢の判断はつながれていた。幣原喜重郎氏とか池田成彬氏がどれほど英語ができたか、晩年にいたるまで毎日どれだけ英書を読んでいたかは、今の大学生には想像しにくいかもしれない。八十歳をこえた若槻礼次郎氏が、英語でホッブスをひいて自分の社会観を説明したことなども、明治の書生の初心をつらぬいた人の話し方として、私の記憶にのこっている。

アングロ・サクソンはまちがわないという信念は、戦時は何人かの人にとって軍国主義批判の支えとなった。しかしこの信念は、戦後に日本のおかれた状況にあっては、状況批判の目をするどくさせない。「アングロ・サクソンはまちがわない」が「アメリカはまちがわない」という信念にかわってしまう過程で、それは日本のおかれている現状を、批判ぬきでうけいれる考え方へと導いてゆく。イギリスはまちがわない。アメリカはまちがわない。そういう信念を、ソヴィエト・ロシアはまちがわない、中国はまちがわないという別の信念におきかえてみると、それは、かつての十五年戦争当時に重臣自由主義者を支えたアングロ・サクソンはまちがわないという信念によく似た、現状批判の役割を今は果たすかもしれない。ソヴィエト信仰、中国信仰は、現代の日本においては、状況に流されないそれぞれの種類のブイだ。しかし、そのブイにしがみついて流されまいとする人びとは、敗戦直後にくらべると、ずいぶんすくなくなっている。それぞれのブイに適切な敬意を！

地上の理想国がどこかにほんとうに今あるという考え方から、私たちはしだいにはなれつつある。そして、過去の日本、たとえば王朝時代の日本や『古事記』にえがかれた日本が地上の理想国だったという、昭和十年代の「日本への回帰」も、そのままの姿で復活しているとはいえない。

ブイからはなれて、状況に流されて行く。それが戦後の次の時代に入った今の日本の特徴だろう。吉原公一郎氏が自衛隊員に、何を守るために自衛隊はあるかときいたら、わからないとこたえたものが、そのグループの過半数で、次に、戦争がおこったら命をかけてたたかうかときいたら、戦うとこたえたものが過半数だったというのは、現代日本思想の一つの断面を示している。上からの命令ならば、何かわからぬもののためにでも、自分の命をかけてよいという気がまえが、ここにある。

このような傾向にたいして、地上の理想国を信じないなりに、何かの理想を追って行く果てに、よりよい世界を信じるという傾向がある。明治の末に日本に入ってきたエスペラント語の学習運動は、どの実物の地上国家をも理想と見たてることなしに、よりよい一つの世界への夢を育てる思想運動だった。

エスペラントは、亡国の民・ポーランドの眼科医ザメンホフが、一八八七年（明治二十年）に工夫した、どの国の言語でもない、新しい世界語である。

大正時代は、大正天皇の即位とともにはじまったのではなく、日露戦争の終った一九〇五年にはじまり、一九二六年にとじたのでなくて、満洲事変のはじまった一九三一年にとじたという説に私は賛成するのだが、このようにひろくとらえられた大正時代の文化の構成要素として、日本のエスペラント語の運動がある。由比忠之進氏は、この大正文化の理想をかかげて長い生涯を生きた人だと思う。

2

由比氏のなくなられる前夜、花をもって虎の門病院に行くと、病室の前に、エスペラントの仲間が集ってすわっていた。ひとりは、今年同志社を出た青年で、毎週、エスペラントの集会で会っていたと話してくれた。

由比氏は東京工大出身の技術者で、満洲での会社重役生活をへて、隠退。そのあとは、青年たちとエスペラントの集会をとおして、平和運動をしてきた人である。技術とエスペラントと平和運動、この三者の結びつきは、党派精神にとらわれないインタナショナリズムをあらわしている。このおおらかな姿勢が七十三歳の由比氏を戦後世代と結びつけたのだろう。

同時に、佐藤首相に「閣下」と呼びかけて抗議する姿勢は、まぎれようもなく明治うまれの大正人のそれである。

由比氏の抗議の文章は、首相にたいする礼節を失うことなく、同時に、ベトナム戦争協力と沖縄基地の放置について、妥協なしの非難をのべている。抗議の表現は、自分を焼くことだった。

焼身自殺のしらせをきいたとき、木村官房長官はただちに、このような直接行動によって自分の意思を表現することは、望ましいことではなく、民主主義においては選挙をとおして意見の表明がおこなわれるのだ、という趣旨のことをテレビでのべた。

民主主義とは選挙のことか。こんなに単純明快に民主主義の理念をのべる官房長官の顔を、テレビの画面で改めて見直した。アメリカの民主主義は、言論の自由のない国から逃げ出してくるという各個人の直接行動によってきずかれたものではないのか。ドレイ制度の廃止も、ジョン・ブラウンやソロー以来の直接行動のつみかさねをとおして実現したものではないのか。

今の国家の力と、それに癒着するマス・コミュニケーションの力をもってすれば、選挙は現政府の意のままに操縦できるという安心感があり、それが、官房長官をして民主主義を選挙という制度とだけ結びつけて理解させるのだろう。

だが、人間の歴史の上で、多数派は何度もまちがったということを、私たちは知っている。少数者の権利の擁護は、民主主義の重大な部分ではないのか。まして、ベトナム戦争の是非の一点にしぼるならば、日本政府の戦争協力反対は、国民の大多数の声であり、その大多数の声を無視する首相にたいして、たった一人の少数派（マイノリティー・

オブ・ワン）が、自分をなげうって反対する直接行動が、どうして民主主義にもとるのか。もし、十一月十二日の当日、みんなが佐藤首相のアメリカ行きを、にこにこわらって送ったら、日本は明るいといえるだろうか。私にはそうは思えない。はげしく抗議する全学連があったから、かろうじてその日の日本は明るかったと思う。それにもまして、自分をささげて抗議する由比氏がいたから、その日の日本は、さらにそれだけ明るかったと思う。

新聞やテレビが、その日、日本人みながせいぞろいして万歳で首相をおくりだしたら、明るい日本の姿が見られたろうというような前提で記事を書いているのが不思議だ。ベトナム戦争に協力する政策を表明する首相を、その戦争の主役の国におくることを日本人みんなが喜んでするとしたら、それは南京虐殺と並行しておこなわれた宮城前ちょうちん行列と同じ種類の明るさにすぎず、実はそれこそ真の闇だ。私は、自分に火をつけるだけの勇気がなく、由比氏の行為を、自分にはまねしにくい激烈な行為と思う。しかし、それは闇を一瞬のあいだ明るくする行為だった。

十月八日と十一月十二日と再度におよぶ全学連の反対運動について、私は、佐藤首相の南ベトナム訪問やその成果報告をふくめてのアメリカ行きとくらべるとき、相対的に善いと思う。だが、この全学連が、十一月十二日の首相訪米阻止闘争以後、また行動の共通目標を見失って、安保闘争のあととおなじような挫折と分裂を経ないという保証はない。それぞれの流派が、あまり根拠もなくその理論の完全な正しさを主張するその論理、おたがいの流派のあいだで、くりかえし行われるなぐりあいから推定して、今後の学生運動の見とおしは明るいとは思えない。このむずかしい時期に、由比氏の抗議の文章とその抗議の姿勢をふりかえってほしい。そこには党派性と権力意志をこえた献身がある。

十月八日になくなった山崎博昭氏の母の談話として、[1]「自分の考えを話してもらいたかった。話してくれれば理解しようとしたのに。理解できたかもしれないのに」という記事を読んで、心をうたれた。七十三歳の由比氏は、べ平連の事務所をたずねてきて青年と議論し、エスペラントの集りで青年と学習を重ねて、若い人たちといっしょに平和の問題を考えて来た。ここには、日本のあらゆる年代の人びとにひらかれた理想的人格があると思う。

3

ここまで書いて、私は、由比氏の葬式に行った。エスペラント学会の緑の旗におおわれた棺が、エスペラントの歌の静かに歌われる中を、出て行く。私の近くで、エスペラントの運動とはちがう仲間が、話していた。

「由比さんのような人は、国葬にするのがいいのだ」

吉田さんよりも由比氏のほうが、国葬にふさわしい。国葬よりも、国民葬にふさわしい。しかし、国民葬よりもさらに、エスペラント葬がふさわしい。由比氏の心は、国家的なもの、国民的なもののもっと遠くのインタナショナルな連帯のほうにむかっていたからだ。だが、葬式の名前などはどうでもいい。由比氏は七十三歳の最後の日まで、現代の状況の中でほんとうに生きていた人だった。

註

(1) 山崎氏について、「なくなった」と書く理由は、十月八日当日、私は警官のいるほうの堤にいて、問題の車が前後にゆっくりと橋の上を動くのを見ていたが、どのようにその死が起ったかを認めることができなかったからだ。車がゆっくり動いていたことから、私は、五体健全な十八歳の少年がその車の下敷きになるとは思わないし、なったとしたら、それ以前に警官の警棒に打たれていたものと推定する。
しかし、そういう推定の当否を別としても、学生と警官の衝突の外にいた私が一生懸命見ていて判断できなかったものを、その時あわてふためいてどなったり、なぐったりしていた警官が、どうして見てとることができたか。
また当日と翌日のテレビと新聞がそろって、「学生がひきころした」という解釈をくだしていたことが、実証という基準からみて不可解である。はじめから、警察の発表をうけいれるという態度が、戦前とおなじように今日の日本の新聞とテレビではできあがっている。なぜ、わからないとしかいえないことについて、はじめから断定をくだしたのか？　ここに私は、新聞とテレビのイデオロギー機能を見る。

山鹿泰治のこと

石川三四郎氏の葬儀で何人もの人にはじめて会った。

その中の一人が山鹿泰治氏で、その姿がやせて軽くひょうひょうとしており、話し方がおだやかであかるかったのを、おぼえている。

その姿と話し方のために、山鹿氏は私にとって、忘れられない人となった。どういう人なのか、古い友人の間に重んじられているということの他に、私は何も知るところがなかった。

いばったところのない人だった。話も話し方も、突飛でおもしろかったが、ことさらに人をひきつけようという派手なところがなく、その突飛なところは、山鹿氏に自然のものであったようだった。

権力意志のないこと。それが、山鹿氏を忘れにくい人とした。

経歴についてまったく知ることがないとしても、その人は、私の中にとどまったと思う。だがその後、向井孝著『山鹿泰治・人とその生涯』（青蛾房、一九七四年）を読んで、経歴と印象が一つにむすびついた。

山鹿泰治は、一八九二年（明治二五年）六月二五日に、京都市の三条烏丸にうまれた。彼のそだった家は、梅田雲浜の浪宅あとだったそうである。

父は印刷所をひらいていたが、その新式の商売に京都では注文が少なく、やがて破産し、家業は長兄がつぐ。その長兄が死んでから、しばらく、第九子である山鹿泰治がひきうけたこともあるが、社長職は気質にあわぬらしく、妻子とともに夜逃げ同様に身をくらましてしまった。

戦争末期に台湾で単式印刷の経営をしたりしたこともあって、山鹿は生涯に何度か、経営者の役をつとめたが、いつかその位置をはなれて、もとの印刷工にもどった。腕のよい職人であり、印刷工であることをほこりとして生涯を終わった。

彼の身の軽さ、権力意志のなさのもとは、ここにあるようだ。

山鹿のそだったころ父の印刷所は経営が苦しく、彼は家のすぐむかいの龍池小学校にかよいながら、かえるとすぐインキつけや紙とりをやらされ、登校前も仕事をしたという。

やがて府立一中に入学したが、夜ふけまで仕事をてつだうため、授業中居ねむりする始末で、十五歳の時に東京に出て有楽社という出版社の住みこみの小僧となった。ここでエスペラントにふれ、やがてアナキズムを知り、これら二つは、山鹿の生涯の活動の導きの糸となった。

もう一つ、空への情熱が彼にはあった。府立一中の一年生の時に熱気球を運動会でとばしたことがあり、東京に出てからは田中館愛橘の講演をきいて、その家からもちだした長持で風洞実験をやったり、まだ誰も知らないころに自分でゴム糸動力の模型飛行機をつくったりした。彼のつくった模型飛行機は相当に見事なものだったそうである。このような趣味を、彼は後年、尾行をまいて仲間と通信するのに紙飛行機を使うなどして応用したという。

明治末から大正、昭和へと、山鹿はエスペラントとアナキズムからそれることなく、国内組織との連絡、海外組織との連絡を、あたうかぎりつづけた。

エスペラントにしても、アナキズムにしても、日本国内でも、世界各国でも、少数派の運動にすぎない。そんな少数派の運動の組織をして、何になるか、といううたがいはあろう。

国内、あるいは世界で、多数を制しなければできないような事業はある。しかし、多数でなければできない仕事は、少数のする仕事のかわりにならないし、ましてひとりのする仕事のかわりにはならない。

山鹿の娘瀬川アイノは、「父のこと」をこんなふうに書く。

「アナキストでエスペランティストなどというといかにもむずかしい人を想わせま

すが、父は一見やさ男でお人よし、子ぼんのうで家庭的な人でした。
私の一番古い記憶。戸越時代、大きな印刷機械が入口いっぱいに置かれていて、私はそのかげでカクレンボなどしました。その頃赤川啓来さんが脱走兵として逃げてきたりしたのです。小学一年の時は中延町で、特高刑事がたずねてくると、おしゃまな私はお茶をはこんだりしました」

この赤川啓来の脱走は、一九二六年二月のことで、彼は上海、アモイまで逃げたが二八年に日本領事館警察にとらえられ、二年獄中でくらした後、軍隊にもどされ一年間兵役に服した後、外に出た。結局つかまってまた兵隊にされたのだから無益と言えば言えるが、戦前に、脱走兵の信頼にこたえることのできる人として山鹿泰治がいたという事実には、無益ということをこえた意味があると思う。

戦争中の一九三九年に山鹿は老子をエスペラントに訳して『世界語老子』百冊をつくった。「老子は一貫して、国家と道徳と称する悪風に強く反対した人である」という点が、彼をひきつけたのである。おなじころ私は、旧アナーキスト系の伊福部隆彦の『老子概説』という本を手にいれて読んだが、日本の天皇が老子の思想を体現しているとし、日本の国家主義のわくの中に老子の思想をおしこんで解釈しているのに失望した。山鹿泰治の老子訳は、別の方向をめざしていた。

彼のあいつぐ転居、投獄、海外移住になやまされた山鹿夫人は、こんな回想を書いている。

「主人は思いたったら、損もとくも考えない人ですから、内のことなどおかまいなしだったのです。二十一歳で何ひとつない所へ来てすこしずつ買いもとめ、やれやれと思うと、みんな置きざり、すて売りして新しい生活をはじめるという、そんなくりかえしでした。だから私は、どこにいても自分にできる仕事をして、すこしでもたくわえ、それでどうにかやってきました。

皆様のおかげで今日まで生きてこられ、私はほんとうにしあわせだと思っています。」

山鹿泰治は七〇年十二月六日、七十八歳でなくなった。遺言によって、遺体は病院に寄付された。

武谷三男——「完全無欠の国体観」にひとり対する

ティコ・ブラーエからケプラーにいたる天体観測についての論文を、戦争中に読んだ。天体は完全なものだからその運動は真円《しんえん》である。そういうギリシア哲学から中世神学にひきつがれた思い込みで天体を見ていたその信念が、観測によってやぶれた。ティコ・ブラーエの観測にもとづき、さらに観測をつづけて、ケプラーは惑星の運動が太陽を一焦点とする楕円軌道をえがくことをあきらかにする。ケプラーの記録はやがてニュートン力学への糸口となるのだが、この論文を読んでいて、私が感じたのは別のことである。

日本は神国であるから、負けることはない。負けるなどということを考えることがすでに罪である。そのような完全無欠の国体観の上に、現実の戦争の予測をたててゆく考え方が、日本国全体を指導しているなかで、はっきりと対して立っている人がいる。

ここに私は、詩人を感じた。筆者は武谷三男。

詩を何と考えるか。真理は美であり、善であり、真善美は同一であるという措定《そてい》を、私は受け入れない。この措定もまた完全無欠の国体とおなじく強引に思想をおしまげる力となりかねない。だが、その時代をおおいつくす国体観に、根拠をもってひとり対するとき、科学論文は詩のはたらきをする。

戦後になって、詩人大江《おおえ》満雄《みつお》が、文庫版現代日本詩人全集の自分の編修する巻に、武谷さんの戦中の文章をいくつか入れた。これについて武谷さんは、「これが詩かね」という感想だったが、私は大江さんの選択に共感をもった。

昨年（一九九九年）十一月、ラヴィアン・ローズという施設に武谷三男を訪ねた。最初の論文を読んだときのことに触れた。戦争中は、私にとって闇と思われたので、この一点の灯を見ることがむずかしくはなかった。だが敗戦後は、日本全体が明るくなって、灯をともしているところを見わけにくくなった、と私は言った。すると、

闇の定義をかえれば、見える。

という意味の言葉を、武谷さんはかえした。

戦中は、研究のポストの数は少なかった。ポストの数がゼロに近くなれば、人間が生きることの一部にかならずふくまれる学問が極限点としてのこる。ポストの数が多くなると、学問に興味をとくにもっていない人も、研究職をめざす。かえって、ときの流儀、政府の歯車として、企業のむきに合わせて学問をするようになる。人権としての学問が

しりぞいて、特権としての学問が前に出る。そのことを、研究所の隆盛、大学の建物の大きさ、学生の増加などに眼をうばわれないで見る眼の必要を、武谷さんはこの時代にのべてきた。水俣病を会社内部から告発できない科学技師、同じ地域におこっている公害の原因を公表できない大学所属の教授たちが、高度成長の伴奏者として見られている。ラヴィアン・ローズで武谷さんは、車椅子にのっていたが、話は自由にとんで、戦争中の雑誌『世界文化』のころにおよんだ。

「そのころ、急に、長廣敏雄《ながひろとしお》の家に足がむかなくなった（長廣敏雄は京大オーケストラの指揮者、考古学者で、水野清一との共著『雲崗石窟』がある。私は京大人文科学研究所にいたころ、長廣さんの飛天研究を英語でどう要約するのかの助言を求められたことがある）。僕の三段階理論は、長廣にすすめられて読んだ音楽史からヒントをえたものだ。

それなのに、彼の家に足がむかない。中井正一《なかいまさかず》から、君はどうして近ごろ長廣のところに行かないのか。長廣の妻君と何かあったのか、と聞かれたが、そんなことはなかった。そのときはわからなかったが、ゆっくりと考えてみると、もうすぐ、僕はつかまる。長廣にはつかまってもらいたくないという予感だった」

武谷さんがつかまったとき、すでにつかまっていた人は別として、武谷三男からは誰も新しく人名はでなかったそうだ。これは別の『世界文化』同人からきいた。

テレビでも、新聞でも、安全性について、戦争の防衛について、これは武谷さんが言いだしたことなのだがなと思っても、その名を引用する人はほとんどないと言ってよい。それは武谷さんが、人の悪口、とくに同業者の悪口を言いすぎたからではないかと、私はかねがね思ってきた。そのことを口にすると、五十五年にわたる私との論争の中で、ゆずることのまれだったこの人は、これまでと同じ頑強さを発揮して、断じてゆずらなかった。

三日ほどたって、京都にもどっていた私のところに、武谷さんから電話がかかってきて、

「あれから調査をしたんだが、いろいろ人に聞いてみても、僕はそんなに悪口を言っていないという返事だったよ」

親しい人びとに電話をかけて、僕はそんなに悪口を言ったかね、と尋ねても、そうですと答える人は少ないだろうと、私は思う。

僕が悪口を言うのは、名前を出さないでちくちくやっているのは君と君の姉さんだけだよ、武谷さんは言う。

結局、悪口は言わない。しかし批判する。その批判が徹底的なので、またそれが来るだろうとおそれて、同業者は武谷さんの説に言及することを避けたのであろうということで、合意に達した。

私と武谷さんとのあいだに論争があったときの、いつもの型である。

そのときの対話から五ヵ月ほどして、二〇〇〇年四月二十二日に、八十八歳で武谷三男は亡くなった。死の一カ月前、三月二十日に、『危ない科学技術』（青春出版社）が出た。すぐに読後感を書いて送ったが、武谷さんにとどいたかどうか。この本には、私たちの日常生活にかかわる科学技術のはたらきが書いてある。

たとえば放射能を深さ五〇メートルの地下に埋めて、それで千年は大丈夫というが、管理する次の世代はそれで納得するだろうかと問う。一時しのぎで原子力を使う今のやりかたへの批判である。むしろ、今のエネルギー大量消費社会から、別の形にむけてゆっくりと移行することを考えたい。そうすればしばらくは石油で間に合う。石油の埋蔵量がどうこう言うのは、原発推進者による市民へのおどかしだと、武谷さんは言う。

腐らない食品は誰のため、という問いもある。答えは、それを製造する食品メーカーのためである。市民にとっては、死の確率の増加を意味する。

武谷さんによれば、先端技術とは、天然の魚を復活させることであって、そのためには、川の上流の山にたくさん木を植えることである。

今のように速く走る自動車を増やすことでなく、ゆっくりした速度のくらしをとりもどすことである。

最後の著書『危ない科学技術』は、私のように自然科学の外にいるものにも、わかる本である。

武谷さんに私がはじめて会ったのは敗戦の翌年、一九四六年二月で、新しい雑誌をつくる方針と題名を決めるあつまりだった。丸山眞男は、思想史研究を提案し、私は記号論研究の雑誌とすることを言い、武谷三男は、科学評論という名前を出し、そのどれにも同人七人の賛成を得られなかった。そこに同人外から、上田辰之助が、あなたがたのやろうとしていることにはこれがふさわしいのではないかと、「思想の科学」という題名をもってきた。それに決まった。

『危ない科学技術』という本を読んだところからふりかえってみると、武谷さんが五十四年前に提案した「科学評論」という題名は味わいぶかい。

医療の診断と治療の経過を見る技能なしに、コンピューターにかける医者を養成することが、患者にもたらす危険。政府が音頭をとってコンピューターとインターネットに未来があるような宣伝をおしつける結果、コンピューター強者とコンピューター弱者に人をよりわける教育方針がうえつける劣等感。これらを科学技術の専門家が自分もいとなんでいる実生活のかんから問いなおす場は、敗戦後の六十年近い年月にとぼしかった。

武谷三男は、科学技術を問うとき、普通人の場からも考える視野をもちつづけた科学思想家だった。

めったにやりこめられない武谷三男が、自分から言いだして、あやまちを認めたことがある。

戦争の終わりのころ、武谷三男の家に、戦中獄死した布施杜生《ふせもりお》の妻が、家事手伝いとして同居していた(武谷夫人ピネロピは白系露人で女医。外出が多い)。戦争が終わった知らせを聞いて、布施夫人は喜んだ。手づくりのポスターを、新橋駅付近の電柱に貼ってくると言う。

獄中同志を救いだしに行こう。


武谷さんはこれをとめた。

あなたがしなくても、誰かがするだろう。まだ軍国主義の気分は街に残っているのだから、女がビラを貼るところを見つかったら何をされるかわからない。

しかし、今(それを私に話したときは戦後四十年たっていた)ふりかえってみると、そういうことをした人はいなかった。自分は、そのただひとつの行動をとめたことになる。

一九六五年にベトナム戦争に反対する市民文化団体連合がおこったとき、武谷三男はそれに反対ではなかったが、特別の関心も示さなかった。ところが、一九六六年に、航空母艦イントレピッドの水兵四人が脱走し、それを市民有志(ジャテックと称する)が助けて、かくまい、やがてソ連を経てスウェーデンまで行くことが実現したとき、武谷さんは私の家まで訪ねてきて、何かの足しにしてくれと言って、金をわたし、「領収書はいらない」と言った。一九三〇年代の反戦運動の記憶が、そこに生きていた。

ひとりでもやめる。（戦争からの離脱）
ひとりでもやる。（何らかの戦争反対の行動）

脱走兵援助から三十年あまりたって、京阪神の震災について小田実が市民立法を説き、市民運動のこの原則をもう一度確認したとき、敗戦当時、布施杜生夫人に心を動かされたときの記憶が、武谷さんの中によびさまされた。武谷さんは共感を示して、小田実との共著を出した。これが武谷三男の最後からひとつ前の本になった。

武谷さんは台北高校の学生だったころ、トルストイからロマン・ロランへ、そのあとでマルクス主義にむかった。トルストイは最後まで武谷さんの中に生きていた。

音楽とおなじように、彫刻に対しても深い理解をもっていた。峯孝《みねたかし》のことを褒めていたが、私はこの彫刻家に会ったことがない。一九六〇年六月十五日の樺《かんば》美智子さんの死を悼む会を、「声なき声」が池袋の勤労福祉会館で毎年ひらくので、三階にある峯孝の「老いたる料理人」のブロンズ像に一年に一度会う。

よく働いた老料理人がコックの仕事着のままくつろいで坐っている姿である。今年（二〇〇〇年）も、その坐像の前にたって、最後に見た武谷三男もこのように、自分の生涯としずかに対しているように感じた。

秋山清――自分の経験をくりかえし吟味する

大正の日本では、ヨーロッパの戦争のために、輸出がさかんになり、わずかのあいだに、新しい財閥ができた。景気は、文筆業界をもうるおした。

戦争がおわると、不景気がきた。今度は、平和へのさまざまな集まりができた。

そういう集まりのひとつに、翻訳などで知られていた辻潤《じゅん》があらわれて、テーブルにとびのって、皿をけとばして歩いた。

このことを、秋山清は、書いている。

何を彼は言いたかったのか?

このことを秋山は四十年考えていたらしく、ついに彼の得た答えは、政治はばからしいということだったのだろう、と言う。

どの方向にむかって政治運動をすすめるにしても、その動機の底には、人を傷つけたいとか、自分をえらく見せたいとか、現実を自分ができる以上に大きくかえてみようとかいう、妄想がある。

そのむなしさを、人に伝えたいと辻潤は思ったのだろう。そのむなしさを悟らずに、まじめに説いている人びとへの腹立ちがあったのだろう。

このことを、秋山清が四十年も忘れずに考えつづけていることに、私はおどろいた。辻潤から秋山清へ、ひとつのバトンがわたされた。

大正なかばに、福岡の中学を終えて東京に出てきてから、東京一の高い建物だった第一相互館のエレベーターボーイをふりだしに、半世紀、彼はアナキストとして生きた。ロマン・ロランやバルビュスに魅せられて、クラルテの会などに集まった数多くの平和主義者、自由主義者、社会主義者、無政府主義者、共産主義者が、やがて昭和に入って日本の戦争を支持し、まじめに戦争詩を発表し、負けてまた平和主義、自由主義、社会主義、無政府主義、共産主義を声高くとなえるのを、秋山清はじっと見ていた。辻潤は、大岡山のアパートで飢えて死んだ。戦争末期のことである。

転向の共同研究を私たちの仲間がはじめたとき、一冊出して、力がつきてしまった。そこに秋山清が入ってきて、岩佐作太郎《さくたろう》について書いた。無政府主義者・岩佐作太郎が戦争を支持して書いた文章を、かくすところなくあげて、その屈折を明らかにした。当時、岩佐はまだ生きていて、無政府主義者としての活動を戦後に再開していた。

「岩佐老人が近ごろ元気がないのでね。元気になってもらいたいと思って、この文章を書いた」

というのが、秋山さんの自分の文章についての言葉だった。

個人にたいする忠誠について、秋山清はそういう考えをもっていた。『文学の自己批判』という本が、秋山清にある。それは、『新日本文学』の編集長の座から花田清輝をおろした会議で、議長・中野重治が、日本共産党の党派的判断にくみしたことへの批判である。この書物は、中野重治の秋山清への信頼を傷つけることはなく、秋山清は、中野重治の信頼する人としてありつづけた。

秋山さんにはじめて会ったのは、一九五六年十一月二十八日、石川三四郎の通夜のときだった。

「石川さんからは、学ぶべきことが、まだ多くあるような気がする」

と、そのとき秋山さんは言葉すくなく述べた。葬儀のときに、黒旗につつまれた石川さんの柩を何人かの旧同志とともにになって、畑を横切ってゆく姿が、眼にのこる。

石川三四郎をしのぶ会を、大沢正道、家永三郎とともに、四谷の主婦会館でひらいた。秋山清は事務長格で受付にすわり、記録をつくるときにも中心にいた。そこで私は、うわさにだけ聞いていた九津見《くつみ》房子が来ていることを知り、その人をはじめて見た。

その後、いろいろなところで、秋山さんに会い、そのときどきに聞く話をとおして、秋山さんがどういう人を信頼しているかを感じとることができた。

秋山さんは、本を私にくれるようになった。『白い花』という詩集は、戦中の彼の詩を集めたもので、詩を書いてはそれをとっておくというふうにして、長い戦争の間をすごしたことを知った。その中には、山本五十六の戦死を知って、じっと立つという話がある。それだけである。偉大な人だったとか、この死をのりこえて戦争に勝利しようなどというつけたりはない。ただ事実のみがそこにほりのこされている。

またしばらくして『近代の漂泊』という本を送ってくれた。そこには、敗戦直後に秋山さんが中心となって出した詩の雑誌『コスモス』に書いた「詩人としての乃木希典」（一九四六年）があった。

私は、橋川文三と親しく、彼が『青年時代の乃木大将の日記』を古本屋で見つけて、それを手がかりとして、乃木希典が明治天皇に対してもつ忠誠が、その中核に私的忠誠心をもっていたことを知る。この直感をもとにして、「乃木伝説の思想」を書くところに立ちあった。それは私にとってひとつの開眼であり、このエッセイは戦後に橋川のとった独特な立場を示している。

秋山清の「詩人としての乃木希典」は、戦中の秋山が、漢詩を読んで得た、乃木がまっとうな人間であるという認識を、戦中いかなるときにも手放さず、敗戦直後の知識人のおおざっぱな軍国主義批判の言論の中で、そのことをただちに文章としたことを伝える。

橋川文三におどろいた私は、その十数年前に秋山清がこのエッセイを書いていたことに、さらにおどろいた。

武士道の道徳的なうつくしさとは、奉仕、即ち自己否定の精神によるものである。肉体的鍛錬を通じての自己否定による自己完成である。だから完成した武士道とは本来ニヒルなものでなければならない。

戦争中、秋山さんは木材通信社につとめて、くらしをたてていた。その間に、花田清輝、岡本潤、関根弘とつきあい、そこでは自由な意見の交換があった。秋山さんはひろく職業上みとめられていた詩人ではないので、戦争詩を発表するように文学報国会から強制されない。自らのつよい決断によって、戦争賛美の詩を書かないように自分を抑制した。

無政府共産党事件に、秋山清は入っていない。これは、中心になった人の話によると、状況に対して暴動をもって自分たちを表現しようとした行動だった。この人は、秋山さんがお母さんにとてもやさしくして一緒にくらしていて、それを思うと、秋山さんをこの失敗を予測に入れた行動にさそう気になれなかったという。

秋山清の母親に対する忠誠心が、友人に感銘をあたえた。それが彼を無政府主義者の最後の暴動にまきこまなかった。

亡くなった母親の出てくる秋山清の一連の詩が、私は好きだ。街を歩いていて、角を

まがると、ひょいと母親が出てきて、

「どう、元気？」

と問いかける、そういう詩である。

戦後の『近代の漂泊』に、乃木希典につづいて、会津落城で親を見失って、明治に入ってからも母と妹をたずねて、日本中を放浪する天田愚庵《あまだぐあん》が出てくるのも、秋山さんらしい。

かんづめになっていた新宿のホテルで、夜二時ごろ、私が一階のコーヒー・ハウスにおりてゆくと、隅のほうに秋山さんがひとり座っており、マロン・シャンテリを食べていた。声をかけると、

「まずいところを見られてしまったな」

と言って、はずかしそうだった。遠くから帰ってきて、まっすぐ家にもどっても食べるものがないので、ここで一服しているのだと言った。

晩年、秋山さんについて歩いた若者の回想によると、秋山さんは突然、

「和菓子をたべよう」

と言うと、店に入って饅頭を二個（若い友人にも二個）買って、二つ食べてから散歩をつづけたそうだ。

それがあるとき、ロマン・シャンテリにかわっていて、自分とハイカラな洋菓子とのとりあわせが、はずかしかったのかもしれない。

あるとき、神保町でばったり会った。長く会いませんでしたね、と言うと、

「ヘルペスにかかって、しばらく家を出なかった」

そのころ、秋山さんは八十歳をこえて、ぼけてきたといううわさだった。だが、神保町から九段の方向にしばらく一緒に歩くうちに、解体中の映画館の側をとおるとき、

「これは昔、モダンな映画館でね」

などと思い出を話り、そのころのモダンな運動のにない手だった吉行エイスケの話になり、エイスケの部屋は吉行あぐりの美容院の階上にあり、美容院をとおらずに外から鉄の階段で、二階にあがれるようになっていたなどと言う。

「よく覚えていますね」

と言うと、

「たずねる人があればね」

とこたえた。そのとき、申し訳ないという感じが私の中に生じた。私は大正時代をいくらか覚えている。秋山さんより若いものとして、秋山さんの記憶をたぐりだす仕事をしなければならないのに、と思った。

秋山さんのひとり息子の雁太郎氏は、死後の集まりで、

「おやじがもうろくするとは思わなかった」

と言い、このことがショックだったようだ。それほど、息子にとって父親は抜群の記

憶のもちぬしで、その記憶力がいつまでもつづくと思われていた。

秋山さんは、ほらふきと、ほらをふかないものとの区別を私に伝えた。彼の戦中、戦後の詩に、激越な言葉はおさえられている。テロリストとおだやかな日常をすごすものと、その双方に共感をもった。彼自身はテロリストではなく、平常心をもって、戦時、戦後を生きた。しかし、時代に対してテロリストの心情をもっていたことはたしかである。

彼は一度、自叙伝を書いたことがある。『日本読書新聞』に「小組のへそ」と題して連載された（後に『目の記憶』——筑摩書房——と改題）。題は金子光晴と相談し、題字も金子が書いた。「小組」とは、少数派という意味だそうである。福岡県今津の漁民集落に生まれた彼は、金権派の大組に対して、小組に属していた。漁民集落には、働き手が死ぬことが多く、そのために相互扶助のおきてがあった。それがこの二人のアナキズムのもとにある。

後に東京に出て、エレベーターボーイとして関東大震災にあったときには、すでにいっぱしのアナキストになっていた。震災のあと、自警団に殺された在日朝鮮人、警察に殺された社会主義者、憲兵に殺された無政府主義者について共感と怒りをもち、同時に、テロリズムからほどとおい、いくらか甘い有島武郎に共感をもっていた。その感情は戦後もつづいており、『「白樺」派の文学』が出たあと、著者・本多秋五から「有島をアナキストと考え得るか」という質問を受けたとき、「そう思う」と答えている。

彼は、信義にあつい、おだやかな日常生活をおくり、どうしようもなく権力に自分自身をぶつけてゆく人とのつながりを断つことはなかった。

秋山清が、戦後にアナキストのあいだで重んじられたのは、大正期の出発以来、多くの人たちが理論装備とソ連の威光にまけてボルシェヴィズムにかわってゆくなかで、彼が自分の経験をくりかえし吟味するという方法によって、改める必要のないことは改めず、アナキズムをかえることがなかったためである。そういう生き方は、いま重さをましている。

加太こうじ——『黄金バット』の〝生きている江戸〟

三、四歳のころ、東京麻布十番のそばや更科のすぐ前にしばらく住んでいた。家の近くの空き地に紙芝居が来て、子供が集まる。アメを買わない子には見せてやらないというようなけちな了見を、おじさんはもっていない。なんとなく遠巻きにして、おじさんの闊達なせりふをきいていた。『黄金バット』のつづきものも、演目の中にあった。とすると、私はそのころから加太こうじの系譜につらなる絵を見ていたことになる。

はじめて彼に会ったのは、それから三十年たって、東京の常磐線の中だった。金町からのって上野にむかう途中、私は隅にすわって、なかば宣伝のために雑誌『思想の科学』をひろげて読んでいると、

「鶴見さんじゃありませんか。加太こうじです」

と大男がよってきた。

金町に住んでいると、紙芝居の胴元・加太こうじの名前は誰でも知っている。だが私はまだ会ったことがなかった。

あとで聞くと、そのとき、加太さんは電車の中で借金とりに出あって困っていたので、彼との話から逃れようとして、私に声をかけたのだそうだ。

テレビがひろまるにつれて、紙芝居はおとろえた。自分のところから出ていく同じ絵が全国をまわって、ぺなぺなになって自宅にもどってくる。そのころ東京都葛飾区金町は全国の紙芝居の総本山だった。それが、テレビの進出によって、子供たちをうばわれ、今までのネットワークは、負債をのこした。

負債をせおった加太こうじは、活力を発揮した。借金の期限が近づくと、別のところから金を借りて期限どおりにかえし、貸し手の信用を保った。しかし、いずれにしても、簡単にかえせる額ではない。

しかしその借金を、加太さんは短い期間にかえした。

はじまりは、『民話』という小さい雑誌での私との対談だったが、それはわずかの収入でしかない。執筆依頼には、原稿料なしが多い。それにも加太さんは、締め切りを守ってこたえた。原稿料なしの依頼人には、こんなことを頼んで申し訳ないと思う人が多いので、やがてもっと大きなところからの依頼がある。

やがて加太さんは、自分の紙芝居人生を書いた自伝を中央公論社から出し、落語について書いた文庫本を社会思想社から出し、これはベストセラー、やがてロングセラーとなった。

「絵をかくよりも、文章を書くほうがらくです」

加太さんは言う。なにしろ、高等小学校を卒業してから、一日すわりきりで絵をかき、一家を養ってきた人で、その言葉には、実感がこもっていた。

加太さんは私に、マナーを教えてくれた。

加太さんにさそわれて、私たちの仲間は、上野本牧亭《ほんもくてい》で、忘年会をかねて芝居をすることになり、シロウトの集まりだから、どのように運ぶのかわからない。京都から出てくる仲間が、新幹線の最終便で東京に着いて、すでにしまっている本牧亭（これは講談の席亭だった）に行き、それからどうするか。

「入口のところに下足番がいますから、その人に、これだけあげてください。二階にあがると、あんかなどの世話をする人がいますから、その人に、これだけあげてください。そして」

というふうに、段どりをきちんと教えてくれた。突然の雪が関ヶ原にふり、新幹線がおくれて東京駅に着いたことがあったが、それでも、加太さんの教えを守って、本牧亭を使わしてもらい、練習はできた。

上野不忍池のあたりから浅草にかけて、どういうしきたりになっているかを、私はこのとき、学ぶことができた。

仲間うちのしきたりを、加太さんは守りつづけた。テレビにおされてできた借金を首尾よくかえし終わったあと、文筆上の成功に自分でおどろいて、加太さんは何度も、出版記念会をひらいた。そのつど、尾久《おぐ》の小学校の同級生を招くことを忘れなかった。

加太さんが古稀をむかえた。それを祝うために、大きな会を浅草でひらくことになった。

「私の古稀を祝う会としないでください。小学校の同級生を呼びますから、みんな古稀の人ですから」

では、どういう名前にするか、何人かで頭をひねったが、なかなかいい案がうかばない。

「加太こうじ百冊突破記念会というのにしてください」

単著、共著ふくめて、おくれて出発した加太さんには、すでにそれだけの数の著作があった。

下町の研究者で下町に住むサイデンステッカー、上方大衆文化の担い手・藤本義一も顔を出して、盛大な集まりになった。

全集をという話も、このころあったが、加太さんは受けなかった。自分について、つきはなした考え方をもっていた。

山本武利《たけとし》著『紙芝居』（吉川弘文館、二〇〇〇年）は、江戸時代末期に幻灯から学んだ亀屋熊吉が、一八〇一年にはじめた写絵《うつしえ》に起源を求め、その性格を今日まで追って、さらにその再生の可能性に思いをめぐらせる。

双方向性というメディアの機能を受け手からうばい去ったテレビが、今では小集団的連帯を求める受け手から見離され、視聴時間は短くなり、視聴率も低下している。さらに二十一世紀初期の多様なデジタルのニューメディアから脅威をうけている。これはおごりたかぶったメディア王テレビへの形をかえた紙芝居の逆襲といえなくもない。

大正時代から売り買いの世界で、王座をほこった百貨店が、江戸時代の町や村の雑貨屋から、せりふのやりとりのある買物の習慣を追放して百年の後に、いったん追放された雑貨屋が町角のコンビニエンス・ストアとして、もう一度もどってきているのに似ている。雑貨屋の復活は、巨大な異物の中にくらす人たちが、日常の対面的コミュニケーションのたのしみを保ちたいという必要に支えられている。

紙芝居のおじさんの到着は、近所の子供たちのつきあいを一時にかえるほどの光をもっていた。日常の世界がそのまま舞台にかわる。家庭に入ってくるテレビ放送は、家庭そのものを舞台とするほどの光をそこに与えはしなかった。

明治以前の社会は、人がおたがいに対面する文化としての特色をもっていた。加太こうじが私たちにもたらしたのは、生きている江戸だった。

戦争を加太さんはどのように生きたか。

小学校を出たあと、加太さんは逓信省の給仕の試験に合格した。しかし、小学校の上級のときから紙芝居の絵をえがいて得ている収入にくらべて給料は少なく、これでは一家を支えてゆけないのでことわった。当時の大学出の会社員をうわまわる収入を得て、愉快な気分で銀座で食事し、洋楽のレコードを集めることができた。福沢一郎主宰の洋画塾に入った。紙芝居は、小さいながら総合芸術である。その拠点から絵画、音楽、社会思想へとさまざまな方向に好奇心をのばし、十代の少年としてひろい教養を身につけた。戦争が進むにつれて、自分たちの仲間に圧迫がくわわる。不意打ちをくわないように、加太さんは、

「マルクス——ロシア人、マルクス——ロシア人」

ととなえて、条件反射を身につけた。ついに特高警察が来て、おまえはマルクス主義にかぶれてるだろうと問われたとき、

「マルクス？　あのロシア人でアカ？」

と話にのった。

「おまえ、馬鹿だな。マルクスはドイツ人だよ」

と、加太さんより学歴のある警察官は教えた。

「でも、ロシアはアカの国でしょう。だから、アカの思想のマルクスはロシア人でしょう」

警官は、話を打ちきった。

戦争中、加太さんは教育紙芝居の活動に入って、全国を行脚した。その仕事にひきいれた翼賛運動の役員は、マージャンが好きで、加太さんを自宅に招いて、マージャンをした。

加太さんをしのぶ会があったとき、灯火管制のもとでマージャンをつづけた家の夫人があらわれて、

「空襲警報がでても、やめない。そのときの加太さんの夢中になってマージャンをやっている姿を今も思い出すんです」

と懐かしんだ。

空襲も何もどうでもいい。遊びにうちこむ加太さんが目に浮かぶ。遊びは、山本武利のいう「双方向性」をもっている。

加太さんには、どこにいても遊び人の気風がついてまわった。

加太さんは、公式のマルクス主義を保っていた。アカハタ日曜版をつくった人の一人だそうである。そのひとがどうして、私たちの間に入ってきて、『思想の科学』という雑誌の五十年の中の十年あまりを、社長、編集長として担《にな》ったのか。加太さんはこう言う。

「共産党に行って、学問にふれることを話すと、そうですね、加太さん、というふうにかるくうけとめられるんです。思想の科学にくると、そうではなく、まじめに考えてこたえてくれる」

数学について森毅《つよし》と話しても、経済について都留《つる》重人《しげと》と話しても、考えてこたえてくれる。その気分が学校にほとんど行ったことのない加太さんには楽しかった。

加太さんは晩年には大学教授になった。その講義は、他の教授たちをおさえて満員だ

ったという。

前に述べた芝居の練習が、加太さんの金町の家の二階であったときのこと。

「一階に年寄りがいますが、話をしないでまっすぐに二階の稽古場にきてください」

と言う。老人は加太さんの父親で、生涯つとめず、加太さんの母親を仲居に出して食べていた。そのために加太さんは母親に対する思いが深く、妻に対する思いが深かった。

加太さんは、東京の編集会議にも京都の編集会議にも律義に出てきた。そのあと、「ブラジル」というコーヒー屋につれだってゆくと、

「ここは女房が働いていた喫茶店そっくりだ」

と喜んでいた。

加太夫人が亡くなったとき、京都から出てゆくと、この家だけが明るく、その家の前に加太さんが立っていた。会葬者にそこで挨拶したいと思っていたらしく、家の中で座っているように言ってもきかなかったそうだ。

浅草にピーターというスナックがあり、そこの壁画に、大正から昭和にかけての人物画を描いた。そこで故人をしのぶ会があったときのこと、若い編集者が、晩年加太さんを訪れて、用事が終わってもはなさない、テープを聴いてゆけという。テープは、桂文楽の「うまや火事」で、妻君の苦労話である。終わっても、何も言わないので、見ると、加太さんは黙って泣いていた。

石井研堂《けんどう》の『明治事物起源』には、加太家の没落という項目がある。徳川家康は、加太家の先祖の才覚で命びろいをした。家康はその恩義にこたえて、加太一族を江戸に招き、その後、加太家は江戸の商人として財産をきずいた。御一新《ごいっしん》のとき当主は彰義隊《しょうぎたい》に入って死に、その後家産はかたむいた。加太さんの父親はプライドがたかく、生涯人につかえることがなく一家は貧しくなった。そのプライドが加太さんに別のあらわれかたをした。

敗戦直後、加太さんは紙芝居の親方として収入があったが、子供二人に、家に来る人を大切にするように、この人たちのおかげで暮らしているのだから、と言いきかせた。どこかでその家訓を読んだことがある。そのころの収入は子供二人の人生の姿勢をくずさなかった。そういうところに加太さんの家の三百年は生きている。

私のつきあったことのある人の中で、加太さんは江戸の生きのこりを感じさせるただひとりの人だった。

葦津珍彦——日本民族を深く愛した人

葦津《あしづ》珍彦《うずひこ》は晩年、病気がちになり、人と会わなくなった。そのころ、ファクスで私の所在を確かめたうえで、何日に京都へ行く都合があるから、その折に会いたいと便りがきた。

旅行にはささえを必要とするらしく、若い人を連れてきていて、その人の経歴を紹介された。ドイツの大学に剣道を教えに行ったそうで、ただひとつ、足のほうから上に斜めに打たれた場合のふせぎ方をまだ工夫していないので、それ以外の方法でなら、どう打ってきてもよいと言って、学生たちを相手にした。次々に相手をうけとめて、ドイツ語を知らずに授業はなりたったという。

この若い人に、私はつよい印象を受けた。こういう人を用心棒にして、旅行をするということにも感心した。

近いうちに死ぬと思うので、あなたに言っておきたいことがある。

敗戦と米軍占領をむかえて、これから自分は天皇の弁護人になろうと思った。弁護人の役割を自分でひきうけたからには、被告について不利なことは言わない。だが、天皇のもつ悪い面をしらないということではない。このことを、あなたに言っておきたかった。

あなたとのつきあいのあいだ、私は、あなたの書かれたことを一度も引用したことはない。それは、私に引用されることで、あなたに迷惑をかけることを避けたからだ。

この二つのことだ、と言った。

葦津珍彦とのつきあいは、市井三郎のひきあわせによる。

一九四六年に発行をはじめた『思想の科学』は、この戦争が正しい、この戦争は日本の勝利に終わるという考え方をもたない者が、戦中の新聞、雑誌にたいしてもつ重苦しい記憶を共有していた。その点では、葦津珍彦とも共通の記憶をもっていたと思われる。葦津さんは、東条内閣に反対したという理由で、戦争中に牢につながれていたことがある。

しかし、『思想の科学』の創立同人は、戦時の天皇制のはたらきに圧迫を受けた者たちで、天皇制にたいして、これを積極的に守ってゆこうという考えをもってはいなかった。ここのところで、葦津珍彦とちがう。

創立同人（渡邊慧、武谷三男、都留重人、丸山眞男、武田清子、鶴見和子、鶴見俊輔）に、八人目の中心メンバーとして加わった市井三郎は、『思想の科学』が多元主義を十五年つづけてきたなかで、天皇制の積極的支持者との対話の機会をもとうとしなかったことを、不足と考えた。そして、天皇制支持の著作を読んで、そのなかで権力、金力によりかかっていない人として、葦津珍彦を見つけた。

そのころこの雑誌は、中央公論社から出ていた。一九六〇年の末、雑誌『中央公論』に、深沢七郎「風流夢譚」を載せたため、天皇家にたいして不敬であるとして、右翼の少年が中央公論社社長の私宅を襲った。同家の手伝いをしていた女性を殺害し、社長夫人に重傷を負わせた。社長は雑誌『中央公論』に「風流夢譚」掲載について、謝罪文を載せた。

中央公論社への攻撃は、同社を発行元とする『思想の科学』をまきこむ。そのころ『思想の科学』編集長だった市井三郎は、中央公論社編集局長と図って、ここでただ無原則に後退するのではなく、天皇制についての討議の機会をつくることを計画し、一九六二年一月号に、天皇制特集号を企画した。この雑誌は完成したが、発売前にこの号の見本を見た営業部社員が、これが新しい右翼の襲撃をさそうことを恐れて、この号を発売中止、断裁した。一九六一年末のことである。

『思想の科学』は、中央公論社からはなれて自らの手で、出してゆくことになった。発売中止、断裁の目にあった天皇制特集号から、出版を開始することにした。そのさかい目にあたって、市井三郎が信頼をもって寄稿を依頼した葦津珍彦は、「国民統合の象徴」を、旧中央公論社版と新思想の科学社版とに一字一句かえることなく世におくった。

彼の眼中には、大出版社も小出版社も何のちがいもなかった。

彼の論文の趣旨は、天皇が祭りの中心にいるということである。米国に敗北し、占領されたことは、日本人の祭りを中断する理由にはならない。

他のことについては、別にこれというこだわりをもたない。政治の形は時宜《じぎ》による。皇室を守るためのカベとしてたてられた華族制度については、ばかばかしいもので、戦後の復古調の波にのって、明治の諸制度を旧に復するようにという運動がさまざまの形でおこったが、華族制度を復活せよという動きがなかったのは当然のことだとしている。

彼の父・葦津耕次郎は、併合した韓国に、朝鮮神宮をたてるという計画がおこったとき、アマテラスを神体として神社をたてないほうがいいという建白書を書いた。どこに行っても、そこの神様を重んじるのが古神道の流儀であるという。

その建白を政府はとりあげなかった。その結果は、一九四五年の日本の敗北・朝鮮の植民地からの解放のあとに朝鮮神宮がどうなったかにあらわれる。

「風流夢譚」以後にできた葦津珍彦と『思想の科学』のつながりは、市井三郎を仲立ちとして、葦津の死までつづく。

一八六八年の明治維新から百年目が近づくので、明治維新百年祭を民間で祝いたいという提案が、竹内好から出て、私たちができるささやかなお祝いとして、明治維新の共同研究をはじめた。主宰者は市井三郎。彼は天皇制支持派のひとりなりとも、研究仲間に入れたいという熱意をもち、葦津珍彦をこのサークルにまねいた。市井さんの誠意あるさそいにこたえて、保守系の西春彦、林竹二、日向康《ひなたやすし》も加わり、毎月一度のにぎやかな討論の集まりがつづいた。結果は、徳間書店から、思想の科学研究会編『共同研究明治維新』として一九六七年に出ているが、会合のたのしみは、無類のものだった。

葦津さんはここで、反対側の批判に耳をかたむける雅量を示し、つつみかくさず自分の意見をのべた。ここでは、天皇制の弁護人としての役割を守るという、公の席上での話し方をとらなかった。彼は、仲間の誰もが信頼できる右翼言論人だった。

箱根、白河、秩父での合宿研究会、山県大弐《やまがただいに》記念碑建設の会、西春彦の喜寿祝賀会、西さんの戸田での「ロシア―日本交流について」の研究発表の会などもあった。

ある日、私は葦津さんに、あなたは、杉山茂丸《しげまる》の縁戚にあたられると聞きますが、私は、茂丸の息子杉山泰道《やすみち》（夢野久作《ゆめのきゅうさく》）に関心をもっており、泰道には息子がいると聞いています。紹介していただけませんかとたのんだ。

葦津さんはしばらく考えて、あの人はよく腹をたてる人だから、私は紹介しかねる、と言った。

そのうちに、夢野久作の長男、杉山龍丸から長文の手紙が届いた。彼は、私の家をもっとも多く訪れたひとである。彼は陸軍の傷痍《しょうい》軍人であり、無料で東京―福岡を行き来する特典をもっていた。東京からの帰りに、京都駅のプラットホームで伊勢の赤福を一折買って、それをたずさえて私のところに来た。彼は酒をまったく飲まず、その点では父の夢野久作と同じだった。久作の残した日記を龍丸が復刻したところによると、久作は何個もシュークリームを食べて、反省している。

予告なく来るので、こちらが外出するところだったことが何度もあったが、私が彼にその事情を伝えると、赤福をのこして帰った。二十年ほどのつきあいのなかで、彼の憤慨にあったことはない。

『夢野久作全集』を三一書房が出すはこびになったとき、突然九州の杉山龍丸から電報がきて、ヘンシューイインニナッテクレルナ、アトフミ、ということだった。

電報をおいかけて速達の手紙がきた。

あなたが編集委員になると、あなたを相手に、私は金の交渉をしなくてはならなくなる。あなたと私との間に、金銭を介在させたくない。

こういう趣旨が、つよい筆勢で書いてあった。私は編集委員をひきうけなかった。

彼は、べ平連（ベトナムに平和を！　市民連合）にも肩入れした。べ平連には、彼は準備委員会（最初の会合）に来ていて、それは自発的に来たので、私がさそったのではない。その会合は、小田実を代表におした。

そのべ平連が動きだして、九州でも活動していたころ、事務局長の吉川勇一が杉山を訪ねてゆくと、夕食をごちそうすると言って、市内の料亭に連れていったが、杉山の未払い勘定がかさんでいて、ことわられたという。私はおどろかされた。というのは、夢野久作ゆずり、実は久作の父杉山茂丸ゆずりの福岡市内三万坪の土地を龍丸は、インドのガンジー塾の人たちを日本に招待することと、自分の考えた砂漠緑化の運動につぎこんで、ほとんど無財産になっていた。そこに『夢野久作全集』が出て、大いに売れて、当時存命だった久作未亡人にお小遣いをあげることができました、と龍丸は喜んでいた。

戦後の高度成長の時代には、福岡市内三万坪の土地をもとにして、財産をふやしてゆくのが常識だっただろう。このおなじ時代にさかさまに歩きつづけた杉山龍丸の生涯を私は壮挙と思う。いま思い返すと、私と龍丸氏とのつきあいが長くつづいたのは、葦津珍彦があらかじめブレイキをかけてくれたことによるものだった。


葦津珍彦にもどる。葦津さんが、杉山龍丸に紹介するのをことわったのは、彼が龍丸のロマンティックな暴走に、私をまきこむことを恐れた熟慮によるものだろう。葦津珍彦自身は、リアリズムを保っていて、占領下に神道を守る新聞社の経営に力をつくし、時の権力にこびず、企業から金をもらってみずからの便宜をはかることなく、自分の考える民族主義の道を終わりまで歩いた。大正期からソヴィエト、ロシアについて研究するところがあり、中国に対しても日本が別の道をとることを考えつづけた。

私が知ることのできたかぎり、夢野久作には、葦津とあい似た天皇像があった。天皇が自らたんぼに入って田植えをする。金力と暴力によって守られる必要のない、古神道の祭祀をつかさどる人としての天皇である。

久作の初期長編童話『白髪小僧』にはそういう人物像がえがかれており、戦争中、彼の秘書をしていた紫村七重は、共産党員としての裁判にまきこまれているときに、夢野久作がひきとった人である。この人は転向して服役中に、警察による西田信春の虐殺死の資料を見て、戦後、中野重治らに知らせた人でもある。久作の心中では、（父茂丸にかくして）共産主義と天皇敬愛は矛盾するところがなかった。

葦津さんの弟は神社の宮司であり、この人が隠岐島古神道の行事の保存に力をつくしていることを、これはいいことだとして語っていた。

葦津さんとのつきあいをとおして、この人が日本民族を、私よりもはるかに深く愛していることを感じた。そのことが、彼から私を区分し、同時に、私が彼にたいして畏敬の念をもつもととなった。

柴田道子――記憶に焼きつけられた「大人の裏切り」

一九五〇年代に、私は、ガリ版雑誌とタイプ印刷の雑誌とを読むことに、集中した。『こだま』という同人雑誌が、きわだっておもしろかった。

学童疎開の話がつづきもので出ており、主人公は、十一歳くらいの少女だった。皇国少女の気分があらわれていて、それははじめて私の中に入ってくる世界だった。

この小説はやがて『谷間の底から』という一冊の本になった。その本の出版記念会で、私ははじめて著者に会った。

振袖を着て、少女のように見えた。他にその同人雑誌の仲間がいて、少女を中心とする十代文学の機関誌であるように見えたが、この雑誌の創刊号から読んでいる私にとっては、東京に近い東松山(埼玉県)ではじまり、幻想文学を中心としていて、柱時計の文字盤からそれぞれの時刻がぬけだして活動し、またなにくわぬ顔してあつまるという、おもしろい小説を、創立者(男)は書いていた。どういうわけか、その後、この雑誌は社会派の少女作家のたまり場となり、創立者の幻想文学は後景にしりぞき、そのころから、松川事件のことをとりあげる乙骨淑子《おつこつよしこ》、ロシアの児童文学の翻訳を手がける北畑静子が、『こだま』の中心となった。創立者の影響はのこっていたのかどうか、乙骨淑子の最晩年に、幻想文学はふたたびあらわれている。

すべての人に、自分の生れた国があるのと同様に、それぞれの人間には、幼年期とか少年期とかの、広大なふるさとがある。どの人もそこから出て来た。そうした私のふるさと、それは太平洋戦争だった。私はそこ（戦争）から生きるためのエネルギーを引き出し、あるいは転化させて来ている。

（柴田道子「戦争が生んだ子どもたち」『思想の科学』一九五九年八月号）

六歳から十二歳までの子どもにとって一年四カ月の小学生集団疎開は、長い期間である。その間に出合う社会関係、さらに自分が六年生となり指導者となって先生と子どものあいだにはさまれるくらしは、あざやかな経験だった。

一年生がひどい栄養失調で死んだ。生徒仲間に生じるいじめ。自分の食物の不足をじっとたえている先生。送られてきた缶詰をこっそり食べてしまう先生。食べているところにぶつかってしまったために、そのあとに生じる主人公をまとにするいじめ。そういうことが、『谷間の底から』に書き込まれている。

皇国少女として柴田道子が自分をつくってゆこうとする五年生から六年生まで一年半

の努力。その中で、美しいものにされてゆく父母とのかつての生活。だが、努力にもかかわらず、学童疎開の体験を彼女は美しいものにかえて記憶にとどめることはできない。とくに消すことができないのは大人の裏切りである。

敗戦後に教師は手のひらをかえすように、軍国主義から民主主義にかわってゆく。それはこの裏切りの記憶に仕上げをした。大人の裏切りの主題は、彼女の記憶に焼きつけられた。

柴田道子と出会ってから三年ほどして、一九六〇年の安保改定闘争があった。「羽田への道はせまい」という合言葉で、学生たちを羽田空港にあつめた全学連（全日本学生自治会総連合）の活動は名高い（六月十日）。そのとき、全学連がそこによりどころをもつとは思えない共立女子大学から、柴田道子が一人参加していたことは、あとで知って意外だった。彼女なりに、学童疎開の記憶が、羽田への道とむすびついていた。

一九六〇年六月十五日、学生たちの二度目の国会突入の中で、東大大学院生樺美智子が死んだ。この時にわずかな数に過ぎなかった共産主義者同盟（ブント）が三十三万人（六月十八日）を国会周辺までひきだした。

国会をとりまく人びとの心中には、十五年前に終結した日米戦争に日本国民をひきこんだ国務大臣の一人、今はアメリカとの軍事同盟に日米をむすびつける総理大臣岸信介の姿が、生きていた。その三十三万人の中心に、四千人の学生がおり、その学生たちの心に、柴田道子のわずか一年半とはいえそれまでの生涯のもっとも大きな体験である学童疎開があった。

一九六〇年五月—六月から四十一年たった今、私はこの抗議がなかったら、どうだったろうと思う。一九四一年には民衆への相談なしに日米開戦があり、一九四五年には降伏、そして一九六〇年には日米軍事同盟の受け入れが、もし抗議なくこのときまっすぐに進んだとしたら、日本人と日本国家はどういう関係の歴史だったのか。ここに民衆の意思表示があったということが、うれしい。まぎれようもなくその中心にいた学生たちを、私はほこらしく思う。

樺美智子さんの命日、六月十五日になると、私たちの仲間は、国会通用門前にあつまって、花を置く。柴田道子は、樺美智子とおなじようにまっすぐに道を歩いた。

社会主義革命に必要なのは、非常に沢山の頭脳である。本末転倒せぬかぎり、社会主義革命に役立つあらゆるものを吸収することである

（柴田道子「共産主義者同盟（ブント）の成立」『思想の科学』一九六四年五月号）

『谷間の底から』の読者から作者へ手紙が来た。その中に、未解放部落の少女からの手紙もあって、柴田道子は文通をつづけるうちに、読者の信頼を得て、仲間とも通信を重ねることになった。やがて、柴田のつれあいが長野県に転勤してから、柴田は読者のくらしについても知るようになり、『被差別部落の伝承と生活——信州の部落／古老の聞

書き』（三一書房、一九七二年）を書いた。

東筑摩郡塔ノ原の旧家、忠五郎さんからきいたはなし。忠五郎さん（六十四歳）がはなしだすと、すぐに奥さん（六十四歳）がとってしまって、かけあいで、はなしはすすむ。そこで聞き手は民話にふれる。

あんた方、猫が化けるちゅう話をよく聞きますなあ、うちにいた猫が化けた話なんですい。この猫を〝おば〟と名づけ呼ばってました。彦十郎は、〝おば〟を可愛がっていたから、彦十郎が腹を病むと腹をさすってくれる。大変賢い猫だったですに。彦十郎の方も常々、この猫は利巧すぎてあやしいと思っていたでやす。ある晩〝おば〟の様子がどうもおかしいんでやす。変だと思って〝おば〟の後をつけたですい。〝おば〟は潮の宮（潮神明宮）へ入って行った。お宮には近所中の猫が集まって、猫の芝居がはじまるところですっちゅうに。〈みんな集まったようだから、さて芝居をはじめようや〉と一匹の猫がいったら、〈ちょっと待ってくれ、まだ彦十郎が来ていない〉と一匹の猫が答えたですと。猫は飼い主の名で呼ばっとります。この時うちの猫〝おば〟は座元でしたと。一番おくれて〝おば〟がついた。その時〝おば〟がいうことに〈早く来ようと思っていたのだが、今夜はお客が来ちまって、早く来られなんだ〉といいわけをしてますちゅう。まるで人間がしゃべるように猫がいうんだそうですい。化けてますからになあ。

猫は一番最後に残りものをもらってごはんになるから〝おば〟はおくれちまった。〝おば〟は一番上座に座ったというこんですい。これを見とどけた彦十郎は、どうも賢すぎると思ったが、もうこれ以上家においておくわけにはいかないと思ったですい。

家に帰って翌日、彦十郎は〝おば〟によくよく言いきかせたですい。〈お前は出世したのだから、今日かぎりで出ていってくれ〉とな。

〝おば〟はニャオ、ニャオと鳴いて淋しがったが、そのまま彦十郎のいうことを聞いて消えていったですい。この時から三年して、彦十郎が犀川《さいがわ》の向こうの押野の山へ、きのこをとりに行った時ですい。ニャオ、ニャオというので見ると、藪の中から〝おば〟が出てきて彦十郎の足になつかしそうにまきつきますに。彦十郎が〈〝おば〟ではないか、よく達者でいてくれたな〉と頭をさすってやると、しばらくして、ひとっきり姿を消したですい。そして今度は大きな雉子を一羽くわえて現れた。彦十郎が〈お前は恩を忘れていないな〉といってやると、それっきり〝おば〟は姿を消して、現れることはなかったんですい。

信州はかつて詩人島崎藤村が住んでいたところで、彼はここで最初の小説『破戒』を書いた。そのモデルについて、荒堀の国松さんのはなし。

小諸といえば『小諸なる古城のほとり』の藤村の詩と、有名な『破戒』が思い浮かぶ。浅間山の懐に広がる古城の町は、千曲をいだき、美しい自然にめぐまれていた。藤村はこの地を舞台に『破戒』をはじめとして『千曲川のスケッチ』など、沢山の文学を世に送った。国松さんの話もやはりそれにふれる。

『破戒』は明治三十九年に出版されたが、この辺の人はずっと後になってから『破戒』のことを知ったな。こういう純文学は格調が高いからわしらの生活には縁がない。文字や文学に親しむちゅうこと少ないもんでな。藤村は『破戒』を書くにあたって、何回か荒堀に来ていたそうだが、書いてしまったら一ぺんも足を向けたことがない。部落調査にくる学生さんみたいなもっで。こういう衆には腹が立つ。

わしは若い頃、『破戒』を読んで、藤村のことをかたきのように思ったさ。ざっくばらんに〈橋むこう〉なんて書かなくたっていいじゃあないか。われわれを踏台にして名をなし、いい生活をしていやなやつだと思ったね。部落ではえらい関心を持つもんはいませんな。その後、この小説から部落のことがはやって、小諸の懐古園に来た人に〈橋むこうはどこだ〉とたずねられたことが何度もあった。わしは癪にさわったので、ぜんぜんそっぽのほうを教えてやったもんだ。この村はなかなか盛んなので、小諸では向町といった。

この言葉がいつのまにか差別言葉になっちまったです。

荒堀では、『破戒』のモデルは三味線屋の高橋弥文次さんの息子の弥文太さんだということになってます。弥文太さんはたいそう頭がよかった。学問があり、慶堂という号で書家として世間を歩いてきました。甲府・佐渡・越後をまわって字を教えている。越後に行った時、酒屋の番頭になったことがあった。男ぶりもよし、できた人で人物でしたから尊敬されたんですわ。酒屋の主人に、是非娘の婿になってくれとせがまれたが断って店をやめてきたそうです。（略）

弥文太さんも旅から家に帰ってからは、三味線をはってました。この人はもともと手が器用で、義太夫三味線の名人でしたね。東京からわざわざはりに来ていた人もいたくらいです。七つや八つの時に書いたものが、信毎（信濃毎日新聞）にのりました。ここの白神神社ののぼりも弥文太さんが書いたもんです。弥文太さんはむっつり屋で、静かな人でしたわね。だまって人の顔をじっと見る。わしら子どもの頃は、とっつきにくくて、こわかった。おしゃべりでなかった。謹厳居士でした。村会議員もやり、六十四歳で死にました。

読者からの手びきを受けて、部落の記憶の中に入った柴田道子は、その聞書きをまとめて大きな本をつくって終わりにすることはなかった。

一九六三年五月一日に、狭山事件と呼ばれる女子高生誘拐事件がおきて、未解放部落出身の石川一雄さんがうたがいをかけられると、柴田はその冤罪を証明する活動に入り、物証の実験のために穴に入ったりした。その活動の中で、持病のぜんそくの発作がおきて死んだ。四十一歳だった。狭山裁判は最高裁で上告棄却をへて再審請求が提出され、裁判の努力は今もつづく。

本多秋五——自分の死後の世界から自分を見る

ナスカの地上絵は、それを描いた人には想像をとおしてしか見ることはできなかった。そういう想像を内に育てて、人間のいとなみを見ようとする努力を、戦中から本多秋五は重ねてきた。

『遠望近思』という同時代の日本文学にふれた感想集のとびらに、殷の青銅器の写真が三葉おかれて、それが、彼の文学評論への入口となっている。

日本現代の作品についての感想をのべるときに、中国の古代の殷や周の青銅器を心において見る。そういう見方は、本多秋五の仕事の最後までつらぬかれている。

この人は、戦争にまきこまれてゆくなかで、自分の位置を見さだめたいと考えて、前に読んだトルストイの『戦争と平和』を、あらためてゆっくり読む時間を何度かつくった。

一九二七年、十九歳のころからトルストイを読みはじめ、自分の部屋にトルストイの非常に大きな横顔写真が張りつけてあったという。トルストイについて発表した最初の論文は、「レーニンのトルストイ評について」で、一九三五年、二十七歳のときである。逓信省に入り、そこでの毎日の暮らしのなかで、しっかり時間をつくって自分のために『戦争と平和』を読みたいと考え、一九四一年一月、三十三歳のときに役所をやめ、一九四三年十月末に『「戦争と平和」論』を書き上げ、一九四四年十月、三十六歳のときにタイプ稿を打ちおえた。もはや敗色はあきらかであり、十数日後にはB29の東京空襲がはじまる。

一本の葉巻と、りんご一個とをポケットに入れ、秋晴れの多摩川堤を、二子玉川から丸子多摩川まで歩いて、仕事の完成をひとりで祝った。（『「戦争と平和」論』「あとがき」鎌倉文庫、一九四七年九月）

十九歳のときから読みはじめて、十八年かけて三十六歳で『戦争と平和』の長大評論を書きおえる。その感慨はひとしおだった。読みはじめのころはまだ日中戦争ははじまっていなかったし、自分が兵隊になる未来を感じてはいなかった。一八〇五年のナポレオンの対ロシア戦争を、自分のこれからくぐりぬける戦争と重ねて考える見方もなかったし、自分の問題として読む力もない。

『戦争と平和』に、最初自分の問題のあることを感じたのは、昭和十二年から十三年にかけて、役所の歳末休暇にこの小説を読みかえしたときからであった。

昭和十六年の一月役所をやめ、以来明けても暮れてもトルストイで、十八年の十月、ひとまず稿を終えた。読み直しをしながら順々にタイプにまわし、タイプを打ち終わるまでにまた一年かかった。
最初から、発表は、たとえできたとしても、十年後のことと覚悟していた。しかし、いずれ自分は兵隊に取られるだろう、取られないまでも、戦死同然の死に方をする確率がすこぶる大きい、死んだあとには、せめて子供と原稿だけは残っていてほしい、と思ってタイプに打たせたのであった。（同前）

近くむかえる日本敗北、その途中で自分が迎える死について、本多秋五は、考えている。公爵アンドレイの死と農民プラトン・カラターエフの死に、自分の死を託する。動けなくなった捕虜として殺される前のカラターエフの夢に、罪なくして罰せられる老人があらわれる。

もっとも大なる法悦は、苦痛の中で――罪なくして受ける苦痛の中で――この生を愛することである。

ここには、必然性と自由（自我の決断）との結合がある。
アンドレイはボロジノの戦いで、榴弾《りゅうだん》の破片を腹部に受けて気を失う。息を吹きかえし、激しい苦痛に耐えた後に、久しく味わったことのない幸福を感じる。となりに悲鳴をあげている男がおり、看護卒が彼に、靴をはいたまま切断された彼の片脚を見せる。

アンドレイは、その男がかつての恋仇のアナトーリであることに気づいた。同胞と、愛するものに対するあわれみ。われわれを憎むものに対する愛。敵に対する愛だ。もしおれが生きているとすれば、これこそ、おれのために残された唯一のものだ。けれども、今ではもうおそい。

カラターエフとアンドレイ、この二人の死の受け入れ方にはずれがあるが、どちらにしても、できれば自分も二人のように死にたいと、本多秋五は考えていた。そこには、しかし、戦争の性格の違いがある。百年後であっても同じく侵略されるロシアの側に立つひとりのロシア人として、トルストイはおり、ロシアに肩入れしている。本多秋五は、大正期以来の日本の中国に対する圧迫を肯定せず、中日戦争を不当と見なす。さらに米英に対する戦争がこれに重なってからは、日本が負けるというもうひとつの現実の判断が加わった。それを自分の行動でとめることはできない。現実を受け入れ、その現実の脅迫によって自分の倫理判断と事実判断をまげることなく、自分の終わりをむかえる。そのためのはげましを、『戦争と平和』から受けている。

戦争がどのように自分を巻き込むか、について、トルストイの戦争観は、本多の目前の戦争の見方に影響をあたえた。戦争の現実について、知性は、すみずみまで計算しつくすことはできないという考え方である。自分の知性（それもすぐれた知性）によって戦争を設計したナポレオンは、彼よりも低い知性をもつクトゥゾフにおしまける。クトゥゾフのほうが、将兵の士気に近いところにいて判断を下したからである。どちらかといえば損害の多いほうにあったロシアの将兵のもつ「負けていない」という判断が、クトゥゾフを動かし、ナポレオンのよりすぐれた軍事的計算をおしきった。やがてクトゥゾフは、モスクワをいったん捨てて、その後で取り返すずるさをもち（その限りではクトゥゾフはそれほど知性が劣っていたわけではない）、国境までフランス軍追跡を止めるだけの抑制をもそなえていた。

トルストイの戦記において、偶然の集積が必然性をつくるという戦争観が、本多秋五に影響をあたえた。ひとりひとりをおとずれる偶然の状況は、それぞれ違う。そのすべてを一つの偶然によって判定したくないという抑制が、本多秋五に戦中、戦後、かわらずはたらきつづける。

敗戦後に『転向文学論』を書くとき、「心のよくて殺さぬにあらず」という親鸞の言葉をエピグラフとした背景には、本多なりの『戦争と平和』の読みが重なっている。

自分は状況を隅々まで把握しつくしたと考える立場（とくに集団としてのその立場をとるとき）に本多はつよく反対する。戦中にはそれ（国体論）に迎合する文章を書かなかった。敗戦後には、はっきり言葉にして、そういう立場（共産党による文学のひきまわし）に抵抗しつづけた。

彼の規準は、倫理においても、現実判断においても、原則として表明されており、その故に、新聞や雑誌やテレビを舞台とする論争には不向きだった。江藤淳を相手にくり広げられた無条件降伏論争において、その不向きな特色が目立った。彼は私に加勢を求めたが、私は、この論争に加わらなかった。その理由は、私もまた新聞雑誌（テレビはもちろん）の上での論争に不向きだからである。

一九四五年に日本は無条件降伏したか。この問題について、私は、無条件降伏をしたと答える。その点では本多秋五とおなじ立場にたつ。そのことは、それまでに私の発表した著作によって明らかだ。しかし、その立場について私は、自分のこれまでに書いたことの他に、新しい資料を提供することはできない。これが私の答えだった。本多秋五は、私の答え（手紙による）に不満だった。

ここでは、本多秋五自身の、この論争の要約をひく。

磯田光一が「戦後史の空間（1）」（『新潮』新年号）で、なんど目かに無条件降伏の問題を論じている。こんどの所論はよほど説得的なものである。

彼は櫻井光堂の『新版国際法』の理論を紹介し、これを整理して、ポツダム宣言受諾による日本の無条件降伏といった場合、そこにはA、B、C、D、と四つの意味がふくまれるとし、私流の言葉に翻訳していうと、江藤淳はそのうちAとDのみに電流を通じて、BとCをほとんど無視し、本多はBとCのみに電流を通じて、AとDをほとんど無視した、という。

ポツダム宣言の受諾は「有条件降伏」の「無条件受諾」の意味をもつのだが、江藤淳はもっぱら「有条件降伏」の面のみに着目し、本多はもっぱら「無条件受諾」

の面のみに着目した、というのである。

「無条件降伏」がもつ四つの意味という説は、今の私がこの言葉に感じる意味をほとんど完全にいいつくしているといっていい。江藤・本多の対立点の構造分析も当をえていると思う。ただそこに流さるべき電流の強さの相違の問題だけを別にすれば。

おしつけ憲法の問題は、検閲の問題をぬきにしても論じることができる。検閲の問題を媒介することによって、それが「無条件降伏」の問題と関連づけられる。今この手の問題提起が目新しいとされているようである。

（『毎日新聞』一九八一年一月十日）

だが、新しい何かは、意外なところからあらわれた。江藤淳が本多秋五の無条件降伏という言葉の使い方を批判したのは、一九四五年八月の連合国政府と日本政府とのやりとりが、あらゆる決定権を日本政府からとりあげて、降伏をしいるという（江藤淳の設定した）モデルからはなれていたことへの留意だったのに対して、加藤典洋《のりひろ》は江藤の視野をこえて、無条件降伏を求めるという連合国の姿勢のうしろには、原爆をもつ側の有無を言わせぬ意志がはたらいていたということを指摘した。法律上のやりとりをこえて、思想史をおおきくとらえた加藤のこの提言は、これもまた原則的な考え方でありながら、それまでの論争に新しい何かをつけくわえた。江藤と加藤の対談でも、江藤は加藤のこの指摘に効果的な反論をくわえていない。

本多秋五の原則を守りながらの論法では、目前のことをとらえることはできないのか。ジャーナリズムの上では有効打とならないとしても、思想の進め方としては、私はそう思わない。

それは、敗戦から間もないころに登場した新人、耕治人《こうはると》に対して、本多が着目し、著作の終わりにいたるまで、世評とは無関係に、はげましつづけたことが例となる。光の中に浮かぶ一個の塵に神秘を感じる体験を書いた耕治人の作品集『一条の光』に感心して、これを世にすすめたことがある。

その体験を本多秋五ももっていた。

不意に一閃の光がひらめいて意識の底を照らし、一種悠久の感に打たれるのである。それを私は、現世光線の幻惑が消えた瞬間と考えるようになった。（「一閃の光」『群像』一九八三年三月号）

それはあるときふと、おとずれるのではないらしい。鈴木大拙の言葉をひいて、本多秋五は、われわれの主観が、一定不変のある態度を持して、内外の境界に対して行くと、その呼吸が自分の手に入ると言う。

われわれの頭上はスモッグにおおわれているが、この「呼吸」を手に入れると、宇宙法則を受信し、宇宙法則を発信するものにかわる。

このように自分の死後の世界から自分を見る方法を手に入れ、そればかりでなく人類の死滅のところから現代の文学、現代の政治を彼は見ていた。現代文学感想集のはじめに、五千年前の青銅器をおいたところにその心の自然がある。

ゲーリー・スナイダー——人間の原型に帰ろうとした詩人

仏教を考えるとき、私の心に浮かぶのは、日本の僧侶ではない。子どものころから、日本の坊さんが、親類の葬式でお経を読むのを聞いていた。中国との戦争が始まってから、戦争を良いものとする発言を聞くことが多く、いやになった。キリスト教についてもおなじく、強い嫌悪感をもった。

クームラスワミの仏陀伝を読み、その講演を聞いてから、別の見方があることを知った。

ベトナム戦争中に、日本を訪れたベトナムの僧侶ティック・ナット・ハーンの話を聞くことがあり、彼がアメリカとの戦争の中で北ベトナムの側に立ちながら、自分が支持できるような政府はないと言うのを聞いて、そのさめている心にひかれた。北ベトナム勝利の後に、彼はフランスに居を移した。

ゲーリー・スナイダーに出会ったのも、そのころである。

そのころスナイダーは、京都のＹＭＣＡで英語を教えて暮らしをたてており、モーターバイクに乗って往復していた。ときどき道で会って、話をした。

私は、ベトナム戦争から脱走した兵士を助けており、彼らに住む場所を用意し、その場所を次々に移していく計画をたてていた。この計画に協力する若い人はたくさんいて、ただ働きを辞さなかった。この仕事は、大きな組織から援助をうけることなく、自前の運動だった。

ある時、脱走兵を私は世話できない日があった。私たちのところに来た最初の人たちだったので、まだこちらの受け入れの手はずが整っていなかった。いつものような立ち話で、半日、引き受けてくれないかと頼むと、気軽にいいよと返事をくれた。当日、彼は、若い二人のアメリカ人を奈良に連れていって、世界最大の木造建築東大寺を見せた。その帰りに、小さな飲み屋に連れていくと、ナマコの酢の物が出た。ためらっている二人に、

「これくらい食べられないと、日本で隠れて暮らすのはむずかしい」

と説いて、二人に決心させた。この二人は、やがて、つてがあって、シベリア経由でスウェーデンに逃れたから、ナマコ修行は、その大旅行のトバクチにあたる。

脱走兵が増えていくにつれて、かくまうことは、重荷になってきた。

そのころ京都国際会館で、ベトナム反戦運動の国際会議を開いた。義俠心を出したの

は、館長をつとめる自民党系の元京都市長高山義三で、彼が会場を貸す決心をしたのは、要請した代表が、桑原武夫、奈良本辰也、松田道雄の三人だったからだろう。特に、桑原武夫の役割が大きかった。

だが、倹約するとしても、この会議をまかなう費用で苦しんだ。京大病院わきの、入院患者の親族の泊まる宿屋に、若者頭の鈴木正穂《まさほ》（現京都市議会議員）が泊まり込んで、そこに、ただ働きグループがたむろして事務にあたった。

それにしても、東西のただ働きグループは、この会議におわれて、脱走兵の世話を同時にすることはむずかしい。ひとつ、思いつきがあって、私はスナイダーを訪ねた。この会議のあいだ、スナイダーが出かけていく離島に、脱走兵を連れていってくれないか、という頼みだった。

しばらく考えて、彼は承諾した。妻のマサさんが日本国籍なので、この件で追及されると、アメリカ入国に差しつかえるかもしれないという事情からだった。ただ働きグループから二人ついていくことにした。那須正尚と阿奈井文彦である。この二人は、スナイダーと行を共にすることで、大きい影響を彼から受けた。

引き受けてすぐ、彼は別のことを言った。

「今夜、良質のLSDが手に入るが、それを試してみないか」

これは、論理の問題ではない。しかし私は、自分が困難な問題をもってきて、引き受けてもらったのだから、相手のもちだしたもう一つの可能性を引き受けようと思った。大きな枕があり、これは私には、邯鄲《かんたん》の枕と思えた。やがて薬が効いてきて、私は足が立たなくなった。しかし、心は浮遊し、部屋の中を動いている。

スナイダーの借りている一階は大きく、二階は、戦争中に外務省でタイピストとして勤めていた日本人女性が一人で住んでいた。近くに民家はなく、相当の物音がしても怪しまれない。

部屋は広く大きく、本箱もない。山岳仏教について書かれた大きな中国語の本が隅においてあるばかりだ。スナイダーは、日本の家屋を、日本人の理想にそって、なるべく物をおかない空《から》の空間として使っていた。

どこかに、収納の場所はあるのだろう。いつか来たときに、茶道で使う茶碗で炊き込みご飯を供されたことがあった。この茶碗は、と尋ねると、亡くなった老師の記念にもらったという。その転用に禅機を感じた。

そのうちに、自分が竹の節の中に閉じ込められたように感じた。小さくて狭いところで、のどがいがらっぽい。そのうちに、ぽんと音がして、竹の節がぬけ、その向こうには何もなかった。

そうだろうと、これまでも思っていたのだが、実際に、この存在の向こうには何もないのだ。

急に笑いがこみ上げてきた。部屋の隅に座っている導師が、はるかかなたと私に感じられるところから、自分で自分の問いに答える。

「その笑いは、何の笑いか」

と問いかけてくる。私は答えない。すると彼は、

「それは、神々の笑いだろう」

それから彼は、自分の書いた散文を朗読した。それは、この部屋の隅々までひびく見事な声だった。

私は、十五、六のころ、コンコードの学校で、古い英語の詩の朗読を何度か教室で聞いた。スナイダーの朗読は、私の知っているものとは違う。異言語によって鍛えられた英語の読み方だった。私の身につけた英語が、半世紀を超えた今では、おじいさんの英語の朗読であり、老いたる道化のように感じられる。

ずっと後になって、谷川俊太郎が、僕が詩を朗読することに踏み切ったのは、スナイダーの朗読を聞いてからだ、というのが納得できた。妙な機縁から、彼を導師として薬を服用したのは、私にとって重大な体験となった。

スナイダーは言った。

「これは、体には悪い。しかし、もう一度、日の光がさす野原で、これを服用すると、世界が新しく見える。つぎのまに寝床を用意しておいた。そこに曼陀羅《まんだら》を掛けておいた。まだ薬の影響が残っているうちにそれを見ると、仏が動いて見える」

ようやく動けるようになったので、立って便所にいくと、朝顔に小便が走っていくのが見えて、自分の体が見えない。何もないところから、小便が走って壺の中に入っていく。自分は無く、行動の結果のみが、小便のように世界に、しばらく残る。

寝床に入って曼陀羅を見ながら考えた。のどはまだ、いがらっぽい。窒息しなくてよかった。

次の朝、スナイダーは、コーヒーを自分でたててくれた。夏の朝、縁側に立って庭を見ていると、キリギリスが一匹向こうにいた。すると、自分がキリギリスの中に入って、そこから自分を見ている。

スナイダーの家を出て、しばらく歩くあいだも、この体験は残っており、四十年たった今も私の中にある。


この薬は、どのようにも使える。オウム真理教は、信者にこの薬を与えて、その自我をつぶして自分の教理に従わせ、殺人を自発的におこなうところに導いた。私にとって、導師がスナイダーであることは、仕合わせだった。彼は言う。

「この体験を超えると、今までしてきた運動に今までのように打ち込めなくなるかも知れない。自分のしていることが小さい意味しかもたないように見えるので」

スナイダーは何年も日本に滞在して、大徳寺で座りつづけた。日本の仏教をよいものとして受け入れていたのではない。いつか批判を書くとも言っていたが、書いた形跡はない。入矢義高《いりやよしたか》の寒山詩の注解に感心していた。日本の仏教からスナイダーのとりだしたものは、寒山詩と宮澤賢治であり、両方について彼には英語訳があって、それらはスナイダーの詩集に入っている。

入矢義高は、日本の禅宗を受け継ぐ人ではなく、中国の馬祖道一《ばそどういつ》の禅を受け継ぐ。馬祖道一は、高齢になっても、只管打坐《しかんたざ》をくずさず、座る目的は、固定しやすい世俗的な自分の中に、たえず新しく「迷人」を掘り起こすことにあると述べた。入矢義高は、日本人の中では前田利鎌《とがま》の『宗教的人間』（岩波書店、一九三二年）を高く評価し、この人の『臨済・荘子』（岩波書店、一九九〇年）に解説を書いた。

スナイダーは、人間の原型に帰ろうとした。あらわれた人間は、やがて亡《ほろ》びる。その両端を心において、ここに生きる。ということは、アメリカにおいて、白人のつくりあげた文明を受け入れることよりも、もっと早くここにあった先住民族の神話・民話・寓話を大切にすることにつらなる。

詩集『亀の島』（山口書店、一九九一年）の序文をひく。

この詩集の作品は、ヨーロッパ、アフリカ、ラテンアメリカ、アジアなどから来たアメリカ人の住む〝亀の島〟の未来の可能性に捧げられている。彼らがこの〝亀の島〟の大地を、場を敬愛し、学ぶ日がくるように望みながら。たとえ合衆国がその土地をだめにし、古代からの森を切り倒し、水圏を毒まみれにしたとしても、私たちとその子孫がきたるべき数千年の未来にわたって、この土地に住み続けたいと望むのは当然のこと。これは日本、東南アジアまたブラジルにも妥当する。私たちは住み続ける。その私たちが、なぜ未来をだめにしつつあるのか。その原因の一部は、政治的経済的絵空事にすぎない短命な国家を、合衆国や日本を永久のものと見なすからだ。真実の相は、〝亀の島〟であり、〝ヤポネシア〟。今こそ最も古い文化の伝統に戻るべき時。アフリカ、アジア、ヨーロッパそれぞれの〝根の国〟からこの大地と場を敬愛するよう学ぶ時。そうすれば〝亀の島〟で、また宝石の島々つながる日本で、この惑星地球に共に生きることになる。（ナナオ・サカキ訳）

能登恵美子さん

皓星社が『ハンセン病文学全集』をすすめたとき、編集者として京都の私の家に見えた。そのときの能登さんの、この仕事に打ち込む姿が、私のなかにある。

ハンセン病はなおらないという伝説の中にまだ生きていた。薬ができて、なおるようになっていたのに、何百年も語り伝えられる偏見は、たやすく打ち砕かれない。いったん患者として扱われた人は、根拠のない偏見の中に閉じ込められて、長く生きることになる。

ハンセン病のことに打ちこむ人は、矢を射こまれたようにこのことにうちこむ。英国から熊本に来て、全財産をこのことに投じ、生涯を捧げたリデルがおそらく最初の人で、その後、日本人からそういう個人が現れた。能登さんは、そういう人の一人だ。

この矢を抜いてくれと叫びたいときはあっただろう。しかし、矢を抜いてもらわない生涯を生きた。ハンセン病患者（じつはもう患者ではなくなった人をふくめて）の遺稿を求めて療養所を訪れ、手書き原稿をさがし、長年にわたる努力を続けた。途中、病気にかかって中断を強いられたが、社長や同僚のあたたかいまなざしに助けられて、職場に復帰し、仕事を続けた。

途中、予期しないものに出会った。それは、かつてここで暮らしていたこどもの綴り方である。今は老人ばかりになったハンセン病療養所に、かつては、つれてこられたこどもたちがいて、園内を駆けまわっていた時代があった。

そのこどもは、あるいは、今の老人の昔の姿だったかもしれない。

病室　　中三　青木茂美

病室に入るとどこかで
鶯の声が
だれかが笛でも吹いた様に鳴いた
静かな病室の室にも
明るい暖かい春がしのびよっている
私は冷えびえとした病室にたゝずみ
じっと父を見守った
父はいたむ手に
ぎっしりとホータイをまいている
ベッドにねたまゝ私を眺めて微笑んだ

きっと私の元気な姿が
父にとってはうれしかったでしょう
父は病む
やわらかい光が
ベッドを照らして居た
静かな朝だった

「愛生」昭和二十六年五月号

これらの姿がかなたに消える。しかし、これらの姿があったということは、失われることはない。そのために能登恵美子は働き、そのことを書きとめた。

四十年たって耳にとどく

あれは何だったのかな、と思うことがある。

一九四一年四月二十二日に、ハーヴァード大学神学校の講義で、一度だけ、A・N・ホワイトヘッド（一八六一―一九四七）が話すのをきいた。その時ホワイトヘッドは八十歳で、ゆっくりした足どりに大きな頭をささえて、壇の上にのぼった。場所は、教会だったと思う。ふだんは牧師のあがる壇の上にたって弱々しい声で話がはじまった。蒼白い大きい顔。いつたえるかわからないほどに細いやさしい声。それでも一時間ほど、話しつづけて、またゆっくりと説教壇からおりた。

何度も微妙な保留をつけて、ある仕方で、不滅なるものを信じることを主張したと、おぼえている。しかし、どういう仕方でだったのか？　うっかりすると、はっきりわからないまま、私は死んでしまいそうな気がする。その時の講演を、私は、その後どこで読んだということもない。プリンストン大学で講義していた姉に頼んでさがしてもらって、ようやく講演のテキストを手にいれることができた。（ポール・アーサー・シルプ編

『アルフレッド・ノース・ホワイトヘッドの哲学』ノースウェスターン大学、一九四一年）

その講演には、「インガソール霊魂不滅講演」という名がついていて、ほぼ年に一度ひらかれており、十九世紀の末から何人もの人が霊魂不滅（イモータリティ）についての自分の考えをのべた。講演ごとに一冊の小さい本になっていたが、ホワイトヘッドの時には、おなじような小さい本をつくらなかったのかどうか。前の人のものでは、ウィリアム・ジェイムズの本がおもしろかった。

霊魂不滅とは言うものの、ホワイトヘッドはたくみに何度も限定して、各個人の霊魂が死後も生きながらえてさらに変化してゆくという説からははるかにはなれたところに出ていったことをおぼえている。ではどうして、不滅なるものがあるのか。はじめて文字で講演草稿を読んでみると、ホワイトヘッドは、「不滅なるもの」という一般概念について主に話すのであって、それと人類とのかかわりは、話の本筋から察してほしいとまえおきした。

存在するそれぞれのものは有限であり、それが有限であるということは、有限でないもの、無限に対して視野をひらく。ある有限なるものの視野から、それが無限定にひろがる背景をきりはなしてしまうわけにはいかない。

私たちは、それぞれ、今、この会場を見ていて、これについての直接的、有限の経験をもっている。この会場は、建物の一部であり、その建物はマサチューセッツ州ケムブリッジ市にある。マサチューセッツ州ケムブリッジ市は地球の表面にあり、地球は太陽系の一天体であり、太陽系は一つの星雲に属し、星雲はさらにいくつもの星雲の系に属し、その系は、その出現に先だつ私たちのはっきりさせることのできない条件からあらわれ、さらに私たちの想像をこえる存在の形へと変容するであろう。

この部屋は厚い壁にかこまれており、しっかりした土台の上にたっている。私たちの祖先は、それがこの部屋についての真理の全体だと思っていた。今でも、法律家やこの大学の財産を管理する大学法人にとってはそういう認識は十分な真理を含んでいる。しかし、そういう有限のさかいをこえて適切な真理であるとは言えない。

いかなる意味で人類は不滅性をもつか。この問題は、「不滅性」の反対の「滅亡性」とはどういう意味かをあわせて問うところから、考えはじめることができる。「滅亡性」と「不滅性」とは、宇宙の二つの相である。それは二つの世界で、おたがいを必要としており、二つがあいよって一つの具体的な宇宙をつくる。それぞれの相は、その一つだけを切りはなして考えると、一つの抽象である。

事実はすべて過ぎ去る。今ごとにほろびる事実に対して、つづくというのが価値の性格である。何かに価値があるということは、その対象となる事実とかかわりがあってはじめてあらわれるのだが、その事実が今ごとにうつろいほろびゆくということをこえている。価値ありという判断は、今という時をこえるところを指さしている。

こうして事実の世界と価値の世界とは、具体的な宇宙の二つの相である。価値は時をこえるが、それぞれの時におこる事実を評価しそれをかえようとする活動をとおして、時の中の事件をかえていこうとする。このように考えることをとおして、ホワイトヘッドは、この世のものが、天上の理想界の模型にもとづく複製品だというプラトン流の考え方からはなれようとした。

ホワイトヘッドによれば、理想型が事実の世界から独立した存在であるという考え方は、西洋哲学史のまちがいの主な二つのうちの一つである。この世の今をはなれて不滅のものはない。今の中にあらわれる価値の方向性に今をこえるものがあり、そこに不滅の相を認める。

西洋哲学のもう一つのまちがいは、たとえばヘブライ思想にはっきりあらわれているように、専制へのつよい要求である。よい社会思想が専制を前提とするという考え方である。ギリシア、ローマ、ヘブライ思想の中にはこれとはちがった考え方もいくらか見られるが、そのちがう考え方がはっきりあらわれるのは、中世初期の修道院においてであり、そこには暴力の行使なしに効果的に社会生活をいとなむ制度の思想が見られる。

だが、この世から独立した十全の理想の実現への信仰や神にそなわるとされる専制的権力の信仰は、神に対する冒瀆である。このような信仰は、その信仰を支える英雄的努力をとおして、悲劇と慈悲と幸福への道をひらくとホワイトヘッドは言いながらも、その流儀に対して根本において懐疑を表明する。

このあたりでは、ホワイトヘッドは自分の確実な教養の領域をはなれようとはせずに、しかも西洋の伝統が一貫して専制主義的かつ教条主義的な思想の流れを主流としてきたことへのはっきりした批判をのべている。このことは後のホワイトヘッド対話録にあらわれるように米国の社会思想（そして、副次的にソヴィエト・ロシアの社会思想についても）の硬化に対する批判への道をひらく。

存在の究極の統一をなしとげるものについて、私たちは、自分の人間の条件にしたがってわずかののぞきみをすることしかできない。ただ、私たちのおこなう一瞬ごとの現在の活動の事実が、宇宙全体にとって恒久的な意味をもつであろうという考えが、私たちの想像につきまとうということを主張したい。

ここに述べてきた意見に何か証拠はあるか？

この宇宙での生活を私たちがこのようにうけとっているという、私たちのうけとりかたの他に、証拠はない。

私たちのうけとりかたがこうだと判断すると、この判断は、西洋哲学史で現在ひろくうけいれられている思想の一潮流と完全に相反することになる。

このまちがった伝統は、ホワイトヘッドによると、独立したさまざまの存在を措定する。そしてこの措定は、限定された一個の事実について十分の記述をなし得るという主張を含む。その結果、議論を出発させるにさいして、たがいにばらばらな、しかし十分信頼できる前提からすることができると考えた。たとえば、哲学思想は、多くの場合、さまざまの人間経験の記述について、それが十分のものであるといういつわりの前提の上にきずかれる。その前提にたって、私たちは、人間の知識の本質ならびに限界についての何か単純な結論に達する。こうして私たちは、私たちが知ることができない何事かについて知ることになる。

このあたりはヴィットゲンシュタインの『論理哲学論考』への感想であろう。

さて、ホワイトヘッドは、つづけて、自分は経験の分析の重要性を否定しているわけではない、ただ、われわれの知識の十全性についての無邪気な信頼にうたがいをさしはさんでいるだけだと言い、学識ある人びとが自分の能力についていだく過信こそ、文明の喜劇的な悲劇であると結ぶ。

彼自身の結論として、思想の進歩への十分な分析として構想された、論理学なるものは、いつわりである。それはすばらしい道具ではあるけれども、それを使いこなすには常識の背景を必要とする、という。

哲学思想の究極的な展望は、専門科学の基礎をなす精密命題の上にたてることはできない。

「精密さは、いつわりのものである。」

精密さはいつわりのもの（ア・フェイク）だという最後の言葉を、はじめとおなじようにやわらかく言って、話を終えた。

その後、ホワイトヘッドの姿を見たことがない。

この年の十二月八日に日米戦争がはじまり、その次の年の三月に、私は連邦警察に部屋にふみこまれ、留置場におかれた。写真をとる必要があって、一度、手錠をかけられたまま留置場の外に出され、刑事につきそわれて自動車で遠くの写真館まで行った。その途中、ケムブリッジ市のチャールズ川のほとりをすぎ、そこからはるかに遠く、ハーヴァード大学の教会の尖塔が見えた。それが、この大学の見おさめで、それからそこにもどったことがない。

ホワイトヘッドの講演は、今読みかえすと、金子ふみ子の獄中手記の最後の部分を思わせる。

「手記の後に」と題して、彼女は記した。

「間もなく私は、此の世から私の存在をかき消されるであらう。しかし一切の現象は現象としては滅しても永遠の実在の中に存続するものと私は思つて居る。」（金子ふみ子『何が私をかうさせたか』春秋社、一九三一年。復刻版、黒色戦線社、一九七二年）

獄中の金子ふみ子は、皇太子暗殺をくわだてたといういつわりの罪状によって大正の末に死刑を宣告された。手ぶらで日本の政府を相手にたった時、彼女は人生についてこのように感じた。その人間としての性格が宇宙に対してこのように反応したのである。

ホワイトヘッドと金子ふみ子とでは、政治思想としてはへだたりがある。ホワイトヘッドは若いころ、専制主義と彼が考えるものに対する抗議集会に出て相手に卵などを投げる仲間にくわわったこともあり、それを晩年にいたるまで恥じていなかったようだが、しかしつねに教育を重く見ており、教育の成果があらわれるような社会を支持した。私はここでホワイトヘッドと金子ふみ子との距離をみじかくしたいと思っているのではない。獄内にとどめられ、素手で政府の力とむきあっている金子ふみ子が、長い手記の終りに自分の思想を要約した仕方が、数学研究から出発して哲学にむかい八十年余の生涯を生きたホワイトヘッドと似ている。このことから、ホワイトヘッドの結論が、普通人の経験の中にある直観にしっかりとたっているということをあらためて感じた。私は自分の中に、あい似た直観をもち、両者とひびきあうものを感じる。

登場人物の略歴

イシ（一八六〇頃～一九一六）　先住アメリカ人ヤヒ族の最後のひとり。イシはヤヒ語で「人」の意味。先祖伝来の土地を離れてさまよったのち、一九一一年、白人社会に現れ、カリフォルニア大学の文化人類学者アルフレッド・L・クローバーらと過ごした。

クリストファー・イシャウッド（一九〇四～一九八六）イギリスの作家。著書に『ノリス氏の処世術』『さらばベルリン』『キャスリーンとフランク』など。インド叙事詩『バガヴァッド・ギータ』を英訳（スワミ・プラパヴァナンダとの共編）。

ジョージ・オーウェル（一九〇三～一九五〇）イギリスの作家。著書に『カタロニア讃歌』『鯨の腹の中で』『動物農場』『1984年』など。

金子ふみ子（一九〇三～一九二六）アナキスト。恋人の朴烈とともに運動誌「太い鮮人」を発行する。関東大震災後に検束され、のちに大逆罪で起訴、一九二六年に死刑判決を受ける。天皇の名による恩赦を拒んで、獄中で自死。

ラナルド・マクドナルド（一八二四〜一八九四）
白人の父と先住アメリカ人の母の間に生まれる。祖先を先住アメリカ人と同じくすると聞く日本に憧れ、一八四八年に捕鯨船員となって北海道で上陸。米国に強制送還されるまでのあいだ、長崎で通詞らに英語を教えるなどした。

ハヴェロック・エリス（一八五九〜一九三九）イギリスの性心理学者。
著書に『性の心理』『生命の舞踏』『夢の世界』など。

ヴェンセスラウ・デ・モラエス（一八五四〜一九二九）ポルトガルの軍人、外交官、文筆家。
一八八九年に来日。のち、在神戸領事時代に同居した芸者おヨネと死別すると、職を辞しておヨネの故郷徳島に居を移し、終世を過ごした。
著書に『徳島の盆踊り』『おヨネとコハル』など。

森崎和江（一九二七〜）ノンフィクション作家。
著書に『からゆきさん』『慶州は母の呼び声――わが原郷』など。

河合隼雄（一九二八～二〇〇七）心理学者。著書に『ユング心理学入門』『昔話と日本人の心』『明恵　夢を生きる』『こころの処方箋』など。

澤地久枝（一九三〇～）ノンフィクション作家。著書に『妻たちの二・二六事件』『密約――外務省機密漏洩事件』『昭和史のおんな』など。

谷川俊太郎（一九三一～）詩人。著書に『二十億光年の孤独』『日々の地図』『世間知ラズ』など。

原笙子（一九三三～二〇〇五）舞楽家。一九五七年に、日本で唯一の女人舞楽「京都舞楽会」を始める。著書に『不良少女とよばれて』など。

天野祐吉（一九三三～）コラムニスト。雑誌「広告批評」を創刊。著書に『もつと面白い廣告』、「嘘八百」シリーズ、『広告論講義』、『天野祐吉のことばの原っぱ』など。

井上ひさし（一九三四〜二〇一〇）小説家、劇作家。人形劇「ひょっこりひょうたん島」の脚本を担当、小説に『吉里吉里人』など。主宰した劇団こまつ座での戯曲に、『父と暮らせば』など。

和田春樹（一九三八〜）ロシア近代史学者。著書に『ニコライ・ラッセル』『農民革命の世界――エセーニンとマフノ』『韓国からの問いかけ』など。

藤原新也（一九四四〜）写真家、作家。著書に『印度放浪』『逍遙游記』『東京漂流』など。

椎名誠（一九四四〜）作家、映画監督。著書に『さらば国分寺書店のオババ』『岳物語』など。映画作品に『しずかなあやしい午後に』など。

南伸坊（一九四七〜）イラストレーター、エッセイスト、装丁家。

著書に『哲学的』『モンガイカンの美術館』『ハリガミ考現学』『笑う写真』など。

加藤典洋（一九四八〜）文芸評論家。
著書に『アメリカの影』『敗戦後論』『村上春樹の短編を英語で読む 1979 〜 2011』など。

津村喬（一九四八〜）気功師。
著書に『われらの内なる差別』『神戸難民日誌』『気脈のエコロジー』など。

糸井重里（一九四八〜）コピーライター、エッセイスト。
著書に『さよならペンギン』など。ウェブサイト「ほぼ日刊イトイ新聞」を運営。

坂本龍一（一九五二〜）音楽家。
ＹＭＯに始まり、国際的に音楽活動を続けている。

戸坂潤（一九〇〇〜一九四五）哲学者。
物理学を専攻ののち、西田幾多郎に師事する。治安維持法によって捕らえられ、敗戦直前に長野刑務所で獄死。『戸坂潤全集』がある。

花田清輝（一九〇九〜一九七四）文芸評論家。
著書に『復興期の精神』『鳥獣戯話』など。

加藤芳郎（一九二五〜二〇〇六）漫画家。
著書に『まっぴら君』『オンボロ人生』など。

マハトマ・ガンジー（一八六九〜一九四八）インドの弁護士、思想家、政治指導者。
著書に『ガンジー自伝』『わたしの非暴力』など。

新島襄（一八四三〜一八九〇）同志社英字校（のちの同志社大学）創立者。
『新島襄全集』がある。

コンラッド・エイケン（一八八九〜一九七三）アメリカの詩人、作家。
詩集“Selected Poems”でピューリッツァー賞受賞。小説に『ひそかな雪、ひめやかな雪』など。

夏目伸六（一九〇八〜一九七五）夏目漱石の二男。
著書に『父・夏目漱石』など。

柏木義円（一八六〇～一九三八）牧師、キリスト教思想家。同志社で新島襄の薫陶を受け、群馬県の安中教会牧師として「上毛教界月報」の刊行を続け、戦争に反対する姿勢を貫いた。

森於菟（一八九〇～一九六七）医学者。森鷗外の最初の妻とのあいだの長男。著書に『父親としての森鷗外』など。

ミヤコ蝶々（一九二〇～二〇〇〇）漫才師。七歳から旅回りを始め、戦後、南都雄二と夫婦漫才を組み、離婚後もその活動を続けて、ラジオ番組やテレビ番組で広く人気をたもった。のちには、一人でも舞台に立ち、女優としても活躍した。

由比忠之進（一八九四～一九六七）弁理士、エスペランティスト。戦後、原水爆禁止運動に携わり、被爆者の体験記をエスペラント語で翻訳して海外にも紹介した。一九六七年、佐藤栄作首相によるベトナム戦争協力方針に抗議し、首相官邸前で焼身自殺。

山鹿泰治（一八九二〜一九七〇）印刷工、社会運動家。戦前、戦後を通して、アナキズムとエスペラント語運動に携わる。著書に『日・エス・支・英会話と辞書』など。

武谷三男（一九一一〜二〇〇〇）物理学者。雑誌「思想の科学」創立同人。『武谷三男著作集』がある。

秋山清（一九〇四〜一九八八）詩人、アナキスト。戦後、金子光晴らと詩誌「コスモス」を創刊。著書に『アナキズム文学史』『秋山清詩集』など。

加太こうじ（一九一八〜一九九八）紙芝居作家、風俗史評論家。著書に『こどもの四季』『黄金バット　小説』など。

葦津珍彦（一九〇九〜一九九二）神道家。国体護持、神道護持運動を続けた。著書に『天皇・祭祀・憲法』『大日本帝国憲法制定史』など。

柴田道子（一九三四～一九七五）児童文学作家。狭山事件の被告支援活動など社会運動にも携わる。
著書に『谷間の底から』『被差別部落の伝承と生活』など。

本多秋五（一九〇八～二〇〇一）文芸評論家。
著書に『物語戦後文学史』『古い記憶の井戸』など。

ゲーリー・スナイダー（一九三〇～）米国のビート世代に属する詩人。
詩集に『亀の島』『終わりなき山河』など。

能登恵美子（一九六一～二〇一一）編集者。『ハンセン病文学全集』（皓星社）などの編集に取りくんだ。
遺稿集に『射こまれた矢』。

アルフレッド・ノース・ホワイトヘッド（一八六一～一九四七）哲学者。
著書に『数学原理』『象徴作用』など。

初出一覧

Ⅰ

イシが伝えてくれたこと　「頓知」一九九六年五月号（『鶴見俊輔集』続五巻）
イシャウッド　『鶴見俊輔集』第二巻、筑摩書房、一九九一年
鯨の腹のなかのオーウェル　『鯨の腹のなかで　オーウェル評論集3』解説、平凡社ライブラリー、一九九五年（『鶴見俊輔書評集成』第三巻）
金子ふみ子　鶴見俊輔『ひとが生まれる　五人の日本人の肖像』、筑摩書房、一九七二年（『鶴見俊輔集』第八巻）
ラナルドの漂流　「ディズニーの国」一九六三年十二月（『鶴見俊輔集』第八巻）
ハヴェロック・エリス　「思想の科学」一九四九年五月号（『鶴見俊輔集』第二巻）
モラエス　『モラエス全集4』解説、集英社、一九六九年（『鶴見俊輔集』第十一巻、『鶴見俊輔書評集成』第一巻）
亡命について　鶴見俊輔・山本明編『抵抗と持続』、世界思想社、一九七九年（『思想の落し穴』岩波書店）

Ⅱ

戦後の新たな思想家たち　「思想の科学」一九八五年六月号
戸坂潤　『戸坂潤全集1』解説、勁草書房、一九六二年（『鶴見俊輔著作集』第二巻、『鶴見俊輔書評集成』第一巻）
花田清輝の戦後　「思想の科学」一九七一年一月号（『鶴見俊輔著作集』第二巻、『鶴見俊輔書評集成』第二

巻）

加藤芳郎　『現代漫画4　加藤芳郎集』解説、筑摩書房、一九六九年（『鶴見俊輔集』第七巻）

動揺するガンジー　「思想の科学」一九七〇年十一月別冊（『鶴見俊輔集』第六巻、『鶴見俊輔書評集成』第二巻）

新島襄　和田洋一編『同志社の思想家たち』、同志社大学生協出版部、一九六五年（『鶴見俊輔著作集』第三巻）

難破と周航　「図書」一九七一年十月号（『鶴見俊輔著作集』第五巻）

伝記について　「朝日新聞」一九七六年一月六日（『鶴見俊輔集』第十二巻）

白夜のラップランド　「ＴＢＳ調査情報」一九八三年三月号（『鶴見俊輔集』第十一巻）

Ⅲ

伸六と父　「家」（「家の会」機関誌）8号、一九七〇年三月（『鶴見俊輔著作集』第五巻）

義円の母　『柏木義円全集1』月報、未來社、一九七〇年（『鶴見俊輔著作集』第五巻）

親子相撲　「京都新聞」一九八九年一月二十日夕刊（『鶴見俊輔集』第十巻）

仁木靖武『戦塵』を読んで　「文藝春秋」一九八二年八月（『鶴見俊輔集』第十二巻）

さまざまな対　「思想の科学」一九八八年十月（『鶴見俊輔集』第十巻）

家の内と外　「月刊百科」一九七八年十月号（『鶴見俊輔集』第六巻）

Ⅳ

ヤングさんのこと　「『共同研究・占領』サークル通信」一九七七年五月二十五日号（『鶴見俊輔集』第十二

巻）
大臣の民主主義と由比忠之進　「朝日ジャーナル」一九六七年十一月二十六日号（『鶴見俊輔著作集』第五巻）
山鹿泰治のこと　「思想の科学」一九七七年十一月号（『鶴見俊輔集』第十二巻）
武谷三男　「潮」二〇〇〇年十月号（『回想の人びと』潮出版社、ちくま文庫）
秋山清　「潮」二〇〇〇年十二月号（『回想の人びと』潮出版社、ちくま文庫）
加太こうじ　「潮」二〇〇一年一月号（『回想の人びと』潮出版社、ちくま文庫）
葦津珍彦　「潮」二〇〇一年二月号（『回想の人びと』潮出版社、ちくま文庫）
柴田道子　「潮」二〇〇一年七月号（『回想の人びと』潮出版社、ちくま文庫）
本多秋五　「潮」二〇〇一年九月号（『回想の人びと』潮出版社、ちくま文庫）
ゲーリー・スナイダー　「潮」二〇〇二年四月号（『回想の人びと』潮出版社、ちくま文庫）
能登恵美子さん　『射こまれた矢』序文、皓星社、二〇一二年
四十年たって耳にとどく　「図書」一九七八年八月号（『鶴見俊輔集』第十二巻）

『鶴見俊輔著作集』『鶴見俊輔集』は筑摩書房、両書に収録されているものは後者のみを挙げた。『鶴見俊輔書評集成』はみすず書房。

なお、今回収録するにあたり、表題などを改めたものがある。

解題

黒川創

子どものころ、いろんな疑問が胸に湧いてきた。鶴見俊輔は、それに回答する試みを生涯つづけてきた哲学者である。

敗戦の翌年、一九四六年四月、最初の著書となる『哲学の反省』という薄い本を二三歳で出版する。敗色深まる戦争下に、ひそかに書きはじめていたものだった。版元は先駆社。翌月に鶴見らが創刊する雑誌「思想の科学」と同じ版元で、つまりは自費出版に類するものだった（版元としての事務所は、父・鶴見祐輔が営む太平洋文化協会〔のちに太平洋出版社〕に間借りしていた）。

『哲学の反省』では、これからの哲学がになう役割を、次の三点に分けて述べている。

・「批判として」（明晰な思索の方法の模索）
・「指針として」（個人生活および社会生活の指導原理の探求）
・「同情として」（人びとの世界への関心）

三つめの「同情」という特徴づけが、この種の文章には珍しく映る。しかも、鶴見という若い著者は、これにいちばん多くの紙数をさきつつ、説明に力をこめている。

「我々は、一人一人が別の心をもっているので、自分が大宇宙にただ一人の者として孤立しているという感じを離れることが出来ない。これをさらに押し進めてみると、この事は他の人々においても同様なのであって、人類の一人一人の心をめぐって独自の世界が開けているのである。同じ人間でも、戦前と戦中とでは、外国人とか軍人とか雇傭人とか資本家とかの諸階級の人々に対する感じ方が異なってくるし、食物というものに対する態度さえ変ってくる。まして、性向、思想、履歴を異にする人々の、事物に対する感想の間には、どれほどの開きがあることだろうか。」

自分以外の人たちが、いったいどんなことを考えているのか、それを知りたい――。この世界に生きる上で、これが、哲学というものを支える、切実な動機のひとつなのだと、どうやら彼は言っている。

鶴見は、十代後半に、米国の大学で哲学を学んだ。日米開戦で米国を支持しなかったことから（移民局の調べに「自分は無政府主義者だからどちらの国家も支持しない」と答えていた）ボストンの獄にとらえられ、やがて収容所に送られて、交換船に乗ることをそこで選んで、戦時下の日本に戻ってきた。だから、哲学に関することは、英語で考える習慣が残っていて、ここでの「同情」という日本語の語感も、ちょっとヘンだ。むしろ、ここでは、シンパシー（sympathy）、つまり、他者への共感とか、洞察（insight）とか、そういった意味あいに近いのではないか。

それから半世紀を経て、老人になった鶴見も、まだ、「哲学とは何か」、これについて考えている。

「哲学とは、当事者として考える、その考え方のスタイルを自分で判定するものだ。」

七三歳の時点では、こんなふうに。

「――ある当事者の前に開かれている一つの視野がある。独特の遠近法、パースペクティブというようなものがある。その遠近法の中に他人の視野が入ってきて、他人の視野もその中に配列する。それが、私の定義するところの哲学だ。自分の視野の中に置かれる他人もいるということから、人類の視野というものまで考えることができるかもしれない。」（「イシが伝えてくれたこと」）

遠い過去から現在へ、人びとの長い長い行列のようなものがある。そのなかにいる私の視野。たしかに、これは私自身のものなのだが、先人から受けた、ものの見方も入っている。それも視野だ。哲学とも、また、文化の蓄積であると言ってもよいだろう。ともかく、個人という枠組の外へと、それはいくばくか溢れて、人類共同の事業となる。少なくとも、当事者としての哲学とは、そのかけらのひとつなのだと、ここで鶴見は言っている。

八四歳に至ると、最初の著作『哲学の反省』に立ち戻って、「同情」をこんなふうに語りほぐした。

「一番はじめにね、ことによると、この世の中っていうのは俺だけが生きているのかもしれない、ほかのやつはここから外に出ると仮面を脱ぎ捨てて、ぜんぜん別のものになって、近くで自分を見ているかもしれない、そういう考えが二、三歳で生じた。これはピアジェによると、いろんな子どもに生じるんだよ。ソリプシズム(solipsism=独在論)っていうんだね。これがなかなかぬぐいきれない。親しい友だちにも、なかなかこれは言えないわけね。

いまでもはっきり場所を覚えているんだけど、小学生のとき、隣のクラスの同級生の恒川っていうやつと、帰り道、山手線で大塚から目黒駅までずっと一緒に乗ってきた。彼に、そのとき『ぼくは毎日、眠ると死ぬのじゃないかと思って怖くてしょうがない』って、ほんとに心の底の底を打ち明けたんだよ。そしたら恒川がね、『へえ』って言って、それだけなんだよ。それで目黒駅で降りた。人を信頼するもんじゃないと思った。(中略)そのとき私は、もう人に自分の心のうちを打ち明けないと決心したんだ。自分のなかだけで考える人間になっていく。

その後三〇年ぐらい経って、その話を、北島基子っていう私のクラスにいた女の子に話したんだ。すると彼女は、恒川は家がものすごく熱心なクリスチャンだって言うんだ。だから恒川は、死ぬことを別になんとも思っていないと、そういう別の解釈なんだ。その北島さんっていう女の子も、大変なクリスチャンなんだよ。そういう解釈もあるかと思ったね。それは同情だよね。別の同情はありうる。だから私は、前の自分の解釈について、別の解釈をくだした。そういうことには同情の余地があるっていうことだ。だけど、キリスト教に対する強い偏見も持つようになった。」(鶴見俊輔『たまたま、この世界に生まれて』、二〇〇七年、編集グループSURE)

別の同情のありかたへの余地は、つねに残る。

つまり、私がここに立ち、こうだろうと考えて生きてきた、そのすべてが勘違いだったのではないかという疑いが。私たちは、この疑いが、絶えず背後から薄ら寒く吹き込んでいるのを感じながら、生きるほかはない。だが、そうだからといって、ここに自分があって考えていることすべてが、ただ空虚だというのとも、また違っている。

本書『思想をつむぐ人たち――鶴見俊輔コレクション1』は、鶴見の著作のなかから、「伝記」に類するものによって構成した。伝記制作は、他者への「同情」に拠って立つ仕事である。鶴見の哲学の根本が、具体的な姿で、ここに現われていると言ってもよいだろう。

「歴史上の人物について書かれる伝記でさえも、その伝記の読者にとってあらわれてくる人間像は、公にのこされた痕跡(文献や記録)と読者自身の人間についての実感との交錯の結果としてあらわれてくるものだと言える。」(「伝記について」)

伝記の新たな書き手にとっては、なおさら、そうである。どんな対象の人物を描くにあたっても、それらは、いくばくか、書き手が自分自身を語っていることになるだろう。

いや、それだけではない。

遠い過去から現在に至る、死者と生者の列。この私の視野のなかに、過去の人たちのまなざしも生きている。そこでの遠近法と視野の交錯のなかに身を置き、私たちは日々の雑事に対処し、暮らしを立てている。

四つの章を設けた。

第Ⅰ章「自分の足で立って歩く」は、鶴見に強く影響を残した先人たちを。

第Ⅱ章「方法としての伝記」は、伝記制作にあたっての方法的な意識も伴うものを。

第Ⅲ章「家のなかの夢」は、社会と個人生活のあわいを舞台としており、ここへの着目にも、鶴見の早くからの独創が働いてきた。

第Ⅳ章「名残のおもかげ」は、鶴見の身辺の人びとの姿を通した伝記である。

本書中、いちばん新しいものは「能登恵美子さん」(二〇一二年)で、鶴見が満八九歳のもの。いちばん古くに書かれたのは、「ハヴェロック・エリス——生の舞踏」(一九四九年)で、鶴見が満二六歳のものである。

どれも出色の文章で、私には印象深いものばかりなのだが、いちいち述べて屋上屋を架すのは避けたい。初出は、一覧にして別記した。

一九八六年のチェルノブイリ原発事故のあと、鶴見が、「思想の科学」の編集会議などの席上、

「ラップランドではトナカイがたくさん死んだっていうんだ」

と、幾度も歎いたのを覚えている。ソヴィエト連邦ウクライナの事故現場から遠く二〇〇〇キロを距てて、北極圏の地でトナカイが餌とする地衣類も、高濃度の放射性セシウムに汚染されてしまったからだった。

人類は、滅亡に向かって歩んでいる。絶滅への長い途上で、せめて、お互いに助けあい、そのときなりの幸福を実現するために、何ができるか？　そこから目算を立てていくのが、われわれの現実に見合っている。――鶴見が、このように言明するようになるのは、いつごろのことだったか、いまは、はっきり確かめるすべがない。

ともあれ、鶴見にとっては、自身の戦地体験があり、原爆投下があり、東西冷戦下での大気圏内核実験が相次ぎ、日本国内でも高度経済成長から現在までを貫いて原発推進の国策が続いた。ビッグ・サイエンスと、国家、巨額のカネの流れの結びつきには、歯止めがかからない。それを目のあたりにして、苦い感慨と予感は、かなり早くからすでに芽生えていたことだろう。

敗戦の翌年、「思想の科学」を創刊したとき、七人の創立同人中には、二人の物理学者がいた。ひとりは、戦時下にみずから原爆研究にも関わって、戦後は、原子力開発などの巨大科学技術を批判する立場に立ちつづけた武谷三男。また、もうひとりは、戦前のヨーロッパ留学中、ド・ブロイ、ハイゼンベルク、ボーアらに師事して、マリ・キュリーの講義も直接に聴いたという渡辺慧である。

鶴見にとって、二人の第一線の物理学者との親交は、世界の未来像をむしろはっきり滅亡のほうへと結ばせていったのではないかと思われる。

「思想の科学」が、特集「『原発の時代』を生きぬく」を組むのは、一九八〇年一月号、米国スリーマイル島原発事故後まもなくのこと。

続いて、臨時増刊号「原子力の帝国と辺境」が、一九八一年一一月。この特集で、鶴見は、福井県大飯郡本郷村(現在のおおい町)の生まれで、その故郷が寒村から原発の過密地帯となった作家・水上勉にインタヴューしている(水上勉「なぜふるさとをめざすのか」)。


鶴見は訊く。

「……先日、困ったことの喩《たとえ》に『新宿に原発を置いたようなものだ』と言った人がいて、私は『じゃあ、福井県ならいいのか』と訊いたのですが、そういう問題についてどうお考えですか。」

問いは、二一世紀に入ると、同じく「思想の科学」の創立同人だった故・丸山眞男のおもかげを呼び戻し、このような自問自答に変わる。

「私にとって、批評は、自己破壊機(セルフ・ディフィーティング・マシーン)だった。丸山さんに向けた批評もそのようなものとして終始したが、ただひとつ残っているのは、丸山眞男の方法によっては、みずからがくぐりぬけた原爆を位置づけることはむずかしかったのではないか、ということだ。丸山の方法は、ヨーロッパ思想の型を守っており、ヨーロッパ思想の崩れる彼方にあるものを、学問のヴィジョンとしてもっていない。動物と人間を混同しないという自戒もそこからくる。」

もう丸山はここにいないのだが、さらに鶴見は言う。これは、年長の恩人に提出する、周回遅れの答案とでも言うべきか。

「――人間はいつか畜生道まで高まって、同種の間の殲滅戦（アナイレーション）をまぬかれるというヴィジョンを、丸山が原爆投下の犠牲者であるにもかかわらず、戦後の活動の中で持たなかった。これは自己破壊的な言いかたになるが、私の無意識に根ざす方法である。丸山眞男の方法は、（キリスト教の）神を想定したほうが自分の論理としては整然とする、というところがありはしないか。私には、原爆投下は、その神の自殺のように思える。」（鶴見俊輔「丸山眞男おぼえがき」、丸山眞男『自由について』、二〇〇五年、編集グループSURE）

ラップランドの話に戻る。

そこは、かつてラップ人とも呼ばれたサーミ（鶴見は「サーメ」と表記している）の人びとが暮らす、スカンジナヴィア半島北部からコラ半島にかけて、過半が北極圏内にかかる広大な土地である。国家で言うなら、スウェーデン、ノルウェイ、フィンランド、ロシアなどにわたるが、トナカイの群れを連れたサーミの人びとは、もともと、そうした境界を意識に置くこともなく行き来した。

「白夜のラップランド――スウェーデン」で、鶴見は、サーミの哲人、ヨハン・トウリの「もっとも徹底したプラグマティスト」ぶりを紹介する。

日本人なら、ひとくちに「冬」と言うだろう。だが、ラップランドの世界では、そのときどきで雪の質が変わるので、雪や氷の性格に応じて、それごとに違った呼び名がある。また、これに応じて、違った行動が取られることになっていた。

「物語のおおかたは、ジョイクという歌いものをとおしてよみがえってくるのであり、ジョイクそのものが、情景についての歌というよりも、情景を呼び出す道具である。しかしジョイクを道具としてあてにしているわけではない。むしろトナカイをそだてる行動の形、ミルクをとる方法などが、現実を行動そのものによってたしかめてゆくのだから、そこに哲学の基本がある。」

いつか、トウリとサーミ人とが、ひとつの位置を占める世界哲学史が書かれる日が来るだろうか？　来るだろう、と鶴見は述べる。

人類が滅亡に向かっている。その鶴見の認識と、こうした未来予測は、いくらか矛盾するのではないだろうか。もちろん、そう。だが、そこに含まれる希望までをも、こちらから取り下げてしまう理由はないと、おそらく彼は考えることだろう。

本書の構成を立案したのは黒川だが、著者である鶴見俊輔自身も、これに沿って収録文のすべてに改めて目を通した。熱心に読まれたと聞いている。著者として序文を添えますか？　と、私からは質問した。しばらくして、「あれでいい、そのままに」との意向が届いた。今年六月二五日、鶴見の満九〇歳の誕生日の朝だった。

語りえぬことについては沈黙しなくてはならない、と言ったのは、ヴィトゲンシュタインだったか。だが、鶴見の場合は、もうちょっと軽めの自負が、そこに込められていたのではないかと思っている。

ひとりの読者として

坪内祐三

私は今まで百本には達していないかもしれないが少なくとも五十本以上の文庫解説を書いている。

しかし今回ほど苦労した（している）ことはない。

何を書いて良いのかわからず、もう半日以上無駄な時間を過している。

ある作品があってそれを文庫化する際に解説を載せる。

それが一般的であって、そのような解説を書くのは難しくない。

それに対して今回のこの鶴見さんの本のようなアンソロジー（文庫オリジナルのアンソロジー）に解説を書くのは難しい。

私自身たくさんのアンソロジーを編集したことがあるけれど、アンソロジーは一つの作品である（その点で鶴見俊輔がとても優れたアンソロジー作家であるのは周知の所だ）。

だからこの『思想をつむぐ人たち』は鶴見俊輔の作品集であるものの、それと同様に（あるいはそれ以上に）、編者黒川創の作品集でもあるのだ（アンソロジーを作ることがきわめて創造的な仕事であることを黒川氏は鶴見氏から学んだはずだ）。

ならば解説者である私は誰の作品としてこの本についての文章を書けば良いのだろう。焦点が定まらない。

だから書きあぐねているわけだ。

黒川創の作品でもある、と私は書いた。

一番最後に収録されている文章「四十年たって耳にとどく」は四十年前（一九四一年）にハーヴァード大学で聞いたホワイトヘッドの講演の思い出を回想したものだ。「不滅なるもの」についての話だったはずだがそのディテールは忘れてしまった、と鶴見俊輔は述べる。

> 何度も微妙な保留をつけて、ある仕方で、不滅なるものを信じることを主張したと、おぼえている。しかし、どういう仕方でだったのか？ うっかりすると、はっきりわからないまま、私は死んでしまいそうな気がする。その時の講演を、私は、その後どこで読んだということもない。

プリンストン大学で講義していた姉和子に頼んでその講演録を入手し、読んだらそれはほぼ記憶通りだった。いや、「四十年たって」、いよいよ「耳にとど」いた（はからずもそれがまた「不滅なるもの」の実在を証明している）。

鶴見俊輔はこう言う。

ホワイトヘッドの講演は、今読みかえすと、金子ふみ子の獄中手記の最後の部分を思わせる。

これはこのアンソロジーの第Ｉ部に収録されている「金子ふみ子――無籍者として生きる」（この文集の中でもっとも長い文章でもある）と連動している。つまり金子ふみ子の自叙伝中の、「まもなく私は、この世から私の存在をかき消されるであろう。しかしいっさいの現象は現象として滅しても、永遠の実在の中に存続するものと私は思っている」という言葉へのアンサーだ（「四十年たって耳にとどく」にこの金子ふみ子の自叙伝『何が私をかうさせたか』の一節が正確に引用されているが文字づかいが異なっているからこそ連動のリアリティがある）。

文集の始めの方に「金子ふみ子――無籍者として生きる」を置き、「四十年たって耳にとどく」で文集を終える。これは黒川創の作品である。

「四十年たって耳にとどく」はこのように結ばれている。

獄内にとどめられ、素手で政府の力とむきあっている金子ふみ子が、長い手記の終りに自分の思想を要約した仕方が、数学研究から出発して哲学にむかい八十年余の生涯を生きたホワイトヘッドと似ている。このことから、ホワイトヘッドの結論が、普通人の経験の中にある直観にしっかりとたっているということをあらためて感じた。私は自分の中に、あい似た直観をもち、両者とひびきあうものを感じる。

「両者とひびきあうものを感じる」と鶴見俊輔は言う。そしてこの言葉で黒川創は文集を終える。

実はこの言葉は『思想の科学』のポイントとなるものだ。

鶴見俊輔はホワイトヘッドの側の人間である。

その一方で金子ふみ子的なものへ限りなくシンパシーがある。

それが重なり合って生まれたのが『思想の科学』だ。

「加太こうじ――『黄金バット』の〝生きている江戸〟」はその金子ふみ子的なものへのシンパシーで描かれた名篇である。

一方、「イシが伝えてくれたこと」や「イシャウッド――小さな政治に光をあてたひと」や「鯨の腹のなかのオーウェル」が描くのはインテリの姿である。

といってもいわゆるエリートではなく、そうなることにあえて背を向けた「マージナル」なインテリたちだ。

「マージナル」というのは鶴見俊輔のキーワードの一つで、もちろん鶴見俊輔も「マージナル」なインテリで、『思想の科学』（理想的な『思想の科学』）はその「マージナル」なインテリと金子ふみ子的なものとの共同体なのだ。

今私は、「理想的な『思想の科学』」と書いた。

現実の『思想の科学』という集団に対して私は微妙な違和を感じていた。そしてその違和感は最後まで消えなかった。

私が執筆者として『思想の科学』に関わったのは一九九〇年代半ばだから、つまり、最後の数年間ということになる。

その縁を作ってくれたのはフリー編集者で『思想の科学』のコアメンバーでのちに『ほびっと　戦争をとめた喫茶店』（講談社）という名著をものすことになる中川六平で、同じ頃やはり中川氏との縁で鶴見俊輔が中心となって編集された『民間学事典』（三省堂）の「人名編」を何本か執筆した。

この『民間学事典』の執筆者の何人かは『思想の科学』のメンバーと重なっていた。「何本か」と書いたが、私は、十本以上、いや二十本近く執筆した。

最初は数本のはずだったが、担当編集者のM氏から、誰それ先生が執筆出来なくなってしまったので、とか、こういう人名も加えたら良いのではないか、それには坪内さんが適任ですと誰それ先生が言っているのです、と言われて、結局それだけの数になってしまったのだ。

とりあえず十八本だとしよう。

計画的な物書きである私は次々と原稿を送り、十本送ったところで、最初の分のゲラが出るのを待った。

そのまま時間が経ち、全体の最終締め切りが過ぎようとする頃、M氏から催促の電話がかかって来た。

私が以前（何カ月も前に）送った十本のゲラはどうなっているのですか、と尋ねたら、M氏は言葉をにごした。

どうやら、全部原稿がそろった所で入稿するつもりらしいのだ。

私はひどく腹が立った。

毎月の給料をもらう大学の先生と違って私は売文業者だ。

原稿を売って生活している。

『民間学事典』の編集部に十本の原稿を送って、雑誌や文庫解説原稿なら既に原稿料が支払われているはずなのに、何カ月も経ってゲラにもなっていない。

『民間学事典』が完成し、その刊行を祝う会が行なわれ、関係者たちが挨拶した。

いかにこれが壮挙であるか、というスピーチ（主に大学教授たちの）が続く中、私は今書いたような不満を率直に述べた。

民間学、民間学と言いながら、私のようにどこにも属していない本当の民間学者を少しもフォローしてくれない。むしろ私の犠牲的精神の中で完成した。これは矛盾していないだろうか。と、私はスピーチした。

会場内を見渡したら、そのスピーチにひどくうけている人が二人いた。

ている。

一人は鶴見俊輔だ。

そしてもう一人は南伸坊だった。

このアンソロジーに収められている「南伸坊――声なき応援団」はこのように結ばれている。

この人は、テレビに出ている時にさえ、日常の信念を生きているという印象をあたえる。その印象のもとは何かというと、彼のオムスビ型の顔にあるように思える。顔の形が、思想のありかたを表現するという例を、これまでの哲学史に、私は知らない。それは偶然というよりも、天与の機会をいかした哲学者としての彼の器量である。

私が執筆者となった頃、すなわち最後の数年間の『思想の科学』の表紙をデザインしていたのは南伸坊だった。

その『思想の科学』という雑誌は私に居心地良かったが、南さんを表紙デザインに起用したのは編集者黒川創だろう。

だからこのアンソロジーの解説者に黒川氏が私を起用してくれたことを嬉しく思う。

それにしても、「顔の形が、思想のありかたを表現するという例を、これまでの哲学史に、私は知らない」という哲学者鶴見俊輔の言葉はあまりにも深い。

思《し》想《そう》をつむぐ人《ひと》たち
鶴見《つるみ》俊輔《しゅんすけ》コレクション1

二〇一二年 九 月一〇日 初版印刷
二〇一二年 九 月二〇日 初版発行

著 者 鶴見《つるみ》俊輔《しゅんすけ》
編 者 黒川創《くろかわそう》
発行者 小野寺優
発行所 株式会社河出書房新社
〒一五一－〇〇五一
東京都渋谷区千駄ヶ谷二－三二－二
電話〇三－三四〇四－八六一一（編集）
〇三－三四〇四－一二〇一（営業）
http://www.kawade.co.jp/

ロゴ・表紙デザイン 粟津潔
本文フォーマット 佐々木暁
印刷・製本 中央精版印刷株式会社

Printed in Japan ISBN978-4-309-41174-3

アンチ・オイディプス　上・下　資本主義と分裂症

ジル・ドゥルーズ／フェリックス・ガタリ　宇野邦一〔訳〕　上／46280-6　下／46281-3

最初の訳から20年目にして“新訳”で送るドゥルーズ＝ガタリの歴史的名著。「器官なき身体」から、国家と資本主義をラディカルに批判しつつ、分裂分析へ向かう本書は、いまこそ読みなおされなければならない。

ニーチェと哲学

ジル・ドゥルーズ　江川隆男〔訳〕　46310-0

ニーチェ再評価の烽火となったドゥルーズ初期の代表作、画期的な新訳。ニーチェ哲学を体系的に再構築しつつ、「永遠回帰」を論じ、生成の「肯定の肯定」としてのニーチェ／ドゥルーズの核心をあきらかにする著。

千のプラトー　上・中・下

G・ドゥルーズ／F・ガタリ　宇野邦一／小沢秋広／田中敏彦／豊崎光一／宮林寛／守中高明〔訳〕　上／46342-1　中／46343-8　下／46345-2

ドゥルーズ／ガタリの最大の挑戦にして、いまだ読み解かれることのない20世紀最大の思想書、ついに文庫化。リゾーム、抽象機械、アレンジメントなど新たな概念によって宇宙と大地をつらぬきつつ生を解き放つ。

哲学の教科書　ドゥルーズ初期

ジル・ドゥルーズ〔編著〕　加賀野井秀一〔訳注〕　46347-6

高校教師だったドゥルーズが編んだ教科書『本能と制度』と、処女作「キリストからブルジョワジーへ」。これら幻の名著を詳細な訳注によって解説し、ドゥルーズの原点を明らかにする。

神の裁きと訣別するため

アントナン・アルトー　宇野邦一／鈴木創士〔訳〕　46275-2

「器官なき身体」をうたうアルトー最後の、そして究極の叫びである表題作、自身の試練のすべてを賭けて「ゴッホは狂人ではなかった」と論じる35年目の新訳による「ヴァン・ゴッホ」。激烈な思考を凝縮した２篇。

ロベスピエール／毛沢東　革命とテロル

スラヴォイ・ジジェク　長原豊・松本潤一郎〔訳〕　46304-9

悪名たかきロベスピエールと毛沢東をあえて復活させて最も危険な思想家が〈現在〉に介入する。あらゆる言説を批判しつつ、政治／思想を反転させるジジェクのエッセンス。独自の編集による文庫オリジナル。